U0041765

厭女的資格

Entitled

父權體制如何形塑出理所當然的不正義？

How Male Privilege Hurts Women

Kate Manne

凱特・曼恩 —— 著 巫靜文 —— 譯

目次
Contents

名家推薦

《厭女的資格》精采地分析了男人如何僅僅因為身為男人就享受到哪些系統性的優勢和特權。本書中對現實案例的深刻討論、優雅文字，與具有說服力的理論為我們提供了一個修正鏡頭，使我們得以藉此檢視世界，並讓我們可以擺脫自己未能察覺的模糊與扭曲。這是我們所居住的世界，而儘管清晰可能使人痛苦，曼恩也為我們帶來保持希望的理由。

——麻省理工學院，哲學與女性和性別研究教授，
莎莉・哈斯藍爾（Sally Haslanger）

我希望本書沒有必要存在。我希望我們不需要目光如此清晰、如刀片般銳利地解構男性資格感的概念，還有這種被賦予的資格感是如何殺害我們。但這本書是必要的，凱特・曼恩正是那位我希望可以來書寫這個主題的知識庫。

——《她的身體與其它派對》（Her Body and Other Parties）作者，
卡門・瑪麗亞・馬查多（Carmen Maria Machado）

富有挑戰性、充滿爭議、主題廣泛且論證有力，凱特・曼恩這位出色的年輕哲學家以一連串當代議題來說明，她針對父權體制與厭女情結所提出的知名理論強而有力地證明了父權體制和厭女情結無所不在，從我們日常生活中的對話、醫療體制，再到選舉過程，皆遍地可見。

—— How Fascism Works 作者，傑森・史丹利（Jason Stanley）

凱特·曼恩是二十一世紀的西蒙·波娃。她在《厭女的資格》一書裡，
極具說服力地展示了如今仍帶有性主義的文化規範背後，有哪些僵化
的社會假設。曼恩的文字銳利而堅定，但與此同時又輕鬆好讀，本書
將為每一個對抗父權體制的人提供繼續奮鬥時所需要的彈藥。

   —— *Troll Nation* 作者，亞曼達·馬寇特（Amanda Marcotte）

若我們想要理解這個世界，曼恩對男性資格感的精采分析不可或缺。
針對這個關鍵又複雜的主題，她的思考一如往常鋒利、敏銳、深刻。
此刻更甚以往，《厭女的資格》絕對是必讀之作。

   —— *Rage Becomes Her* 作者，索拉雅·切梅利（Soraya Chemaly）

在《厭女的資格》一書中，曼恩直擊性別、權力和不平等的中心：男
人認為他們應該獲得什麼，女人又學習到自己應該給予什麼。最後的
成果是，她對當代生活中幾乎每一個面向裡的男性資格感提出了堅定
控訴。《厭女的資格》正是我們在理解當代並想像更好的未來時所需
要的作品。

   —— *The H-Spot* 作者，吉兒·菲力波維奇（Jill Filipovic）

儘管本書主題令人沮喪，曼恩卻帶著振奮程度毫不遜色的洞見，著手
分析男性資格感千變萬化的表現形式。她的思路如此優雅，她指出，
在某種道德經濟裡，女人永遠都虧欠了男人，而男性被賦予的資格感
正是症狀之一。這套理論具有突破性，本書勢必能夠鼓勵並激發其他
女性主義作者。《厭女的資格》是這個世代難得一見的智慧作品，且
一如以往，曼恩成功地為女性主義留下更豐富並堅實的果實。

——《衛報》（*The Guardian*）專欄作家，莫拉·多尼根（Moira Donegan）

《厭女的資格》是一本令人痛苦，卻讓事情回歸正軌的書。曼恩引領我們穿過某些我們的文化所帶給女人的、最暴力的創傷；從 #MeToo 運動揭發的小人，到行兇的「非自願性守貞者」，曼恩由此出發，帶我們走過女性地獄的每一層。然而，曼恩在面對這些不可思議的問題時驚人地清晰和冷靜，她習慣用幾句簡單卻讓你經年難忘的句子，清楚呈現一些難以言說的問題，這讓她成為探索這間鬼屋時最值得信賴的嚮導。她是我們這個時代最不可或缺的聲音之一。

—— *Dead Blondes and Bad Mothers* 作者，莎蒂・多爾（Sady Doyle）

曼恩以清晰易懂的文章說明，男性資格感——包括獲得性、權力、知識、女人的關懷、醫師的注意力以及被假定無辜的資格——如何強化厭女情結。曼恩檢視了敵意行為如何促使所有女人和非二元性別者「安分守己」，以及厭黑女情結和厭跨女情結造成的特殊效應，並完整（甚至是詳盡）說明，我們如何以世界上另一半的人口為代價，優先對待順性別男人的需求和欲望。

—— *Asking for It* 作者，凱特・哈汀（Kate Harding）

凱特・曼恩利用優雅的文字和令人無法反駁的證據，表達出二十一世紀的憤怒。《厭女的資格》以曼恩過往的著作為基礎，討論父權體制的力量，以及世代代的女人年復一年為了最基礎層面上的平權奮鬥後，所感受到的永恆挫折感。曼恩是當代最像預言家、最有才華的女性主義之聲，她的作品就如同陽光一般不可或缺。你的憤怒可能不會因為本書的結尾而減輕，但至少你不會覺得如此孤單。

—— *No Visible Bruises* 作者，
瑞秋・路易絲・史奈德（Rachel Louise Snyder）

獻給我的女兒

導讀｜當代厭女的幽微性

◎劉亞蘭（真理大學人文與資訊學系副教授）

從一則廣告談起……

「厭惡女人」。這是我們對「厭女」（misogyny）的一般解釋。

今年年初，有一則菜瓜布的廣告，吸引了我的注意。廣告內容是這樣的：年輕太太在廚房正準備要洗鍋子，她的丈夫笑容可掬地走過來說：「辛苦啦！我來洗。」隨即丈夫便拿起了菜瓜布開始洗滌鍋子。太太看到後，卻很不開心地抱怨：「又拿錯菜瓜布了，是要刮壞幾個不沾鍋？」這時鏡頭帶到丈夫心理極受傷的面部表情。下一幕回到太太的特寫鏡頭，旁邊出現了菜瓜布業者要表達的雙關語：「刮傷──總在不經意中發生。」接著，太太發覺自己不假修飾的話語，傷害了丈夫原本好意要幫忙的心情，想安慰在黑暗處打電動（？）的丈夫，便有點撒嬌地對他丟出抱枕說：「我只是好心提醒。」下一幕，一個穿著白袍的男人（菜瓜布專家）出現在太太身邊，跟她說：「心，跟餐具一樣，容易被刮傷。」於是出現了菜瓜布業者的產品說辭：防刮細緻菜瓜布可以如何如何……。廣告最後，又回到剛才丈夫在廚房的畫面，此時太太拿出了這個新款菜瓜

11

布，丈夫臉上出現了驚喜的笑容，背景聲音：「呵護最愛，不留傷害」，於是兩人在廚房一起愉快地洗碗，畫面最後停留在這款菜瓜布的特寫介紹上。

　　這則廣告，看起來不但跟「厭女」扯不上一點關係，而且廣告裡出現的兩個男人：丈夫和菜瓜布專家，一個是幫妻子做家事的新好男人，另一個則是幫妻子解決家事／婚姻難題的專家，哪裡「厭女」了？其實這則廣告正好生動地表現出性別權力關係在這個時代的複雜性，而這個複雜性正是當代厭女現象的一個重要特徵。亦即，女性被交付執行某些特定情緒、家務、性和再生產勞動，更被認定要同時以一種充滿愛與關懷的方式，滿懷熱情地執行它們。而父權的規範和期待，為了可以獲得維持，便必須低調而安靜地操作，不明說它們的強迫性質。而這個「軟性」的社會權力，包括女性對相關社會規範的內化、對女性陰柔氣質的偏好，以及將相關照顧工作定調為可以帶給個人滿足感、對社會有其必要、在道德上有其價值，女性遵從這些相關的社會角色時，要盡可能看起來自然，甚至是自由選擇的結果。其中最明顯的例子包括，充滿愛意的妻子、奉獻的母親等等。在這則廣告裡，正預設了女性被「理所當然」交付的幾項任務：做家事、安撫情緒、為家事難題尋找答案，而且都要充滿愛意與好臉色。而這個廣告有趣的地方還在於，這個「理所當然」被巧妙地包裝在丈夫的善意裡，沒想到妻子竟然不領情還抱怨，那個「理所當然」的情緒就露出真面目，出現

在丈夫委屈受傷的臉上。因為家事「理所當然」是妻子的工作，丈夫來幫忙，拍拍手都來不及了。

此外，當代厭女更重要的一個特色是，一旦有女性不符合這個表現，例如，做妻子／母親／的卻無法體察、照料男性的情緒，或是，女人在知識上違逆了男性自己設定的威權身分，給予女性解釋的優勢和發言位置時，或是女人想要追求最高的權力位置以及屬性最為陽剛的權威位置時，這個厭女機制便會以一種隱晦的方式，帶著敵意、威脅和懲罰性質的規範執行隨伺在側，或在背景進行操作。這個機制對女性帶來的後果不一，從造成生命威脅的暴力到微妙地感到不被贊同的社會訊號都有。若再以上面那則廣告為例，「幸好」妻子發現到丈夫心理受傷，使用了新的菜瓜布，照顧到男性的情緒，故事才得以「善終」。

當代厭女現象的幽微性：權力生產與交織性

當代的厭女情結跟過去相比，之所以變得複雜，甚至難以辨識，是因為西方世界（台灣的情況也是）伴隨著女性主義運動和相關的法律改革，女性在教育和工作狀況的改善，性別平等已經獲得相當的進展。當性別平權變成是一種「政治正確」的意識時，厭女情結便以一種更幽微的方式存在於你我之間。

而本書作者凱特・曼恩（Kate Manne）的兩本著作：《不只是厭女》（*Down Girl: The Logic of Misogyny*, 2017），和《厭女的資格》

（*Entitled: How Male Privilege Hurts Women*, 2020），和過往討論厭女現象的女性主義書籍相比，最大的不同便在於，曼恩以非常具體而精準的方式，對當代這種幽微而不容易清楚辨識的厭女情結，做出了清楚的回應。

首先，曼恩清楚地區分，父權體制、性主義（sexism）和厭女這三者環環相扣的關係：性主義是父權秩序的「辯證部門」，它作為一種意識形態，扮演著合理化與正當化父權社會關係的功能；而厭女則是父權秩序的「執法部門」，這個部門的功能是監管並執行性別化的規範和期待。（《不只是厭女》中文版，頁122）這意味著，父權體制不是鐵板一塊的權力與規定，父權體制的權力是靈活而具生產性的，它藉由男性話語生產出各種對女性的監控和規範，以及隨之而來對不服從者的威脅和懲罰。在這種情況下，只有不順從的女人，而不是所有的女性，會受到最直接的處罰，但卻對所有的女性都產生了寒蟬效應，進而不知不覺讓女性內化了這套價值。而曼恩對當代厭女現象的說明，正是體現了父權體制這套靈活的權力生產運作。

因此，曼恩在《不只是厭女》還提點出另一個重點：她反對一般對於「厭女情結」天真式的解釋。這種天真式的解釋是：「個別主體所擁有的一種屬性，他們傾向於對任何與每一個女性，或至少一般性地針對女性，感覺到仇恨、敵意或其他類似情緒，僅僅因為她們身為女性」（頁65）。曼恩認為這種解釋，無法說明大多數的厭女者不只是討厭女性，也討厭條件看似比

他們好的男性；同時，他們也不討厭所有的女性，但特別討厭無視於他的女性。曼恩認為這個天真式的解釋太過心理主義，只把厭女者當作是心理學上的不健康或不理性狀態，而忽略了厭女者其實是在一個社會權力關係下的系統性面向，用來顯示出父權意識形態對女性的宰制。

其次，曼恩對厭女現象的權力觀察與分析，也正好說明了各種權力關係之間的交織性，像是階級、種族（特別是白人至上主義）、跨性別（各種非二元性別）等與父權厭女權力關係的交錯。因此，曼恩在《厭女的資格》裡，對於跨性別和黑人女性所面對的特殊厭女情結形式：厭跨女情結（transmisogyny）和厭黑女情結（misogynoir）特別關切。這也說明了，「厭女情結的經驗並沒有普世性，因為性別化的規範與期待總是和其他不正義的體系交織運作，創造出不同形式的壓迫，再由不同群體的女孩和女人來面對。」（頁38）

什麼是《厭女的資格》的資格？

作為一個關心性別議題的讀者，如果妳／你覺得曼恩的《不只是厭女》讀起來概念有點抽象，不易理解；那麼，閱讀曼恩這本三年後出版的《厭女的資格》，一定可以獲得很大的滿足。雖然《不只是厭女》和《厭女的資格》這兩書的內容高度關聯且具連動性，但《厭女的資格》可說是《不只是厭女》的大眾簡易版，不但把《不只是厭女》裡艱澀的哲學論證和術

語完全拋到一旁,而且《厭女的資格》的每一章(都代表著一個厭女現象),曼恩皆運用大量豐富的新聞或身邊的社會案例,讓讀者每一章讀起來都欲罷不能、想一口氣讀完。

《厭女的資格》,這裡的「資格」(entitlement)指的是什麼意思?這個「資格」的概念其實是延續《不只是厭女》的第四章「奪取(抹煞)他的所有物」,指的是當代厭女現象的一個核心概念,亦即,厭女情結是來自於某些男性認為他對女性有一些理所當然取用的資格和權利,而如果女性沒有做到這些,他便認為女性對他有所虧欠,可能激起一種類似「她以為她是誰?」的怨懟感受,這就是厭女情結產生的重要原因。這種怨懟的情緒,來自於一種理所當然但卻是錯誤的假想。因為厭女者對於誰擁有什麼,誰應得什麼權利,誰被假設擁有優先權,誰理應擁有別人的注意力,誰應該付出誰應該取用,自有一套故事版本。而《厭女的資格》這本書,把厭女者對女性理所當然、可以取用的權利和資格,用九個(九章)精采的實際案例,生動地呈現出女性在當代所面臨的性別處境是如何的幽微:表面上看起來,女性具有戀愛和婚姻的性自主權(第2-4章)和身體控制權(第5-6章)、男性分擔家事的時間比以前增多(第7章)、女性在知識和政治權力上的賦權(第8-9章);然而,我們會發現,在每一章各式各樣的厭女案例裡,這些權利卻又一一被索回:女人被期待要付出傳統上視為具有陰柔屬性的商品(例如性、照護、養育和生殖勞動和情緒勞動),同時,女人也

被禁止從這些男人身上拿走傳統上視為具有陽剛屬性的商品（例如政治權力和知識主張）。

一個母親的心情

在《厭女的資格》的最後一章，曼恩說出了她寫作這本書的動機。除了上一本《不只是厭女》獲得讀者很大的迴響與鼓勵之外，還有一個很重要的原因，那就是她正好懷了第一個小孩，而且是個女孩。身為一個女孩的母親，讓她覺得要繼續為女性所遭受的不平等繼續奮鬥下去。本章最令人動容的是，作為一名女性、一名女性主義學者、一名母親，她連續講了十次「我想要我的女兒知道……」的那種心情。

後記：二六七・六年

此刻寫作之際，台灣正面臨Covid-19的最嚴峻考驗。根據世界經濟論壇（World Economic Forum）今年公布的年度「全球性別差距報告」（Global Gender Gap Report）顯示，疫情使得性別平權的進展出現倒退，各領域的性別差距擴大了三十六年，要達到完全的性別平權，在這份報告裡說，還要一三五・六年，實現工作平等要二六七・六年。雖然女性在健康和教育等領域中的性別差距逐漸縮小，但是，疫情使得女性失業的比例高於男性，且因為學校關閉，而承擔了更多照顧子女的額外責任。此外，在疫情封鎖期間，女性增加更多的家事和小孩照護，導

致了女性更多的壓力及更低的生產力。報告也引述了人力社群平台 LinkedIn 的數據，在工作場所重啟營運後，女性重新獲得雇用的速度也比男性來得慢。[1]

　　所以，看來防止疫情擴散，就是一場性別運動，大家一起加油吧！

2021.5.17

1　https://www.rti.org.tw/news/view/id/2095699

審訂說明

◎陸品妃（清華大學人文社會學院學士班與通識教育中心兼任副教授）

　　關於本書中常用的性別代名詞與性別研究相關詞彙，統一如下：

（1）

- 「females」譯為「女性」、「women」譯為「女人」、「girls and women」則譯為「女孩和（與）女人」。
- 「males」譯為「男性」、「men」譯為「男人」、「boys and men」則譯為「男孩和（與）男人」。
- 「feminine」譯為「陰柔」（氣質）、簡稱柔性；「masculine」則譯為「陽剛」（氣質）、簡稱剛性。
- 「feminism」譯為「女性主義」。

　　不像英文，中文可以將上述許多概念，簡稱為男或男的，女或女的，不過當要還原並準確地符合對應概念的英文含意，應回歸如上譯。所以，以「mansplain」為例，目前一般將其譯為「男性說教」，基於上述理由，本書則相應將其譯為「男

人說教」。另請注意：性與性別氣質認同相關的概念意義，跟中國哲學裡的陰陽概念、語言學裡區分的陰性陽性中性概念，並不等同，不應直接互相取代；「女權主義」不是「feminism」的直譯。

（2）

• 「sex」譯為「性」、「gender」則譯為「性別」。

「性」可以、也應該與「性別」區分，不能直接混同，亦不該沿襲英語世界時有語用，即以「gender」來客氣婉轉地替代露骨直白的「sex」。能夠作出生物學上的性差異與社會文化的性別差異區分，是人類性別知識上的一項重大進展。性別作為性的社會與文化界定，並且男性女性的身體意義相應於男人女人的身分與社會地位之間，存在一定來自自身與他人的安排與詮釋空間。試想，人類社會不論地區自古至今即存有女性與男性，但是身為十三世紀中國女人與二十一世紀臺灣女人的生活與發展的應對與意義，堪稱不同。隨著民主深化，現今愈來愈多人在個人自由價值的平等尊重方面，覺察兩性機制的不足，男女性差異特質無需一定互相排他性地（exclusively）應用於對應的人格認同與性別差異位置：例如，男性不一定是男人，男人不一定是男性，男人不一定必須符合某種性生理性功能或社會文化的規範與意義，才是男人。並且根據平等價值，

我們的社會也逐步轉變文化積習中性差異代表的價值高下，性別差異位置待遇之間關係上的分工與制度階層化。

（3）

- 「sexism」譯為「性主義」。

「sexism」這個字是模擬「種族主義」（racism）而來，它將男性與男人視為比起女性與女人較具有價值，以及貶低、看不起女人及女性代表的價值。從歷史事實的進展考察，種族主義的想法是社會系統性地不利於非白人種族的思想根基，性主義則是社會系統性地不利於女人之根基。按照字典定義，性主義是基於這樣信念的行動：屬於某一性的成員比起另一性的成員較不聰明、較無能力、技術較差等等，尤指女人不如男人。隨著時代轉變，性主義的貶抑對象亦見倒轉。中文世界常將「sexism」譯為「性歧視」或「性別歧視」，其實並不到位，因為它的意思涵蓋多於歧視（可議的雙重標準）。它並不僅只是此中文翻譯常狹指的性歧視、性別歧視、相關性與性別差異可議的差別待遇而已，它也包含了相信某一種性與性別比其他種性與性別優越的信念，如崇陽貶陰與男尊女卑、相信一個人必定排他性地屬於男性或女性的刻板印象、表達憎恨男性或憎恨女性的態度如厭男與厭女等等，凡此以性差異及與其配套的性別差異來作為非必定相關事項的判斷標準核心，皆包含在內。因此，

21

在此另也為求準確,將「性歧視」與「性別歧視」的翻譯還給「sexual discrimination」與「gender discrimination」。

（4）

- 關於「entitled」、「entitlement」,以及「sense of entitlement」的翻譯考量。

原文書名「Entitled: How Male Privilege Hurts Women」直譯為「享有授予資格:男性特權如何損害女人」。除了第一章與最後一章以外,目錄標題都採用同樣的形式,前半部的形容詞用來形容女人,後半部指稱特權男人所享有的資格。

Entitled 一字的原意為「相信個人天生應該獲得或享有某種特殊待遇與特權」,但因語言文化背景脈絡的限制,中譯的字詞選擇目前不便統一,為幫助讀者理解,同時力求語言精簡,譯者在翻譯時將此概念譯為「資格感」。然而,凱特.曼恩在書中交互闡述了幾個彼此相關、互補,但略有不同之概念:「entitled」是「資格授予的享有」、「entitlement」是「因此資格而享有的份與」,而「sense of entitlement」是「對此資格的認定與感受」,中譯字詞並無意取代或限縮這些英文字詞的差異確實反映其代表的差別意思及思想的重要性。

本書章節目錄中,譯者選擇將某些標題下的「entitlement」譯為「資格感」而非「資格」,主要考量乃是因為中文的「資格」

二字帶有不同意涵，可能造成讀者將其與英文的「qualification」一詞混淆，誤以為指的是個人是否符合具體之條件要求，得以合理地獲得某些權益。相較之下，「資格感」較能夠強調「entitlement」這個詞下所指，個人被認可具有哪些索求和獲得的資格。

CHAPTER
（1）

揮之不去的——特權男人的資格
Indelible – On the Entitlement of Privileged Men

　　「理所當然的資格感」長得就像他那副樣子。五十三歲的布萊特‧卡瓦諾（Brett Kavanaugh）臉色脹紅、脾氣暴躁，大多時候用吼叫回答問題；他顯然覺得出席這些訴訟程序有失身分，是對他的嘲弄。那是二〇一八年的九月，卡瓦諾接受美國參議院司法委員的審訊，因為他被指控曾經在高中時性侵當時就讀同所學校、現年五十一歲的克莉絲汀‧布雷斯‧福特（Christine Blasey Ford）博士。在此，不只是卡瓦諾被任命為美國最高法院大法官的機會岌岌可危，更重要的是，這是一場對性侵害、男性特權，以及厭女情結的運作機制進行仲裁的審訊。

　　美國並未通過這場考試。儘管有極有力的證據指出，卡瓦諾確實曾於三十六年前性侵了當時十五歲的福特，他仍舊以些微票數之差獲得了多數參議員同意，被任命為大法官。

　　福特出席作證，指出她如何遭到卡瓦諾的攻擊。當時，在馬里蘭州的一場派對上，卡瓦諾和他的朋友馬可‧賈奇（Mark

Judge）將她逼進一間臥室裡。福特指控卡瓦諾把她壓倒在床上、撫摸她，還用下體摩擦她的身體。福特說，當時卡瓦諾硬是試著脫下她的衣服並搗住她的嘴巴、以防她尖叫；她說自己當時很怕一不小心就會被卡瓦諾悶死。她說，當賈奇跳到床上時，她把兩人撞倒[1]，試圖逃跑。

「在我的腦海裡，始終揮之不去的，是那些笑聲。」當福特（她是一名心理學教授）談到這起事件還有它帶來的創傷時，她如此說道。然而，儘管有許多人宣稱相信她的說詞，對他們而言，她的經驗卻仍然不夠重要，不值得因此剝奪在人們眼中

注釋

1　另有三名女子對卡瓦諾提出性侵害或不當性舉止的控訴，她們分別是黛博拉，拉米雷茲（Deborah Ramirez）、茱莉，斯維尼克（Julie Swetnick），以及一名匿名指控者。見：Christine Hauser, "The Women Who Have Accused Brett Kavanaugh," *The New York Times*, 2018/09/26, https://www.nytimes.com/2018/09/26/us/politics/brett-kavanaugh-accusers-women.html。不過基於本章導論之目的，我會聚焦於克莉絲汀·布雷斯·福特博士的指控上。

2　例如：「儘管我敬佩福特博士的勇氣，也覺得她是一個有說服力、善良的人，但這不會改變我的立場，亦即這類源自於男方或女方青春期的指控無法被證實、也無法被調查，不應該因此打亂一個人卓越傑出的職業生涯。」安娜可·格林（Anneke E. Green）在一篇名為〈我們可以相信福特並任命卡瓦諾〉的文章中如此寫道。見：Anneke E. Green, "We Can Believe Ford and Confirm Kavanaugh," *RealClear Politics*, 2018/10/03, https://www.realclearpolitics.com/articles/2018/10/03/we_can_believe_ford_and_confirm_kavanaugh_138240.html.

3　可以參考雪洛·崇利（Cheryl K. Chumley）的說詞，那是暗示福特在說謊的例子之一。崇利寫道：「如果福特真的有證據，任何可以證明她對卡瓦諾的

像卡瓦諾這樣的男人──根據他的背景與聲譽[2]──理所當然
應該獲得的東西。當然，也有人拒絕相信她，認為她要不是說
謊，就是搞錯了事實[3]。

在卡瓦諾的聽證會成為頭版新聞時，關於男性特權這件事，以
及它對女孩和女人造成什麼樣的傷害，我已經持續思考了好一
陣子。這起案件看來濃縮了許多我一路以來都在鑽研的社會動
力（social dynamics），它完美地捕捉了「資格感」（entitlement）這
個概念：這是一種普遍的看法，亦即享有特權的男人被認為應

指控乃是基於事實和真相的證據，她需要將拿它出來，而且得要盡快。卡瓦
諾沒有義務證明自己的清白，而是福特有義務證明他有罪，證明她自己沒有
說謊、沒有用一個可恥可鄙的伎倆來打斷最高法院的任命程序並破壞卡瓦
諾的提名機會。」見：Christine Blasey Ford Could Indeed be Lying," *Washing-
ton Times*, 2018/09/22, https://www.washingtontimes.com/news/2018/sep/22/
christine-blasey-ford-could-indeed-be-lying/.
另一方面，蘇珊・柯林斯（Susan Collins）則認為福特搞錯了對象，所以她
的證詞不可信。柯林斯為任命卡瓦諾投下關鍵的一票，之後，她在一場電
視訪談中這麼說：「〔克莉絲汀・布雷斯・福特〕顯然相當恐懼而且受了創
傷，我也相信她確實遭到性侵，但我認為她搞錯了加害者是誰。我不相信
攻擊她的人是卡瓦諾。」見：Jaclyn Reiss, "Susan Collins Says She Thinks Brett
Kavanaugh's Accuser Was 'Mistaken,'" *The Boston Globe*, 2018/10/08, https://
www.bostonglobe.com/news/politics/2018/10/07/susan-collins-says-she-thinks-
christine-blasey-ford-was-mistaken-about-identity-perpetrator-being-brett-
kavanaugh/JD3AyfW6tly9KfUZjJxNwJ/story.html.

該獲得某些事物，甚至是美國最高法院大法官這麼顯赫的職位也應該得到[4]。從卡瓦諾在聽證會上委屈不平、好鬥，且有時幾乎不受控制的行為來看，他自己也抱持這樣的看法。而福特博士的舉止冷靜、溫和，她在回答參議員的詢問時，強烈地表現出她試著要「提供幫助」，和她的態度相比，卡瓦諾對於提問則是勃然大怒，尤其當提問者是女人時，他顯得更加氣憤。在一段如今臭名昭彰的對談中，參議員艾美·克羅布查（Amy Klobuchar）問他：「你現在是說，你從來沒有因為喝了太多酒，導致你完全不記得前一晚發生了什麼事，或至少不記得一部分發生過的事嗎？」「你在問我有沒有失去過意識，我不知道。你有過嗎？」卡瓦諾以一種輕蔑又哀怨的口吻回她[5]。

這起案例也凸顯了「同理他心」（himpathy）的現象：當擁有權力並享受特權的男孩與男人犯下性暴力的惡行，或做出了涉及厭女的行為時，他們往往會獲得同情和關懷，但他們的女

注釋

4 值得注意的是，除了理所當然的資格感以外，男性特權——就如同包括白人特權在內的其他特權形式——還擁有許多面向。儘管一個享有特權的人（以我為例，除了性別之外，我在各方面都享受著特權）當然能夠、也應該努力不要在許多方面表現出一種令人反感的理所當然，但一個人究竟有可能放棄（相對於承認和減少）多少特權，通常也是受限的。關於和（白人）特權相關的經典討論，可見：Peggy McIntosh. "White Privilege: Unpacking the Invisible Knapsack," *Peace and Freedom Magazine (1998)*, 10–12。更近期的討論則可見：Rachel McKinnon and Adam Sennet. "Survey Article: On the Nature of the Political Concept of Privilege," *Journal of Political Philosophy* 25:4 (2017), p. 487–507.

本書也會逐步揭示，白人女性所享受的特權和資格感本身也是一個重要的議

性受害者則否。怒氣沖沖的參議員林賽・葛蘭姆（Lindsey Graham）就體現了這種「同理他心」的態度：

> 葛蘭姆：〔對民主黨人士說〕你們想毀了這個人的一輩子，
> 讓這個職位懸空，然後希望你們能在二○二○年贏得大
> 選……〔對卡瓦諾說〕你不需要為了任何事道歉。等你
> 見到索托馬約爾（Sonia Sotomayor）和卡根（Elena Kagan）[i]
> 時，幫我跟她們問好，因為我當初投了她們一票。〔對
> 民主黨人士說〕我永遠不會對她們做出你們對這個男人
> 所做的事[ii]……〔對卡瓦諾說〕你是一個輪暴犯嗎？
>
> 卡瓦諾：不是。
>
> 葛蘭姆：我沒辦法想像你和你家人眼下正在經歷什麼。〔對
> 民主黨人士說〕天啊，你們都想要掌權，我希望你們永
> 遠無法獲得權力，我希望美國人民能看穿這場騙局……

題。然而，在此，我關注的主要焦點是男性特權，它構成了一組聚集現象，
在許多面向上，皆有益於放在一起研究，並以系統性、交織性的方式討論。

5　Sam Brodey, "'The Most Telling Moment': Sen. Amy Klobuchar in National
Spotlight After Brett Kavanaugh Hearings," *Minnesota Post,* 2018/09/28, https://
www.minnpost.com/national/2018/09/the-most-telling-moment-sen-amy-
klobuchar-in-national-spotlight-after-brett-kavanaugh-hearings/.

i　譯註：兩人皆為美國最高法院現任大法官，同是女性。兩人皆由民主黨的前
總統歐巴馬所提名，而葛蘭姆是共和黨議員。

ii　譯註：作者在此的意思是，卡瓦諾是由川普所提名的候選人，而民主黨議員
正是因為如此，才會反對其任命案。

你們根本不是為了保護福特博士——完全不是。〔對卡瓦諾說〕她和你一樣，都是受害者。我的老天，這些人曾經是我的朋友，所以我實在不想這麼講，但讓我告訴你吧，在這件事情上，你想要獲得一個公平的審判？我的朋友啊，你在一個錯誤的時間點來到了錯誤的地方。你把這當成是一場工作面試嗎？

卡瓦諾：如果參議院的諮詢和同意程序是一場工作面試的話ⁱⁱⁱ。

葛蘭姆：你覺得你參加了一次工作面試嗎？

卡瓦諾：我參與了一場依據憲法規定進行的參議院諮詢與同意程序，這……

葛蘭姆：你是不是覺得你好像從地獄走過一遭？

卡瓦諾：我——我像是從地獄走過一遭，然後還經歷了一些別的事情。

葛蘭姆：這不是一場工作面試。

卡瓦諾：不是。

葛蘭姆：這是地獄。

注釋

iii 譯註：根據美國憲法第二條，美國總統有任命大使、公使和領事、最高法院法官的權力，但必須諮詢參議院並取得參議院的多數同意。

6 Billy Perrigo, "Sen. Lindsey Graham Says Christine Blasey Ford 'Has Got a Problem' as He Continues Attack on Democrats," *Time*, 2018/09/28, https://time.com/5409636/lindsey-graham-christine-blasey-ford-problem/.

在葛蘭姆眼裡，一個像卡瓦諾這種地位的男人，為了晉升到美國道德主管機關內最崇高的職位之一，因此必須得要回應這些嚴重但可信的性侵指控，並經歷來自聯邦調查局（FBI）截頭去尾的調查，這不僅荒謬，更是地獄般的經歷。卡瓦諾顯然同意了這個觀點，而且還藉著葛蘭姆的看法給自己撐腰，不浪費每一個可以自我憐憫的機會。儘管葛蘭姆口頭上表示，在這輪程序裡，福特和卡瓦諾「同為受害者」——他指的是，民主黨參議員為了獲取政治利益，試圖破壞卡瓦諾的名聲——但他可沒有對福特和她的家人流露出程度相當的情緒。「福特小姐遭遇了困難，但摧毀卡瓦諾法官的人生無法解決她的困難。」葛蘭姆事後在《福斯新聞》（Fox News）上發出了如此的譴責[6]。

「同理他心」讓卡瓦諾在葛蘭姆眼裡成了整起事件中真正的受害者，而不任命卡瓦諾這樣的男人擔任最高法院大法官是毀掉他的一生，而不僅僅只是撤下了一個機會[7]。但也不是只有像林賽・葛蘭姆這樣的男人滔滔不絕大談這類說詞，並如此這般地中傷克莉絲汀・布雷斯・福特；有許多提出反對意見的

7　可以和唐納・川普的說詞對比，川普也表現出了同理他心。我在自己的文章中有所討論："Brett Kavanaugh and America's 'Himpathy' Reckoning," *The New York Times,* 2018/09/26, https://www.nytimes.com/2018/09/26/opinion/brett-kavanaugh-hearing-himpathy.html.

人都是女人，包括參議員、記者，還有不具相關專業的門外漢[8]。

最終，卡瓦諾的例子凸顯出多項厭女情結的本質和功能。我在前作《不只是厭女》（Down Girl）中曾指出，我們不應該把厭女情結（misogyny）理解為一種對女孩和女人整體性的深層心理憎恨。相反的，要解釋厭女情結，最好的概念是把它想成父權秩序的「執法部門」——這個部門的功能是監管與執行性別化的規範和期待，讓橫跨不同年齡層的女性會因為性別與其他因素而遭受不合比例或格外具有敵意的對待[9]。克莉絲汀·布雷斯·福特所遭受的性侵害（特此說明，在這件事情上，我相信她的說詞）絕對符合這個描述，因為和男性同儕相比，女孩和女人特別容易受到這類攻擊[10]。此外，厭女情結通常（雖然

注釋

8 可參考本章中註釋2與3內提到的反對者（他們分別以不同方式轉了髮夾彎），以及由六十五位女子提出的公開信，這些女性在高中時認識卡瓦諾，並在信中為他辯護。她們主要的論述基礎是，她們自己從來沒有遭遇來自卡瓦諾的性侵害。然而，和其他常見情況一樣，就算（直接、第一手的）證據不存在，在這裡，這也不是可以證明事情本身不存在的決定性因素。換句話說，雖然這些女性自己沒有被卡瓦諾性侵害，這個事實也不足以讓我們懷疑福特的證詞。見：Tara Golshan, "65 Women Who Knew Brett Kavanaugh in High School Defend His Character," *Vox*, 2018/09/14, https://www.vox.com/2018/9/14/17860488/brett-kavanaugh-sexual-assault-georgetown-prep-defense.

9 很顯然，執法部門這個譬喻的用意單純就是譬喻。我絕對不認為厭女情結應該要被限縮為正式的監管和執行機制，後續我會針對這點做出更清楚的說明。

10 根據近期的統計數字，百分之八十二的青少年強暴受害者是女孩，成人強暴受害者中則有百分之九十為女人。更有甚者，介於十六到十九歲間的女

不一定絕對）是在女人破壞了性別化的「律法與秩序」時的一種回應。福特開口說出一個有權力的男人如何錯誤地對待她，結果收到辱罵訊息和死亡威脅，就是這類懲罰的例證[11]。

　　總的來說，我認為厭女情結有點像是小狗脖子上的電擊項圈，功能則是防止牠們越過城市郊區裡常見的那種隱形圍籬。厭女情結能夠使人痛苦，而無可否認的是，它往往就是如此引人痛苦。但就算厭女情結沒有主動傷害任何人，它仍然會阻止女孩和女人嘗試去跨越界線。假如我們偏離軌道或犯錯，我們知道自己可能會遭遇什麼後果[12]。這也是為什麼福特的證詞特別勇敢的緣故。

　　和厭女情結對比，我認為性主義（sexism）[iv]是父權秩序的

孩和女人成為強暴、強暴未遂和性侵害受害者的機率是整體人口的四倍。參見：RAINN, "Victims of Sexual Violence: Statistics," https://www.rainn.org/statistics/victims-sexual-violence.

11 以下是一些例子：「沒有人相信你。因果有輪迴，你很快就會遭到報應。」「就我所聽到的，你還有六個月可以活。你這噁心的爛泥。」見：Erin Durkin, "Christine Blasey Ford's Life 'Turned Upside Down' After Accusing Kavanaugh," *The Guardian,* 2018/09/19, https://www.theguardian.com/us-news/2018/sep/19/christine-blasey-ford-brett-kavanaugh-sexual-assault-accuser-threats.

12 我在接受《格爾尼卡》（*Guernica*）雜誌記者雷根・潘納路納（Regan Pena-luna）訪談時，第一次提出這個譬喻。見："Kate Manne: The Shock Collar That Is Misogyny," 2018/02/07, https://www.guernicamag.com/kate-manne-why-misogyny-isnt-really-about-hating-women/.

理論與意識形態部門：它是父權秩序的信仰、主張和假設，用來把父權的規範與期待合理化並自然化——包括性別化的勞動分工，以及在傳統上屬於男性權力和威權的領域中男人對女人的支配。儘管本書所探討的內容更著重於厭女情結而非性主義，但意識到這兩者向來是一搭一唱，是很重要的。

然而，我們必須理解，一個人不見得需要對女人抱持著性主義的信仰，也可以投身於厭女的行為。當布萊特‧卡瓦諾面對不當性舉止（sexual misconduct）的指控，他為自己辯護的理由是他雇用的女性職員人數多到非比尋常，但說真的，這完全不是有效的辯護[13]。一個男人可能會相信一個女人的聰明才智足以讓她任職於法律、商業和政治領域，並因此願意在這些領域雇她當下屬，但卻仍舊用厭女的方式對待她或其他女人——舉個例子，性侵她們。更籠統地說，只要女人沒有對男人造成威脅或挑戰，他便可能樂意提供她某種程度的權力，但一旦她威脅或挑戰了他，他就可能施以厭女之舉，好讓她回去她該待的位置上，並且也作為一種對她的懲罰，因為她產生了逾越位

注釋

iv 審註：「sexism」這個字的定義與譯法，以及過往常見的「性歧視」、「性別歧視」為何不適合作為「sexism」的翻譯，請見頁21「審訂說明」（3）中的詳細闡述。在本書接下來的篇幅中，「sexism」一律以「性主義」稱之。

13 卡瓦諾在聽證會的開場證詞中表示：「過去十二年間，我所雇用的四十八位法庭職員中，大多數都是女人。在呈給貴委員會的信件中，我的女職員提到，我是聯邦司法系統中最堅定強力為女律師倡議的人之一。她們寫道，律政這個職業領域因為我而變得更公平與平等。在我擔任法官期間，

階的想法。於是，根據我的分析來看，他比較是一個厭女者，
而非性主義的信徒。

不過，整體而言，我對厭女情結的分析給我們的忠告是，
不要將焦點太過集中於個別的厭女情結**加害者**，而該將更多焦
點放在厭女情結的**目標和受害者**上。這樣做對我們來說之所以
有益，原因至少有二。首先，某些厭女情結的案例中缺少任何
形式的個別加害者；厭女情結可能純粹是一種由社會制度、政
策和廣泛的文化習俗所造成的結構性現象[14]。再者，當我們把
厭女情結理解成女孩和女人**面對**的敵意，而非男人在內心深處
感受到的敵意時，這便有助於我們迴避心理機制深不可測的問
題。我們往往難以得知一個人內心最深處的狀態與最終的動機
為何，除非我們是他們的心理治療師（而甚至對治療師來說，
這類資訊也可能難以取得）。但根據我對厭女情結的分析來著
手的話，我們就不需要事先得知一個人的內心深處感受為何，
也可以指出他是否正在執行或鼓勵厭女情結。我們所需要知道
的事，也是一件我們通常更能夠確認的事，亦即：女孩或女人

全國沒有任何一位聯邦法官比我推薦了更多女律政人員給最高法院。」見：
"Brett Kavanaugh's Opening Statement: Full Transcript," *The New York Times*,
2018/09/26, https://www.nytimes.com/2018/09/26/us/politics/read-brett-
kavanaughs-complete-opening-statement.html.

14 例如我在第六章中指出，美國國內的反墮胎運動是深度厭女的，但這並不必
然是在指責信仰這個教條（反墮胎）的每一個人都是厭女者。

是否面對不合比例或格外性別化的敵意對待，只因為她身為一名活在男人世界裡的女人——也就是，身處於一個長久以來都屬於父權制的社會（而我相信，即使不是全部，也包括了大多數的社會）[15]。我們不需要證明她之所以遭受這種對待，是因為她在男人心中是個女人（a woman *in a man's mind*）——在某些例子裡，這不可能是問題所在，畢竟如前所述，女人和男人都可能投身於厭女行為，例如輕視其他女人，或者運用某種道德主義，在男女都可能做出了同樣的行為時，傾向讓男方卸責脫身，但卻嚴厲責怪女方。

所以，我認為最好的作法是，把厭女情結主要看成是一個社會環境屬性，在這些社會環境中探索前進的女孩和女人會因為她們的性別（以及在許多情境中，連同她們被性別化的「壞」行為）而遭遇到仇恨或敵意的對待。但儘管如此，我並不想否認事實，某些個別人士確實值得被稱為厭女者。不可否認的，「厭女者」是一個帶有貶意的評價性詞語，我也認為我們不應該太隨意地拿著它揮舞，以免導致這個重要的語言武器失去它典型的「打擊力道」和力量。因此，我提議將厭女者定義為：

注釋

15 請留意，這絕不是在否認，在美國和其他脈絡之下，女性主義者促成社會進步的可能性與具體現實。我的意思是，儘管立基於平等主義的社會慣習做出了反擊，但歷史上的父權社會規範至今仍徘徊左右，並在我們沒有察覺的情況下影響我們的行為。

16 作為一個致力於文化分析的人，我傾向於把焦點放在我自認可以算是「內部

在讓厭女情結永垂不朽的路上，**格外有貢獻之人**：和身處於該環境的其他人相比，這些人在實踐厭女情結時，具有特別高的頻率和一致性。這個定義幫助我們承認一個重要的事實，也就是在某種程度上，我們**全都**是厭女社會結構裡的共犯。但與此同時，對許多人而言，把我們所有人都說成厭女者會是錯誤的行為，尤其是對那些主動付出了努力，對抗、反對厭女情結的人來說，更是如此。這個標籤應該保留給那些主要的犯人，而在接下來的篇章中，我們將看到很多這類人士。

我在撰寫《不只是厭女》時專注於提出抽象的論證，指出厭女情結應該被理解成女孩和女人所面對的敵意，它的功能是用來監管和執行性別化的規範與期待。但這個定義激發了許多疑問，使得我從那時起便不斷思索：厭女情結所監管和執行的性別化規範與期待有哪些？尤其是在我自己所處的社會環境（美國），而這個環境還有著相對主張平等的聲譽時[16]，情況又是如何？這些所導致的社會動力有時是很隱晦的，它們會以哪些方式在不同的生活面向上限制女孩、女人，與非二元性別者的

人士」的社會環境上，至於其他文化脈絡是相似或者不同，這個問題則留給其他位置更恰當的讀者來思考。但我這樣做，並不代表這是避免道德帝國主義的唯一方法。賽琳娜·卡達爾近期針對這些議題提出了討論，可參考：Serene Khader, *Decolonizing Universalism: A Transnational Feminist Ethic* (New York: Oxford University Press, 2018)。

37

可能性？透過每日具體的操作，男孩和男人又如何不公平地從這個體系中獲益？我在思考這些議題時，愈來愈清楚地認知到厭女情結是如何和相關的社會弊病綑綁在一起，難以分開，而由金柏利・克倫肖（Kimberlé W. Crenshaw）首先提出的交織性（intersectionality）取徑正是在提醒我們注意這件事。這些弊病包括種族主義（特別是白人至上主義）、仇外心理、階級歧視、恐跨心理，以及健全主義[17]等等。

厭女情結的經驗並沒有普世性，一部分是因為性別化的規範與期待總是和其他不正義的體系交織運作，創造出不同形式的壓迫，再由不同群體的女孩和女人來面對。接下來的章節中，我希望能夠闡述（但並不主張我是這方面的權威）美國國內的跨性別和黑人女性所面對的特殊厭女情結形式——它們分別是厭跨女情結（transmisogyny）和厭黑女情結（misogynoir）。在此，身為一名白人順性別異性戀女人，從塔莉亞・美伊・貝特契（Talia Mae Bettcher）、崔西・麥克米蘭・卡頓（Tressie McMillan Cottom）和潔思敏・喬伊尼爾（Jazmine Joyner）等許多議題的重量級發聲代表所提出的洞見之中，我獲益之多，難以估計。

注釋

17 針對交織性這個主題，克倫肖有兩篇開疆破土的經典作品，參見：Kimberlé W. Crenshaw. "Mapping the Margins: Intersectionality, Identity Politics, and Violence Against Women of Color," *Stanford Law Review* 43:6 (1991), pp. 1241–99，以及 Kimberlé W. Crenshaw. "Beyond Race and Misogyny: Black Feminism and 2 Live Crew," in *Words That Wound*, edited by Mari J. Matsuda, Charles Lawrence III, Richard Delgado, and Kimberlé Williams Crenshaw (Boulder:

《厭女的資格》(*Entitled*)一書處理了各式各樣的厭女情結、同理他心和男性資格，它們透過涵蓋範圍廣泛的方式與其他壓迫體系協同運作，進而創造出不正義、邪惡，並且有時詭異的結果。其中有許多方式源自於一個事實，亦即女人被期待要付出傳統上視為具有陰柔屬性的商品ᵛ（例如性、照護、養育和生殖勞動），把它們給予被指定的、往往享有較多特權的男人；同時，女人也被禁止從這些男人身上拿走傳統上視為具有陽剛屬性的商品（例如權力、威權和知識主張）。這些商品可以進一步理解為那些特權男人心照不宣、自以為是地認定自己**有資格**獲得的事物，並且當這些男人以不正當的方式從女人身上奪取這些事物時，他們經常會獲得別人的同理他心——這一點，在事情與性有關時最為明顯，但也絕不僅限於性。

總結來說，本書揭示的是，一種對「男性資格」的不公正理解會引起範圍廣泛的厭女行為。如果一個女人未能提供一個男人認定自己受到虧欠之物，她往往就會面對懲罰與報復，這些懲罰和報復可能來自於他、來自同情他的支持者，或她所鑲嵌於其中的厭女社會結構。

Westview Press, 1993), pp. 111–132.

v 譯註：原文為 goods，指的是各種可以被交換與交易的事物。儘管中文的商品通常帶有金錢交易之性質，此處之商品卻不只涉及金錢，而是包括各種正式與非正式的交換管道，可以理解為個人所能付出與提供的各種實體與抽象所有物、好處、服務和互動。

更重要的是，在這個體系裡，女人經常被不公平地剝奪了她們自身**正當**的資格感，使她們沒有辦法一起獲得陰柔與陽剛屬性的商品。這導致了各種不平等，範圍之廣，從女人無法在承受疼痛時獲得適當治療，到她們不能占據傳統上屬於男性的權力位置，再到她自身專精的領域上，她對相關主題的正當發言權威也同樣不被認可，皆涵蓋其中。

接下來，某些章節將著重於對男性資格感的不公正理解，另一些章節則導向女人、女孩與非二元性別者**確實**有資格獲得的商品如何遭到了剝奪。儘管這些議題經常要仰賴不同的分析和解決之道，它們在本書中卻屬於一枚硬幣的兩面。

在揭露這些議題與其他道德偏見的內在邏輯時，它也協助我得以處理下列問題：反墮胎和反跨性別運動有何共通之處？為什麼在家庭裡很大程度上仍舊是女人負責「第二輪班」（second shift）？為什麼某些特定男人總能在性侵女孩、女人和其他弱勢者後逍遙法外，彷彿例行公事？還有，為什麼男人說教（mansplaining）[vi]依然如此屢見不鮮[18]？

就如我將在本書中從頭到尾一一說明的，讓厭女情結屹立

---

vi　審註：Mansplaining一詞目前常見翻譯為「男性說教」，但在英文當中，man與male分別涉及生理性別與社會性別之定義，因此應該分別譯為「男人」與「男性」，以求概念之精準。基於上述理由，在此書中，一律將mansplaining一詞譯為「男人說教」，而非坊間常見的「男性說教」。

18　我希望不言而喻的是，在男性特權和資格感這個主題上，此處提到的問題，連同其他我在本書裡試圖回答的事情，並未囊括全部的範圍，它們僅僅是一

不搖的力量是既強大又普遍。某種程度上，女人會因為膽敢挺身而出、直指問題現實而遭到懲罰和責怪──確切地說，是遭到厭女情結的攻擊。許多人覺得，不論男人的惡行為何，他們不只有資格享有「無罪推定」的原則，更有資格被認定無罪，就這麼簡單。此外，當厭女情結發揮作用，它造成的傷害是無法抹滅的。福特博士不只因最初的性侵而飽受創傷；為了履行她自認應盡的公民責任，她作證說明當初事情的發生經過，很有可能在這段過程當中，她又受到二次傷害。在聽證會後，她隨即也收到了衝著她和家人而來的死亡威脅，並因此被迫離開自己的家[19]。布萊特‧卡瓦諾不僅被任命為大法官，緊接著還很可能會扮演重要的角色，為國內的反墮胎運動奉上來自最高法院的關鍵支持。在撰寫本書的此刻，唐納‧川普（Donald Trump）──有可靠證據指控他性侵和性騷擾了十多個女人──仍舊是這個國家的總統。[20]

縱然如此，幸運的是，進步並不仰賴──不能，更從未仰賴過──我們去一致同意那些看來明顯的不正義確實是不正義。相反的，不論是個別還是集體，我們可以（且我也逐漸相

些中心的議題，且我認為自己有相對合理的資格對它們做出評論。

19 Ewan Palmer, "Christine Blasey Ford Can't Return Home for 'Quite Some Time' Due to Continuous Death Threats: Lawyer," *Newsweek,* 2018/10/08, https://www.newsweek.com/christine-blasey-ford-cant-return-home-continuous-death-threats-1157262.

信，我們必須）依循和效法一些每日都在發生的勇敢行動、富有創造力的行動，還有正在進行的政治抵抗行動，以此回應不正義。我無從得知這是否將足以創造正確的成果，但我所知道的是：戰鬥很重要，而且很值得。當我們清楚地知曉自己在對抗什麼，我們就可以更好地戰鬥。懷抱著如此堅定的信念，我寫下了以下的篇章。

注
釋

20 Chris Riotta, "Trump Accused of 26 New Cases of 'Unwanted Sexual Contact,'" 2019/10/09, https://www.independent.co.uk/news/world/americas/trump-sexual-assault-allegations-harassment-groping-women-karen-johnson-book-a9149021.html.

CHAPTER
(2)

非自願的女人——男人享有愛慕的資格感
Involuntary – On the Entitlement to Admiration

　　二〇一四年五月二十三日週五晚間，時間剛過晚上九點半，加州大學聖塔芭芭拉分校（UCSB）的阿法斐（Alpha Phi）姊妹會宿舍外傳來響亮的敲門聲。當時至少有四十五位女學生住在該處，不過那個週末正好是陣亡將士紀念日（Memorial Day），所以留在宿舍裡的人為數不多。一名當時正在屋內的女學生表示，那敲門聲既巨大又暴躁，很不尋常，所以儘管持續敲了至少整整一分鐘，她們還是決定不開門。事後看來，做出這個決定的她們很明智，甚至可以說是很幸運的，因為當時敲門的男人，二十二歲的艾略特・羅傑（Elliot Rodger），手中握有一把上了膛的手槍，並打算殺光她們所有人[1]。

　　「我自從進入青春期以來，在過去八年的人生裡，都一直

1　"Timeline of Murder Spree in Isla Vista," *CBS News*, 2014/05/26, http://www.cbsnews.com/news/timeline-of-murder-spree-in-isla-vista/.

被迫孤獨地活著、被拒絕、性欲無法被滿足，而這全是因為女
孩從來都不受我吸引。這些女孩把她們的情感、性和愛給了
其他男人，但從來不給我。」羅傑開車前往 UCSB 校園前，他
在 YouTube 上發布了一支影片，並在影片中這樣解釋。「我二
十二歲了，卻還是處男，甚至從來沒有吻過女孩……這非常折
磨人。大學這段時期，每個人都在體驗性愛、好玩的事、找樂
子這類事情，但在這些年裡，我卻被迫在孤獨中腐爛。這不公
平。」他抱怨。接下來，他換了一個更富說教意味的口吻：

> 你們這些女孩從來都不受我吸引。我不明白你們為什麼
> 不受我吸引，但我會為此懲罰你們所有人。你們這樣是不
> 正義、是犯罪，因為我不懂你們到底不喜歡我哪裡。我是
> 一個完美的男人，但你們卻不選我這個最高等的紳士，反
> 而對那些討人厭的畜生前仆後繼。

因此，在羅傑的「復仇日」當天，他的計畫是：「我會去
加州大學聖塔芭芭拉分校全校最辣的女生姐妹會的宿舍，然後

注
釋

2　令人慶幸的是，這支影片很快就從 YouTube 上被移除。但在網站 http://www.
democraticunderground.com/10024994525 上可以找到影片逐字稿（內容擷取
於二〇一九年十月五日）。羅傑過去曾上傳過類似影片到 YouTube 上，他的
母親因此向警方舉報他的行為，警察在羅傑的公寓外面訊問他，但並沒有採
取後續行動。

3　我在前作《不只是厭女》（*Down Girl: The Logic of Misogyny*）（紐約：牛津出

我會屠殺每一個我在那裡看到的，驕縱、高傲的金髮蕩婦。[2]」

　　但到了最後，不得其門而入的羅傑決定將就一下，射殺另外三名女子（她們是鄰近的三德爾塔〔Tri Delta〕姊妹會的成員）；她們當時正好從轉角走過，他造成其中兩人死亡、一人受傷。接著，在隨機的沿路掃射中，他又殺了一名男子，並造成十四人受傷[3]。

當凱特・皮爾森（Kate Pierson）聽到她背對的牆後傳來三聲重擊時，她心想，一定是熱瑜伽教室的音響從架子上掉下來了。但那是槍聲。一位沒有事前預約的客人──四十歲的史考特・保羅・拜爾勒（Scott Paul Beierle）──開了超過三百二十公里左右的路程，到佛羅里達州的塔拉赫西（Tallahasse）參加這堂下午五點半的瑜伽課。他用信用卡付了十二美金的學費，並問預計有多少人會來上課。他失望地發現只有十一人事前報名了課程，於是他轉而詢問瑜伽教室最熱鬧的時段是什麼時候（週六上午）。即使如此，隨著女學員──和一位男學員──陸續抵達教室，他還是留了下來。瑜伽老師請他把袋子放到教室外的

版社，二〇一八）（台北：麥田出版，二〇一九）的第一章和第二章中詳盡地討論了艾略特・羅傑的案例。羅傑的精神健康史裡有件事引起廣大注意，那就是，儘管羅傑受惠於父母的苦心照料，接受過密集的心理治療，但他並沒有獲得任何具體診斷。針對這點，可以參考我對批評者的回覆，參見：The APA Newsletter in *Feminism and Philosophy* 8:2 (2019), pp. 28–29.

置物櫃裡，他告訴老師他有個問題，接著，他戴上一副保護聽力的耳罩，然後抽出一把格洛克（Glock）手槍。持槍的他頓了一下，隨即就把槍指向最靠近他的那名女子。他開火，看來並沒有挑選對象，但他的目標是殺害某一類自青春期開始就讓他憤怒的女人，他那時曾經寫過一個復仇幻想故事：《被拒絕的青年》（*The Rejected Youth*）。最終他對六個人開槍，造成其中兩人死亡[4]。

　　這是二〇一八年十一月的事情。槍擊事件發生前，拜爾勒曾在網路上發布一段影片，指名艾略特・羅傑是啟發他的人。二十六歲的克里斯・哈潑－梅瑟（Chris Harper-Mercer）也是，他就讀於奧勒岡社區大學，在課堂上開槍，造成八名學生和一位助理教授死亡，另外八人受傷，他在殺人之前也說過同樣的

注釋

4　我在此參考了下列由史蒂夫・罕醉克斯（Steve Hendrix）撰寫的文章，罕醉克斯則引用了茱莉・泰特（Julie Tate）對此事的報導。參見："He Always Hated Women. Then He Decided to Kill Them," *The Washington Post*, 2019/06/07, https://www.washingtonpost.com/graphics/2019/local/yoga-shooting-incel-attack-fueled-by-male-supremacy/.

i　譯註：Incel 為 Involuntary celibate 的縮寫，指的是因為社經條件或其他原因，而無法找到伴侶，被迫獨身、禁欲，甚至可能從未有過性經驗的人，通常為男性。

ii　譯註：非自願守貞者以「查德」和「史黛西」兩個常見的姓名代稱特定類型的男性和女性。根據其觀點，查德是陽剛、受歡迎、被假設和許多女人有過性行為的男性；而史黛西則是高度女性化、美貌，並且難以追求的女性，她們往往只和「查德」交往。

5　十九歲的尼可拉斯・克魯茲（Nikolas Cruz）於二〇一八年在佛羅里達州帕

話。二十五歲的艾力克‧米納西恩（Alek Minassian）亦同，他開著廂型車衝上多倫多市內的人行道，導致十人死亡與五十六人受傷。「非自願守貞者的反抗行動（Incel Rebelloon）[1]已經開始了！我們會推翻所有的查德和史黛西[ii]！讓我們為最高等的紳士艾略特‧羅傑喝采！」事發前，米納西恩在臉書（Facebook）上這麼寫道[5]。

「非自願守貞者」（Incel）[iii]一詞指的是出於非自願因素而保持獨身、禁欲的人（involuntary celibate）。諷刺的是，這個詞其實是一位叫做阿蘭娜的女子（她是加拿大人，是個擁抱進步價值的雙性戀者）想出來的。她在一九九〇年代成立了一個網站，叫做「阿蘭娜的非自願守貞計畫」[6]，網站目的是幫助其他處境類

克蘭市的瑪喬麗史東曼道格拉斯高中殺死了十七人，他也曾在 YouTube 上留下讚美羅傑的評論。

iii 譯註：在中文媒體報導裡，這個詞的翻譯方式各有不同，有「非自願守貞」、「非自願禁欲」、「非自願獨身」，或是「非自願處男」。但「非自願守貞」還是較貼切，因為 incel 概念強調的是「從來沒有過性經驗」的個體，而（1）「禁欲」看來比較是當下的行動選擇，亦即當下沒有性，但過去有沒有過性行為，不得而知；（2）「獨身」一詞的重點更像是涉及親密關係，但一個單身的人不見得就沒有性接觸；（3）雖然如今 incel 確實都以男人為主，但這個詞一開始並不只限於男性。

另一方面，「貞」這個字能夠凸顯出「處子之身」這件事，與此同時，和當代保守派推崇的「守貞」概念也可以做出對比，因此，在此脈絡下，「非自願守貞」應是相對貼切的翻譯。

似的人處理與約會有關的孤獨感受，以及未被滿足的性需求[7]。但如今，「非自願守貞者」一詞幾乎成為異性戀男人專屬的自我認同，他們之中有許多人相對年輕，經常流連於專門討論非自願守貞意識形態的匿名或化名網路論壇[8]。非自願守貞者相信他們理所當然有資格和那些被稱為「史黛西」的性感年輕女生發生性行為，但這個資格卻遭到剝奪。有時候，非自願守貞者也會表達對愛或女朋友的空泛渴望——或者更具體地說，他們渴望的是一個願意提供他們注意力和情感的女人，羅傑便

注釋

6　若想清楚瞭解非自願守貞者的發展歷史，從他們早期在各方面看來都顯得無害的開端，到今日的厭女恐怖秀，可以參考柴克・博尚（Zack Beauchamp）的文章〈我們的非自願守貞問題：一個單身者支持團體如何變成網路上最危險的次文化之一〉。見：Zack Beauchamp, "Our Incel Problem: How a Support Group for the Dateless Became One of the Internet's Most Dangerous Subcultures," *Vox*, 2019/04/23, https://www.vox.com/the-highlight/2019/4/16/18287446/incel-definition-reddit.

7　在阿蘭娜（她不希望公布自己的姓氏）目睹非自願守貞社群在過去幾十年間如何墮落、敗壞之後，她最近試著想出一個比較有用的替代詞語。她的新計畫「愛，而非憤怒」（Love, Not Anger）試圖恢復她網站的原始精神：不帶怨懟地為那些覺得自己在愛情路上不順遂的人提供支持，這也是她過去所致力之事。阿蘭娜告訴 *VOX* 記者柴克・博尚：

「我的計畫目標是研究為什麼某些人——不分性別和性傾向——在約會路上不甚順遂，並藉此打造有效的支持服務，好讓人們感到較不孤單。這個計畫無法直接減少暴力，但「愛，而非憤怒」計畫盡可能提供一點希望，而一個還沒有完全沉浸在自身仇恨中的人也許可以從裡面獲得幫助。」

出處同上。

是因為缺少這種注意力和情感而悲傷。不過，非自願守貞者之所以想要獲得性與愛，通常不僅僅是為了自己，或甚至很有可能主要不是為了自己。他們的說詞洩漏出一事，亦即他們是基於**工具性**的原因才渴望擁有這些商品：那是一種貨幣，讓他們購買陽剛權力階序上的地位，好讓他們與「查德們」並肩。查德是想像中的「阿法男」（編按：alpha male，亦稱「至尊男」，指最高等級地位的男性），他們卓越的陽剛氣質和非自願守貞者的（再一次，是他們想像中的）低落地位成為對比。因此，非自願守

> 不論男女、酷兒還是異性戀，每個人都有可能感到孤單、覺得不被愛，或在性上面未能得到滿足。這個小提醒大概不太能說服堅定不移的非自願守貞者，但它或許可以幫助另一些原本有可能在最後走向偏激的人回歸到現實面。單純、強烈地渴望某件事物，和錯誤地認為自己有資格獲得付出與授予得到某物的資格（並因此覺得自己受到不公平的剝奪），兩者之間有著天大的區別。

8 柴克‧博尚寫道：

> 〔非自願守貞者〕主要由年輕男人和男孩組成，他們有著被孤立和被拒絕的歷史；他們轉而訴諸網路，好為自己的痛苦尋找解釋。……
> 雖然並沒有精確的科學研究呈現出非自願守貞者的人口組成（這個社群對外來者抱有深層的敵意，尤其針對研究者和記者更是如此），但他們的論壇曾經對研究使用者的人口組成進行過非正式的調查……
> 一項針對一千兩百六十七名Braincels（這是一個在熱提〔Reddit〕網站上一度很受歡迎的非自願守貞者論壇，但後來遭到封鎖）使用者所進行的非正式調查發現，大約百分之九十的論壇用戶年齡在三十歲以下。幾乎所有使用者都是男性，一旦被發現有女性使用者就會禁帳號，但仍有少數人悄悄混入其中。約百分之八十的使用者居住在歐洲或北美。
> 出處同上。

貞者的復仇計畫可能不只針對女人，也針對男人，在他們眼中，那些男人超越了自己，並使自己受挫。在前述的影片裡，艾略特・羅傑說：

> 那些令我如此渴望的女孩，如果我膽敢對她們表示任何「性趣」，她們一定都會拒絕我、把我看作一個低等男人、瞧不起我〔嗤笑〕，但她們卻對那些討人厭的畜生前仆後繼。我將從屠殺你們所有人之中得到莫大的快樂。
>
> 最終你們會明白，我才是真正高人一等的那個人，一個真正的阿法男〔笑〕。沒錯。等我消滅姊妹會宿舍裡每一個女生後，我會走到伊斯拉維斯塔的大街上，然後殺死我在那裡遇到的所有人。這些年來，我被迫在孤獨中腐爛，與此同時，那些受歡迎的人卻過著如此享樂的生活。每次當我試著去加入他們時，他們都瞧不起我，他們全都把我當老鼠一樣對待。
>
> 好吧，現在跟你們比起來，我是神。

我們可能會傾向於無視這段夸夸其談和類似的言語，把它視為瘋子的胡說八道。這確實並不是完全錯誤的作法，這些如卡通裡的壞蛋口中的誇耀確實荒謬，幾近滑稽可笑，但很不幸的，這並不足以成為不予理會的理由。一部分是因為，這類男人中的某些人顯然極度危險，他們的危險程度特別是來自於很

多時候，當他們爆發時，已經深感絕望、陷入低谷；他們認為自己已經沒什麼可失去，因此打算以最暴力（而且也因如此，對他們而言就會是最光榮並令人滿足）的形式自我了斷。羅傑、拜爾勒和哈潑－梅瑟都以自戕結束他們的狂暴行為，四人之中只有米納西恩遭執法人員逮捕。而既然確實已經有模仿行為出現，我們不免擔憂這類暴力會愈來愈普遍。所以，瞭解它的本質和來源是很重要的。

更進一步且更細緻地來說，儘管不易察覺，但非自願守貞者是一個鮮活的症狀，反映了一種更廣泛、更深入的文化現象；他們清晰展現了某些男性如何以有毒的方式理所當然地認定自己的資格，自以為是地相信自己有資格要別人堅定地、用滿懷愛意的目光、愛慕地仰望自己，並且有資格攻擊那些做不到或拒絕這麼做的人，甚至有資格摧毀他們。同時，就如最終在這裡所浮現的，這些男人認定自己有資格被給予情感與愛慕，其實這正是他們和那些犯下了家庭暴力、約會暴力和親密伴侶暴力，且比起非自願守貞者的比例來得更大的男人們，所共同擁有的特質。

就像我之前已說過的，認為非自願守貞者之所以會如此主要是受到性的驅動，這是一個錯誤的想法。某些非自願守貞者不僅僅也對愛（或者愛顯露在外的某種幻象）感興趣，他們對於和「史黛西」發生性行為所產生的興趣，至少某種程度上而

言，更是為了達到另一個目的的手段——也就是在「查德」的主場上擊敗他們。因此，性行為得以滿足這些男人多大的欲力（libido），就能以同樣的程度安撫他們心中的自卑情結。

當非自願守貞者將自身描述為比起其他男人地位相對低落的存在，要是我們太快對此表示贊同，這也會是個錯誤。例如，關於男性的審美標準，近日《紐約》（New York）雜誌上就有篇關於非自願守貞者的文章，裡面發布了一組「外型十足普通的」年輕男人照片——然而當中某些人甚至堪稱帥氣。但即使如此，他們仍舊嚮往不一樣的下顎線條，某些人甚至花錢進行過度昂貴的整形手術，例如豐頰和面部重塑，好讓自己（在他們自己眼中）看來更為陽剛[9]。

注釋

9　Alice Hines, "How Many Bones Would You Break to Get Laid? 'Incels' Are Going Under the Knife to Reshape Their Faces, and Their Dating Prospects," *The Cut,* 2019/05/28, https://www.thecut.com/2019/05/incel-plastic-surgery.html.

10　可參考如羅斯·杜賽（Ross Douthat）的看法，他認為：

性革命創造出新的贏家與輸家，以新的階序取代了舊的，用新的方式優惠地對待美貌的、富有的，以及對社會適應良好的人，把其他人放逐到新型的孤獨和挫折之中。我們也許可以恢復並改寫舊時的看法，思考一夫一妻制、禁欲、白頭偕老的美德，以及守貞者應得的獨特尊重，藉此處理普遍存在的孤立感、不快樂和不孕症狀。

出處：The Redistribution of Sex," *The New York Times,* 2018/05/02, https://www.nytimes.com/2018/05/02/opinion/incels-sex-robots-redistribution.html.

記者奈麗·鮑斯（Nellie Bowles）在《紐約時報》（*The New York Times*）的報導中引用喬登·彼得森（Jordan Peterson）的看法。彼得森的看法類似，他

　　還有另一個錯誤，則是以為性能夠為非自願守貞者可能會有的問題提供解方。假如一名非自願守貞者**真**的開始有性行為了，或是進入一段親密關係了，他會變成哪種人呢？我的猜測和幾位評論者意見相左，我認為：他並不會變成一個好男人[10]。一個曾經單身的非自願守貞者很有可能會成為折磨女性伴侶的人。人人都會感到孤單，但是，當一個人有了一種錯覺，以為自己理所當然有資格獲得女人的性勞動、物質勞動、生育勞動以及情緒勞動，這就可能會使他在進入關係前傾向於變成一個非自願守貞者；而在進入關係後，一旦他受到打擊、委屈不平或感到嫉妒，就傾向於訴諸親密伴侶暴力。換句話說，一個非自願守貞者就是蓄勢待發的施暴者。

　　認為解決非自願守貞者問題的方法是「強制一夫一妻」。鮑斯寫道：

　　彼得森指出，當男人沒有伴侶時，結果就是發生暴力攻擊，而社會必須致力於確保這些男人結婚成家。

　　「他對上帝感到憤怒，因為女人拒絕了他。」彼得森在提到多倫多殺人案兇手（艾力克・米納西恩）時這麼說道。「解決方法是強制執行一夫一妻制度。事實上，這是一夫一妻制出現的原因。」

　　彼得森毫不猶豫地這麼說。對他而言，強制一夫一妻制是一個理性的解決方法。他解釋，不然女人只會選擇地位最高的男人，到了最後，兩種性別的人都不會快樂。

　　「有一半的男人會失敗，沒有人在乎失敗的男人。」彼得森充滿「同理他心」地如此補充。

　　出處：Nellie Bowles, "Jordan Peterson, Custodian of the Patriarchy," *The New York Times,* 2018/05/18, https://www.nytimes.com/2018/05/18/style/jordan-peterson-12-rules-for-life.html.

　　非自願守貞者彼此之間有程度上的不同，而這份不同會根據他們的心態是偏向積極主動還是被動回應的程度而異。艾略特·羅傑主要是後者。根據他所謂的宣言（但其實更像自傳，而且是篇幅頗長的自傳，字數超過十萬字）《我的扭曲世界》（*My Twisted World*），他從來沒有認真地試著去約會過。他似乎從來沒有實際接觸過阿法斐姊妹會裡的女生，只是純粹假設她們會拒絕他（當然，這的確有可能是一個正確的預測）。與其去嘗試，他寧願不要冒著失敗的風險，而是選擇從遠處跟蹤她們。早在他最終的暴力行動發生之前，他就曾有過許多小規模的報復舉止，攻擊那些快樂洋溢地出現在他周圍、使得他又嫉妒又憤怒的情侶。他特別喜歡往他們臉上丟擲飲料，其中一次他扔了熱咖啡，另外一次則是柳橙汁。如果羅傑說的是真話，這差不多就是他和「史黛西」之間最接近肢體接觸的互動了。

　　相反的，史考特·拜爾勒則有著下流的習慣，他會在未經女方同意的情況下觸摸她們，用一個詞來形容就是：毛手毛

11 罕醉克斯（偕同泰特）在《華盛頓郵報》（*The Washington Post*）上題為〈他一直都仇視女人〉（He Always Hated Women）的報導中，詳細地描述了拜爾勒涉入哪些其他類似事件。
　　性侵害事件在非自願守貞社群內的普及程度也引起人們嚴肅的探問，柴克·博尚在他的調查報導中詳細探討了此事。他寫道：
　　　　非自願守貞者的故事裡，最令人毛骨悚然的都和性侵害有關。……
　　　　一名使用者聲稱自己曾在大眾運輸工具上連續攻擊女人。「我一天到晚這麼做，用我的陰莖摩擦她們的背／屁股，直到我高潮。」他這麼寫。

腳。槍擊案發生時，他剛從一個臨時教職的崗位上被解雇，因為他不恰當地觸碰了一位女學生（他把手放在她的肚子上、稍微低於胸罩下圍的地方，問她會不會覺得癢）；他也因為對多名女子上下其手而從軍隊中退役（值得注意的是：榮譽退役）。他在佛羅里達州立大學的塔拉赫西校區取得公共行政和計畫的碩士學位，但在一連串事件後，他被禁止進入校園。其中一起事件是他在學生餐廳撫摸三名年輕女子的臀部──她們三人當時都穿著瑜伽褲[11]。

　　因此，拜爾勒和羅傑可以說是坐落在光譜的兩端，在這段享有資格感的男性行為光譜上，有著從跋扈到失望等不同的表現。拜爾勒伸出了手，在女方並不願意的情況下撫摸她們，藉此展現他享有讓女人為自己付出身體的資格感；羅傑則是對那些沒有（在譬喻和實際層面上）主動觸及他的女人懷有深刻的怨懟，透過這種方式展現了他認定的資格感。羅傑顯然期待女人會自動落入他的懷抱中，或至少出現在他的家門口，而當女

第二個人則說，他把自己的精液注射到辦公室裡的巧克力條裡，好「懲罰」某位女同事，他之前以為這名女子在和他調情，但她其實已有男友。第三名用戶聲稱自己曾經「對許多女人毛手毛腳」，他估計大約有五十到七十人之間，並提出他想要把行動升級到暴力的強暴。……

我們無從得知這些說詞是否為真，但就算只假設其中一小部分是真的，你會看到，在這個社群裡，專門攻擊女人的男人會受到讚揚，而且會被鼓勵升級行動。

出自 "Our Incel Problem," *Vox*.

人沒有這麼做時,他感受到一種忿忿不平的怨懟,促使他帶著復仇大計去到了她的家門口[12]。

我無意暗示其中一類行為模式比另一類來得好;這種行為上的差異,在道德意義上沒有太大不同。但認識到這兩種模式都存在是很重要的,如此一來,表面上的差異才不會掩蓋了帶有侵略性的非自願守貞者和看似膽怯的非自願守貞者,兩者在根本上的相似性。尤其後者很容易被誤以為是無害的「好男人」,即使我們已經握有可靠的反面證據,顯示事情並非如此。

非自願守貞者經常是激烈的種族主義者。這不代表所有非自願守貞者都是白人,事實上,也有不少非白人非自願守貞者,他們被冠上如「咖哩守貞者」(curry-cels)或「白飯守貞者」(rice-cels)等種族歧視的名號[13]。但非白人的非自願守貞者通常也認領了白人至上的意識形態,例如,艾略特・羅傑有一半華人血統,但他的文字卻清楚表明,因為種族主義思維,他心中滿懷著自我仇視。他哀嘆自己不夠白,渴望變成滿頭金髮的白種人:

注釋

12 「忿忿不平的怨懟」一詞要歸功於社會學家麥可・基默(Michael Kimmel)。參見:*Angry White Men: American Masculinity at the End of an Era* (New York: National Books, 2013), pp. 18–25,與第一章。

13 如柴克・博尚指出:

儘管 Braincels(一個熱提網站上的非自願守貞者論壇,後來遭到封鎖)主要在以白人為主的國家內招攬使用者,但投稿到這裡的人在族群上卻很多元;論壇用戶中,百分之五十五為白人,此外有相當比例發文者的

我和別人不一樣，因為我是混血；我有一半白人血統、一半亞洲人血統，這讓我和那些我試圖要融入的正常純種白人小孩不一樣。

我羨慕那些酷帥的小孩，我想要成為他們的一分子。我對我的父母感到有點灰心，因為他們以前並沒有把我打造成那樣的小孩。他們從來沒有努力把我打扮得時髦一點，或讓我剪個好看的髮型，我得盡自己的一切努力來修正這件事，我必須適應。

我的第一步是讓父母同意我把頭髮染成金色。我一直都很羨慕也喜歡金髮的人，他們看起來總是美麗得多[14]。

在羅傑開車前往加州大學聖塔芭芭拉分校攻擊那些他（錯誤地）認為拒絕過他的「性感金髮蕩婦」之前，他刺死了兩名室友和他們一位來訪的朋友。最終他總共殺害了六人，而前三個男子都是亞裔[15]──這個因素可能在整起事件裡扮演著一定角色。

自我認同為東亞人、南亞人、黑人和拉丁裔。熱提以外規模最大的非自願守貞者網站 Incels.co 也進行了調查，在用戶的年齡、種族，和地區分布上有類似的發現。

出自 "Our Incel Problem," *Vox*.

14 這段話出自於羅傑的《我的扭曲世界》，他這份宣言在事件發生後被公開發布。在以下的網站可以找到一份拷貝檔案：http://s3.documentcloud.org/documents/1173619/rodger-manifesto.pdf（內容擷取於二○一九年十月五日）

　　羅傑心裡也滿載對黑人的仇視。在《我的扭曲世界》裡，他抱怨跨種族伴侶，尤其是由黑人男性和白人女性所構成的組合。當他描述他在伊斯拉維斯塔（Isla Vista）最早的兩名室友（不是最後被他所殺的受害者）時，他說他們「人很好」，但卻抱怨：

> 他們老是邀請一個叫錢斯的朋友過來。他是一個黑人男孩，一天到晚來我們家，但我討厭他那個自信的態度。不可避免的，他跟我之間發生了一件很令人不爽的事情。他到我們家，當時我正在廚房裡吃飯，然後他開始跟我的室友吹噓他和女孩的相處有多成功。我不能忍受，所以我問他們還是不是處男，他們都用奇怪的眼神看我，說他們早就已經不是處男了。我覺得自己真不如人，這提醒了我的人生裡錯過了多少東西。接著這個叫錢斯的黑人男生說，他早在十三歲時就不是處男了！他還說，他第一次發生性行為的對象是一個金髮白人女孩。我超級生氣，氣到我差點把柳橙汁潑到他身上……
>
> 　　一個劣等的、醜陋的黑人男孩怎麼有可能吸引到一個

注釋

15 "Timeline of Murder Spree in Isla Vista," *CBS News*, http://www.cbsnews.com/news/timeline-of-murder-spree-in-isla-vista/.

16 羅傑繼續說：

> 女性的心智真的有問題。她們的心靈有缺陷，到了人生這個階段，我開始認清這件事。我愈在伊斯拉維斯塔這個大學城探索，就目睹愈多荒謬的事情。性感、美麗的女孩都和討人厭的、運動員型的硬漢走在一起，

白人女孩，但我卻不行？我容貌出眾，而且有一半白人血統。我是英國貴族後裔，**他**卻是奴隸的後代。我比他有資格多了。我試著不要相信他的謊話，但這些謊言已經被說出口，我很難把它們從我的腦海裡抹去。如果這確實是真的，如果這個醜陋、骯髒的黑人能在十三歲就和金髮白人女孩上床，但我卻一輩子都因為身為處男而受苦，這就證明女性這個性別的人有多荒謬。她們可以把自己送給這個骯髒的人渣，但卻拒絕**我**？這是不正義[16]！

史考特・拜爾勒也在一系列的YouTube影片裡表達了同樣極令人不適的觀點。例如：

每當我見到跨種族伴侶時，我就想到兩種可能性，要嘛這男的找不到更好的對象了，不然就是這女的是妓女。軍隊裡有很多這種的，我看過有些軍官的妻子是亞裔或黑人，然後我就想：你竟然就這麼自甘墮落，沒辦法更盡力給自己找一個更好的對象。我的意思是，就算是郵購新娘

> 這些男人整天只會參加派對跟犯蠢。她們應該要選擇像我一樣聰明的紳士。女人在性上面被錯誤的男人類型吸引，這是人性在根本基礎上的重大缺陷。從各種意義上來說，這都是完全的、徹底的錯誤。隨著我逐漸徹底頓悟這些事實，我變得深受其擾，極度地困擾、不適，與受創。

我在本章後續會討論到，羅傑是如何經常抱怨他不只因為女人感到失望，更受到了創傷。

也好……你可以從俄羅斯或烏克蘭郵購一個新娘,你不必
接受某種鬣蜥、某種蜥蜴[17]。

這類反對跨種族通婚的惡意仇恨言論很顯然和非自願守貞
者對陽剛階序的執著緊密相關。舉例來說,一個在種族主義社
會階序上地位較為低下的男性,能夠在性和情緒層面上得到白
人女性,這個想法對非自願守貞者來說是非常令人憤怒的[18],
在這個情境中,他對男方與女方的攻擊力道有可能相等,而他
自己本身可能不是白人。但儘管如此,他的仇恨很顯然是白人
至上的父權體制與這個體制打造出的資格感所聯手促成的產物。

若我們仔細檢視,「非自願守貞者」一詞裡非自願的概念透露
出了許多訊息,也令人震驚。一般說來,非自願這個修飾語,
只有在與其相對應的詞語會暗示該行動是刻意、有目的性或是
出於自由意志,但這暗示並不正確時,我們才會使用到它。舉
個例子,「非自願的過失殺人」(involuntary manslaughter)[iv]這組
詞彙指的是,儘管一件殺人事件的發生有可能是魯莽衝動的後

注
釋

17 包括這支影片和另一支內容探討非自願守貞青少年、名為〈青少年男性的
困境〉的影片在內,所有拜爾勒的影片都在這個網址:https://www.youtube.
com/watch?v=8Ca00hcOND8(內容擷取於二○一九年十月五日。)上述引用
的段落(我自行製作的逐字稿)出自於這支影片集錦中大約一分半到兩分鐘
處。

果，但它卻並非出於故意。同樣的，「非自願勞役」（involuntary servitude）指涉的是因為不當強迫才進行的工作，而非根據協商後的合約、出於自由意志的行為。

因此，認為一個人的**性守貞**（celibacy）是非自願的結果，而不僅僅是一個令人失望的狀態，這樣的想法便很引人深思。它和一個人「單身但正在尋找對象」或「沒有約會對象但想要得要命」不同，也更不單純；這組詞彙強烈地暗示著，性守貞是一個莫名地被**勉強**加在非自願守貞者身上的狀態，甚至是在違反他們意願的情況下被強迫加上去的。而當談論到性這個主題時，那樣的暗示是徹底誤導的，因為非自願守貞者認為自己有資格獲得女人的性付出，而女人因此有義務要和他們發生性行為，他們甚至對違反**她**的意願表現得漠不關心。基於這些原因，此處要被視為自願或非自願的事，很顯然是性**活動**，而不是性守貞。

在這樣的基礎上，我們可能會忍不住被引誘著想要做出結論，認為非自願守貞者沒有意識到女人的內在──認為他們把女人看作沒有心智、如物件般、次等人類，或甚至是非人的

---

18 前面提過在奧瑞岡社區大學自殺的非自願守貞者克里斯・哈潑－梅瑟，他也寫過類似的、冗長的種族主義文章，他在文章裡抱怨自己沒有女朋友，而且是處男。

iv 譯註：Involuntary manslaughter 中文一般稱作過失殺人，但考量原文的用意是要強調「非自願」（involuntary）一詞，所以在此特別將非自願一詞翻譯出來。

動物。我們絕對有可能在某些非自願守貞者的言論修辭中認出這種引誘的基礎——看看前面史考特・拜爾勒把女人詆毀成鬣蜥、蜥蜴的說法即可發現。

　　但我認為我們應該抗拒這種想法，因為這太簡化，也太便宜行事。一方面，有鑑於非自願守貞者想要（事實上，是要求）女人欲望並愛慕他們，他們**確實**認可了女人的心智生活。在這件事情上，羅傑寫下的文字便很典型：他陰鬱並冗長地揣測為何他所渴望的女人看來並不受他吸引，還有為何她們偏愛那些「討人厭的畜生」，選擇對他們「前仆後繼」。「我不懂她們不喜歡我哪裡。」他如此抱怨。羅傑顯然把這樣的結果歸咎於這些女人的主體性、欲望，甚至是性自主，因此，當她們偏愛其他男人勝過於他這個「最高等的紳士」[19]時，他才會暴怒。

　　換句話說，這些女人的自由——她們為自己做選擇的能力——並未受到質疑，但當她們的選擇不是他時，他便怨懟這些

注釋　19 攻擊事件後，艾力克・米納西恩在接受警方審訊時（該畫面於二〇一九年九月二十六日公開）的評語也強力呼應著羅傑的說詞，他說：「我有時〔對女人〕感到有點沮喪，她們選擇和討人厭的男人約會，而不是和一位紳士。」米納西恩在二〇一三年的一場萬聖節派對上被拒絕，他把這視為一起關鍵事件：

　　　我走進去，試著和一些女孩互動，她們都嘲笑我，但卻挽著壯漢的手。……我很生氣……因為我覺得自己是最高等的紳士，我很氣她們把愛和情感給了那些討人厭的畜生。

米納西恩也提到他十分讚賞艾略特・羅傑，並聲稱曾經在網路上見過他。他稱羅傑是「開宗前輩」，開啟了「跟我一樣憤怒的非自願守貞者」的運動，這

自由。

我們也可以回想史考特・拜爾勒在青春期所撰寫的小說標題：《被拒絕的青年》。雖然這篇小說從來沒有被發表，但《華盛頓郵報》（ *The Washington Post* ）如此描述它：

> 一篇七萬字的復仇幻想，描述一個中學男孩因為女孩迴避並羞辱他而在內心滋養仇恨。故事的主角史考特・布萊德利批評她們的長相、嘲諷她們的男友，並因她們對他的不屑感到憤怒。「這些辣妹都討厭我，但我完全不知道為什麼。」他哀傷地說。
>
> 這個男孩殺了她們，殘酷地、一個接一個地，甚至一面欣賞她們的屍體。在最後一幕場景，他割開了小社交圈裡帶頭辣妹的喉嚨，然後在警察靠近他時從屋頂上跳下[20]。

個運動要「推翻查德，迫使史黛西們必須和非自願守貞者生小孩。」而針對「非自願守貞者」一詞裡的「非自願」，他說，像他這樣的非自願守貞者被「丟進真實的孤寂裡、被強迫感受孤寂，而且無法失去貞操。」我從這支影片裡擷取了上述言論：https://www.youtube.com/watch?v=S_zSdw1nShk.

20 一個那時就認識拜爾勒的人說，手稿裡的角色是拜爾勒真實生活裡的同學，只是名字稍作改動。這位匿名男子告訴《華盛頓郵報》的記者：「這基本上是他的上學日記。」見：Hendrix（偕同 Tate），"He Always Hated Women," *The Washington Post.*

儘管這些內容和羅傑的回憶錄與暴力行動有相似之處，但拜爾勒卻是在一九九〇年代後期寫下這篇小說的，他當時正就讀高中，而羅傑還在讀小學，且根據羅傑自己的描述，他當時有個快樂的童年。

所以，為什麼有時非自願守貞者在談論女人時，會訴諸這類去人化、物化的語言，例如把女人稱為「機器女」（femoids）[v]（或簡稱為機女〔foids〕）[21]呢？一如我們所見，這不是因為他們相信女人真的屬於非人類的動物、純粹的性物件、機器人，或類似事物；這裡有一個簡單的替代解釋：這個詞語表達的是憤怒，以及隨之而來想要貶低女人的欲望。非自願守貞者十分熱衷於社會階序，包括和存在巨鏈（the great chain of being）類似的一種階序，它以上帝為首、非人類動物居於底層，而各種位階的人類則分屬其中。因此，暗示一個女人是某種非人類物件可以是終極的侮辱。但她被認定犯下的道德罪行卻是人類的、甚至展現出太多人性的，破壞行為──那是唯有人類才能犯下的行為──而她所應該獲得的懲罰亦如是。非人類動物可能會使主人失望，但卻不會背叛他們，且人們通常也不會對非人類動

---

v 譯註：Femoids 乃是非自願守貞者創造的組合詞彙，結合了 female（女性）和 humanoid（擬人機器人）或 android（機器人），用來形容女性是次人類或非人類生物。

21 針對物化和厭女情結（根據我的定義）之間的複雜關係，可以參考我在《不只是厭女》第三章中〈厭女情結和性物化〉一節的討論。

物採取報復手段[22]。要是他們這麼做了，整件事遂不僅僅在倫理上是錯誤的，在概念上也有所歪斜。我想這就是《白鯨記》（*Moby Dick*）的懶人包總結[vi]吧。

此外，認為非自願守貞者不把女人看作完整的人類，這個想法也太過省事。**其他**男性可能並不會稱女人為豬狗，這讓他們得以太過輕易地為自己辯護，但他們卻可能仍舊與非自願守貞者在這種自以為有資格的意識形態上擁有某些共同的面向。每當男人被指控有厭女行為時，他們往往回應以自己如何認可妻子、姊妹、母親，或其他女性親人的人性。然而，若男人可以意識到沒有女人**隸屬**於他──亦即他沒有理所當然的資格，可以在一段不對稱的道德關係裡獲得**任何**女人給予愛、關懷和愛慕，那就更好不過。女人是完整的人，如果男性能仔細思索，認知到這個顯而易見的事實並不困難；真正的挑戰也許是出在，要認知到女人是作為**存在者**的人（human *being*），而不僅僅只是個給予愛、性與道德援助作為**付出者**的人（human *giver*）。她可以做她自己的主人，並以此方式與別人同在。

---

22 同上註，可見《不只是厭女》第五章，針對這點有更進一步的討論。

vi 譯註：原文為 Cliffs Notes lesson。CliffsNote 是美國一間公司名稱，該公司針對知名文學作品出版了一系列小冊子，快速總結作品的內容與要點。這個系列聲稱可以幫助學生在沒有讀書的情況下，利用小冊子通過考試或撰寫報告。

非自願守貞者不是毫無道德觀念（儘管他們當然非常不道德）；他們是深深地信仰著特定的道德秩序。他們不只生氣，更委屈不平；不只失望，更充滿怨懟。他們感到自己不僅被整體世界、尤其更被女人辜負，還無疑遭到了背叛。他們覺得世界虧欠他們某些好處，同時，他們往往相信自己是脆弱的、被害的、敏感的，甚至受到了創傷。羅傑說他十一歲參加夏令營時，第一次覺得自己遭受了女孩的羞辱，他這麼描述當時情況：

> 我只是在和我新認識的朋友一起玩，根本沒做什麼，他們在搔我癢，因為我很怕癢，所以大家老是這麼做。我不小心撞到一個和我同齡的漂亮女孩，她非常生氣。她咒罵我、推開我，讓我在朋友面前很尷尬。我不知道那個女孩是誰……但她很漂亮，而且比我高。我馬上僵住了，驚嚇到無法反應。一個朋友問我還好嗎，我沒有回答。接下來

23 可以和一位非自願守貞論壇用戶的說法進行比較，他說明自己為什麼開始跟蹤女人：

曾經有一次，我利用一開始先問路來接近一個（大約十四歲的）少女，接著我詢問她的名字，她變得害怕，邁步走開，我跟著她，然後她就從快走變成奔跑。她的姿態很奇怪，因為她跑起步來像是一隻剛出生的小鹿，時不時就轉頭，想看我是不是還跟著她。（我在此想澄清，我對強暴深惡痛絕，也完全無意那麼做，我沒有打算對她性騷擾或做其他類似的事。）

她完全不需要害怕，我沒打算做什麼。但當你跟蹤一個女孩，然後她注

一整天我都很安靜。

我不敢相信發生了什麼事。來自女人的殘酷對待比來自男人的糟糕十倍，那讓我覺得自己像隻無足輕重、沒有價值的小老鼠[23]。我感到渺小而脆弱，我不敢相信這個女孩會對我這麼壞，我認為那是因為她把我當成一個魯蛇。這是我第一次承受來自女人的殘酷，這帶給了我無盡的創傷。這件事讓我在女孩旁邊時更緊張了，而且從那時起，我對她們就非常厭倦〔原文如此〕且小心翼翼。

在羅傑所謂的宣言裡，「創傷」和「受到創傷」這兩個詞又在大約其他十處出現，都是在他談到自己時。在這方面，他和他的非自願守貞弟兄們著實沒有不同；在他們的文字裡，這類主題無所不在。在網站 Incel.co 上，一名匿名使用者寫著：「女性對我們的外型如此反感，導致她們從來都不考慮給我們

意到你，試圖擺脫你或加快步伐，這時的感受啊！這是一種很棒的感覺。你對她來說變得重要了，你不再是人群中某個隨機、無足輕重的面孔。我知道這行為有點低級，但我確實很享受這麼做。我前往另一個城市，找一個獨自走在路上的女孩，然後開始跟著她。一段時間之後，她們注意到你……我推薦你們這些孤獨的非自願守貞者找個時間試試。
出自："Incel Creeper: It's Fun to Follow 14-Year-Old Girls Down the Street and Scare Them to Death," *We Hunted the Mammoth*, 2018/04/20, http://www.wehuntedthemammoth.com/2018/04/30/incel-creeper-its-fun-to-follow-14-year-old-girls-down-the-street-and-scare-them-to-death/.

一個機會，我們一輩子都必須忍受這種痛苦。事實上，我們的基因這麼差，使得她們仇視我們。」他接著說：「她們得受苦。她們的偽善是一種罪行，要讓她們淫蕩的餘生都受折磨〔好懲罰她們〕。」

　　令人悲傷的事實是，非自願守貞者和許多壓迫者一樣，視自身為弱勢的一方。儘管他們暴力地攻擊他人，他們仍覺得自己才是真正的受害者。同時，即使他們犯下了最糟糕的惡行，他們仍覺得自己是對的。因此，當非自願守貞者的自我描述中表示，和其他男性相比，他們在一組不正義的吸引力階序上處於低端位置時，我們就有更多理由應該抱持懷疑的態度。更有可能的情況是，他們在**尋找**一個不正義的階序安放自己，藉此證明自己早就存在的低人一等之感和忿忿不平的怨懟是其來有自[24]。我們通常可能可以懷疑這些抱怨沒有根據：它們只是在事後合理化一種現有的、毫無根據的受害感——非自願守貞者覺得自己受人壓迫或迫害，但那些人事實上並沒有冤枉、打擊，或甚至拒絕他們。特別是，因為一些非自願守貞者假想的罪行而遭其怨懟的女人，往往只是安分地過著自己的日子、沒

24 我的論點和阿米亞・斯里尼瓦桑（Amia Srinivasan）在其文章中的觀點不同，見：Amia Srinivasan, "Does Anyone Have the Right to Sex?" *London Review of Books*, 2018/03/22, https://www.lrb.co.uk/v40/n06/amia-srinivasan/does-anyone-have-the-right-to-sex.

25 柴克・博尚訪問到兩名非自願守貞者，阿比和約翰，針對這兩人，博尚寫道：

有多管別人的閒事罷了。

這些考量也涉及到，當一個人內心有著非自願守貞者的資格感心態設定時，我們應該（與不應該）如何對待他。一項普遍的倫理準則認為，假如其他條件都相等，在某人受苦時，若我們有能力，就應該要試著安撫與慰藉那些苦痛。即使我們的位置無法提供幫助，也至少要表達同情。而非自願守貞者顯然經常受苦（儘管那些痛苦有時候被誇大了）[25]。然而，若某人受苦的原因正是一種過度膨脹的感受，因為他認定自己有資格獲得他人的安撫，但這個安撫卻並非一直都有供應，那麼，挺身慰藉他的痛苦就成為在倫理上有爭議的行為。甚至，表達我們的同情也有可能餵養他這種錯誤、危險的感受，讓他認為其他人──尤其是女孩和女人──的存在就是為了迎合非自願守貞者的需求，並滿足他的自尊[26]。因此，一如以往，我們應該要抵抗這種「同理他心」（himpathize）的壓力。

近來，非自願守貞者製造了許多頭條新聞，有鑑於某些非自願守貞者犯下了超乎想像的厭女暴力行為，我們很容易可以理解

> 我們很難不同情像阿比跟約翰這樣的人，我們每個人都曾經在某個時刻感受到專屬於自己的拒絕或孤獨感受。非自願守貞者吸收這些共同的經驗，然後把它們造成的痛苦轉化成放縱的厭女怨氣，這讓他們的世界變得可怕。
> 出自："Our Incel Problem," *Vox*。

這是為什麼。但老實說，從家庭暴力到強暴，再到性掠奪和脅迫控制，這些行為屬於一個逐漸演變而成的連續體，它們每天都在發生，但經常不為人所留意。非自願守貞者做出的最極端行為和最極端的親密伴侶暴力之間有著強大的連貫性，導致兩者經常被誤認成彼此。

當二十一歲的布蘭登・克拉克（Brandon Clark）殺死十七歲的碧央卡・戴文斯（Bianca Devins），推特（Twitter）上一開始有某些報導把他描述成一個非自願守貞者，但他看起來並不是，沒有證據顯示他參與過任何這類的線上社群。沒錯，兩人結識於社群網站（Instagram），但受害者的家人澄清，住在紐約州北部的他們在現實生活中已經交往了超過兩個月[27]。事實上，在這段期間，他已成為這家人所信賴的朋友，因此，當兩人計畫一起前往紐約市看演唱會時，沒有人有疑慮[28]。

我們並不清楚當晚究竟發生了什麼事，但一些報導指出，

注釋

26 另一件值得注意的事是，對這類痛苦的慰藉會強而有力地肯定非自願守貞者的觀念，也就是說，這整個世界，尤其是女人，虧欠了他們某些好處。這不只有可能對他人造成嚴重的損害，甚至可能不會對非自願守貞者有所幫助，至少以長遠來看不會。這麼做可能只會增加他們的痛苦，並加深一個惡性循環，因為在根本上，他們的痛苦源自於他們錯誤地認為自己多有資格接受服侍、慰藉、安撫、照護和寵愛。

27 Patrick Lohmann, "Bianca Devins: Lies, Scams, Misogyny Explode Online Before Facts; Grieving Family Debunks Rumors," *Syracuse*, 2019/07/15, https://www.syracuse.com/crime/2019/07/bianca-devins-lies-scams-misogyny-ex-

碧央卡‧戴文斯在演唱會上和另一個男人調情或親吻，導致布蘭登‧克拉克暴怒。我們確實清楚知道的是，他們發生了爭執，最後他用力割斷她的喉管，斷口深到某些人把那描述成斬首。接著，在警方逮捕克拉克並將他送往醫院前，他威脅要自殺，然後徒勞無功地用刀刺了自己的頸部（他隨後康復並被檢方以二級謀殺罪起訴[29]）。克拉克在遭逮捕前上傳了照片到聊天軟體 Discord 上，照片裡是死於他手下的女友，還有自身傷口的自拍，然後他告訴碧央卡的追蹤者：「你們得找一個新對象簇擁了。」很顯然，在她沒有給予他足夠注意力的情況下，他嫉妒著她為她自己吸引到的注意力[30]。

克拉克這類男性把他們對女人犯罪的照片證據上傳網路，法律系教授兼資料保護專家羅莉‧安德魯斯（Lori Andrews）如此評論他們：「他們真的期待觀者會同理他們，會認為他們有資格教訓她。」媒體心理學研究中心（Media Psychology Research

plode-online-before-facts-emerge-grieving-family-debunks-rumors.html.

28 Alia E. Dastagir, "Bianca Devins' Murder Is 'Not an Instagram Story,' Domestic Violence Expert Says," *USA Today,* 2019/07/17, https://www.usatoday.com/story/news/nation /2019/07/17/bianca-devins-death-posted-instagram-thats-not-story/1748601001/.

29 在紐約，一級謀殺的罪名只保留給符合某些特定條件的預謀殺人案，比方說殺害執法人員、消防員、法官或犯罪證人、大規模殺人、在犯下其他重罪時殺人，以及使用格外兇殘的手法殺人，例如以酷刑折磨。

30 Dastagir, "Bianca Devins' Murder Is 'Not An Instagram Story,'" *USA Today.*

Center）主任潘蜜拉・魯特雷基（Pamela Rutledge）指出，這類行為是一種「被誤導的嘗試，這麼做的人試圖獲得社會認可並感到與眾不同」，「他們渴望獲得這些『愛慕』來源，那種心情勝過任何自己有可能會被抓到的擔憂。」她補充道[31]。

　　克拉克恐怖的自我宣傳導致該事件在網路瘋傳。儘管他看來並沒有加入過任何非自願守貞者一類的網路論壇，甚至也沒有直接吸收過他們的意識形態，戴文斯的謀殺案在網路上招來了非自願守貞者的歡慶。「她的死令我愉悅。」一名 Incels.co 使用者這麼寫；「老實說，根據螢幕截圖，那個蕩婦就是個糟糕的人，她是自食惡果。」另一位使用者寫道；「天知道他圍繞著她打轉多久了，她輕視他、讓他覺得自己像一坨屎，然後她也把他當屎來對待。」還有一位論壇用戶頂著艾略特・羅傑的頭像這麼說[32]。

　　這麼多家庭、約會和親密伴侶暴力事件都有著大同小異的輪廓：看似無辜的開頭、嫉妒的徵兆，以及針對某種假想的背叛而生出的殘酷報復，但這些事對我們的集體意識卻少有、甚至毫無影響。在美國，平均每天有兩到三名女性被現任或前任

注釋

31 出處同上。

32 出處同上。

33 見：Mary Emily O'Hara, "Domestic Violence: Nearly Three U.S. Women Killed Every Day by Intimate Partners," *NBC News*, 2017/04/11, https://www.nbcnews.com/news/us-news/domestic-violence-nearly-three-u-s-women-killed-every-day-n745166, for one representative recent piece on this well-established statistic.

親密伴侶殺害[33]。而就親密伴侶暴力問題來說，最危險的時刻便是當女方離開，或揚言要離開關係時，因為這會在她的男性現任伴侶或前任伴侶身上激發嫉妒、憤怒和被拋棄的感受[34]。正如家庭暴力專家辛蒂·賽斯沃斯（Cindy Southworth）所言，他接下來的犯罪是「為了支配她的世界，並且想要成為唯一重要的人。」賽斯沃斯指出，在碧央卡·戴文斯的例子中，情況也是如此：

> 這不是一個Instagram故事。這個故事是關於約會暴力和凶殺案、關於權力和控制、關於一個男人自以為是地認定自己有資格奪取一個女孩的生命，並大膽到把照片上傳到遊戲平台上[35]。

克拉克和戴文斯的故事也不是一個非自願守貞者的故事。說到底，本章裡提到的**所有**故事，都是關乎於男性的資格感所打造出的暴力。

---

34 參見《不只是厭女》的前言和第四章，尤其是探討「（感到）羞恥時的資格」此一概念，以及家庭消滅者（family annihilator）現象的段落。身為家庭消滅者的男人不只殺害女性親密伴侶或前伴侶，還包括她們的子女（通常在他們自殺之前）。在美國，這類案例平均每週就會出現一次，但家庭消滅者所吸引到的注意力卻遠遠不如網路上的非自願守貞者。

35 Dastagir, "Bianca Devins' Murder Is 'Not An Instagram Story,'" *USA Today*.

（ 3 ）

不容例外的女人——男人享有性的資格感
Unexceptional – On the Entitlement to Sex

五十多歲的女子蕾・佛羅瑞克（Rae Florek）住在美國明尼蘇達州，她與咽喉癌纏鬥多年，截至二〇一三年為止，已經接受過大約十五次手術。她經常受疼痛所苦，但那天疼痛的部位卻是她的手臂。「我前一天鏟了雪，所以我想：『哇，我做了什麼好事啊！』」她用粗啞的聲音說[1]。

她稍早拜託過自己分分合合的男友藍迪・凡內（Randy Vanett）幫忙買香菸跟一打「扭茶」（Twisted Tea）（這是一款含有微量酒精的飲料），他照做了，然後把收據放下，似乎沒有留意到蕾的手臂吊在一條她用廚房抹布做成的臨時吊帶上。蕾馬

---

1 接下來的描述主要來自於三名記者所蒐集的第一手證詞，與他們製作的調查報導，這三人分別是ProPublic記者伯尼斯・永恩（Bernice Yeung）、Newsy的馬克・格林布萊特（Mark Greenblatt）和馬克・費伊（Mark Fahey）。他們也和播客節目《揭露》（*Reveal*）合作，參見：Case Cleared: Part 2," *Reveal*, 2018/11/17, https://www.revealnews.org/episodes/case-cleared-part-2/.

上把錢還給他，接著提議幫他做午餐作為答謝。但藍迪不想吃午餐，他想要性，蕾拒絕了，她說：「可是我不舒服，我就是……不要。」藍迪回答：「那無所謂，寶貝，因為上一次我來時，我在你睡死後要了你不只兩次。」

蕾花了一點時間才搞清楚她聽到了什麼，「你不能那樣做。」她終於回應：「那是約會強暴。」

事實上，那**毫無疑問就是強暴**[2]。在藍迪所說的那個晚上，蕾和藍迪先有過合意的性行為，之後蕾服用止痛藥好緩和自己的喉嚨痛，並喝下兩瓶扭茶。她睡著了，而且睡得很熟，藍迪趁她失去意識時和她發生了兩次性行為──換句話說，他強暴了她──在這段期間，她一直都毫無意識。

蕾後來說，她覺得「被徹底背叛了……我在這件事上完全沒有決定權。我完全不知道他對無意識的我做了些什麼[3]。」

蕾花了三週思考自己應該怎麼做，隨後，她聯絡了一個朋友，對方的丈夫在執法部門工作，此人接著打給了警長。一位

注釋

2 不過值得注意的是，當時在明尼蘇達州，如果強暴行為人和受害者於事件發生時正在一段「進行中的自願關係」裡，強暴行為會以另一條罪名被起訴。某些人因此可以成功援引「自願關係」當作辯護手段，這樣的結果包括：婚姻關係內的事實強暴可以成為例外，不受強暴罪名規範。其中一個案例是，一名女子在等待離婚期間遭前夫強暴，他將強暴過程拍下，在此期間，他們四歲大的小孩就在一旁睡覺。他因「侵害隱私」被判處監禁四十五天。幸運的是，因為興論抗議，這條法規在二〇一九年五月被撤銷。見：Amir Vera, "Marital Rape Is No Longer Legal in Minnesota with New Law," *CNN*,

助理警長來到蕾家中，蕾提議偷偷把藍迪的自白錄下來，助理
警長說不，（錯誤地）指出這會構成誘捕。但蕾還是這麼做了，
她在沃爾瑪超市買了一臺錄影機，把一只泰迪熊玩偶的肚子割
開，然後把錄影機放進去。她偷偷錄下兩段對話，藍迪在對話
裡承認他做了什麼事。在第一段對話裡：

> 蕾：你知道我斷片了，沒有意識，你那天在廚房裡是這樣
> 說的。「寶貝，那天晚上你失去意識以後，我要了你不
> 只兩次。」
>
> 藍迪：不，我沒有說「失去意識」。
>
> 蕾：那你是怎麼說的？你怎麼說的？我想你沒有說「失去
> 意識」，你說「睡死了」。
>
> 藍迪：我不知道。不是「失去……」喔，對，我們在睡覺。
>
> 蕾：「睡死了」。
>
> 藍迪：在睡覺，你在睡覺的時候。你在睡覺的時候，我要

2019/05/03, https://www.cnn.com/2019/05/03/us /minnesota-marital-rape-repeal/index.html.

3 另一個凸顯了肢體障礙、性暴力和種族主義（在這個案件中）的案例是，一間安養中心裡的女原住民居民在昏迷期間被強暴，進而懷孕生子的事件。見：Amanda Sakuma, "A Woman in a Vegetative State Suddenly Gave Birth. Her Alleged Assault Is a #MeToo Wake-Up Call," *Vox*, 2019/01/07, https://www.vox.com /2019/1/7/18171012/arizona-woman-birth-coma-sexual-assault-metoo.

了你。

蕾：「你在睡覺的時候，我要了你。」沒錯。

藍迪：對。

蕾：對。

藍迪：對，我這麼做了。

蕾不確定第一段對話有沒有成功錄好，於是她隔天再次找藍迪過來。這是他們在吃披薩時的對話片段：

蕾：藍，老天啊，如果你上我的時候我已經睡死了，那想必很噁心。

藍迪：我上你的時候你睡死了，你在那個當下很美。打住，不要再提這件事了。你很美。

蕾帶著錄影內容去找警察。那天，她的喉嚨特別不舒服，所以她得用粗啞的嗓音悄聲說話，有時候幾乎聽不見。不過，她的意思非常清楚：在她服藥後，藍迪違反她的意願，和她發生性行為。（「這是你要報警的事由嗎？」警探狄恩・什夫（Dean Sherf）問她，「沒錯。」蕾回答。）但什夫反覆警告她：

每一個故事都有兩面，而且十次裡有九次的情況就是像這個樣子。這是一個「公說公有理、婆說婆有理」的狀況，

或者說是「婆說婆有理、公說公有理」，隨便你想怎麼講。

一週後，什夫傳喚藍迪到警局，他們的對話很友好。

什夫：就像我昨天跟你說的，我只是想要和你聊聊她通報
　　　了什麼，然後聽聽你的版本裡發生了什麼。我沒有打算
　　　把你關起來或做任何事，你……不管你今天在這裡跟我
　　　說什麼，你都走得出去，好嗎？你沒有被指控任何罪
　　　名，你沒有被逮捕或怎樣，只是……
藍迪：這真是一件很悲傷的事。
什夫：嗯，我懂。沒有人想要應付這種事，但我們非做不
　　　可。
藍迪：我很感激。
什夫：我們寫了一份報案紀錄，在這個案子裡，情況
　　　是……她提出了一個相當嚴肅的指控，她說，在她受到
　　　處方藥物影響的情況下，你們之間有一些性接觸，這是
　　　她的說法。

　　藍迪告訴什夫的內容基本上和他告訴蕾的內容一樣：他
在蕾無意識的情況下和她發生性行為。「她沒有說好或不好。」
他回想，藍迪否認那是強暴，並且把所發生的事情形容成浪
漫，「這讓我很痛苦，而且到現在還是很痛苦。」他隨後補充，

含蓄地爭取著同理他心。

我們可以回想一下同理他心，根據我的解釋，它指的是在性暴力、騷擾，和其他厭女行為的情境裡，把不合比例或不恰當的同理心給予男性加害者，而非把同理心給予和他們的地位類似或特權少於他們的女性目標或受害者。厭女情結往往涉及了因為女性的「壞」行為而懲罰和責怪她們——但所謂的壞是根據父權規範與期待而決定的。有鑑於此，你可以將同理他心理解為厭女情結的另一面：它尚未被仔細研究的鏡像；它天生自然（儘管高度不正義）的補充。厭女情結攻擊女人，同理他心則在某種程度上，把執行攻擊任務的施為者描述成「好人」，藉

注釋 4 一些基本的心理機制可以用來解釋這個傾向。研究顯示，當個人聽說一個關於當事人A的倒楣故事，進而對A產生同情時，如果A和對手B身處於一個簡單的競爭遊戲中，個人可能會對B產生攻擊和敵視的態度。心理學家說明，控制組內不會提供這樣的背景故事，而和控制組相比，當A被描述得令人同情時，實驗組的受試者會讓B服用較多的辣醬（這是一個用來測量攻擊態度的標準臨床指標）。藉此，心理學家建立了上述論點。請注意，儘管B並沒有對A做出任何令人反感的事，B也可能有著相同或甚至更令人同情的背景故事，且懲罰B並不會對A有任何幫助，但受試者仍然對B展現出這種攻擊態度。相關討論可見：Paul Bloom, "The Dark Side of Empathy," *The Atlantic*, 2015/09/25, https://www.theatlantic.com/science/archive/2015/09/the-violence-of-empathy/407155/。原始研究則可參見：Anneke E. K. Buffone and Michael J. Poulin, "Empathy, Target Distress, and Neurohormone Genes Interact to Predict Aggression for Others—Even Without Provocation," *Personality and Social Psychology Bulletin* 40: 11 (2014), pp. 1406–22.

此來保護他們。

同理他心和責怪或抹煞厭女情結的受害者與目標之間有著密不可分的相關性。當同情的焦點在加害者身上時，她就常常會遭到懷疑和攻擊，因為她讓人注意到他的犯行[4]；她的證詞可能因為如此而無法獲得正當的採納，相反的，那些富有同理他心的人會為加害者找到無盡的藉口。

另一個與此主題有關的驚人案例是布洛克・透納（Brock Turner）。當時，十九歲的透納在一場史丹佛大學的兄弟會派對後性侵了二十二歲的香奈兒・米勒（Chanel Miller），當時她並無意識[5]。儘管透納是以現行犯的身分被逮到（被兩位瑞典研究生，他們執行了公民逮捕權），他當下正在垃圾桶後侵犯米勒，

5　這起犯罪發生於二〇一五年一月，並於二〇一六年進行審判。多年來，因為米勒當初在審判中化名發表了一篇感人的受害者證詞，人們一直以艾蜜莉・多依（Doe，英文中習慣給予不知名者的姓氏）稱呼她。在本書付梓前不久，米勒出版了一本驚人的自傳《認識我》（*Know My Name*），回顧她受性侵的經驗和事件造成的後果。書中透漏了一個令人膽寒的巧合：當艾略特・羅傑發動攻擊時，米勒正好是加州大學聖塔芭芭拉分校的學生，而她被他的暴力深深影響。她寫道：

> 六名同學從我們身邊被奪走，艾略特是第七人。我在此不附上受害者的姓名，因為姓名是神聖的，而我不希望他們只被他對他們所做的事情定義。

出自：*Know My Name* (New York: Viking, 2019), p. 89.

這段話清楚說明了我自己針對這些主題的一些初步想法，這也是為何我在本書延續之前的作法，不列出羅傑狂亂攻擊下受害者的姓名。

然而許多人還是對透納竟然有可能是強暴犯一事展現出懷疑的態度[6]。他的一名友人認為，透納的罪行「和一個女人前往停車場取車時遭到綁架與強暴這樣的情況完全不同」。「那就是強暴犯，而我很肯定布洛克不是那種人。」這位友人提供了一封聲明，為布洛克的善良人格作證，並在聲明中這麼說道。她聲稱，當時所發生的事情乃是肇因於「夏令營般的校園環境」，在其中，「事情失去控制」。她同時請求法官不要根據「一個除了自己喝多少酒以外什麼都不記得的女孩」的證詞來判刑。許多人仍舊把米勒飲酒的事實當成這個案子裡的決定性因素，這當然，就是典型的責怪受害者[7]。

其他對透納表達出同理他心的人沒有責怪受害者，而是試圖把米勒從故事中抹煞——這是一種被我稱為「消她」（herasure）的行動。許多新聞報導提到透納游泳的本領和他失去了

注釋

6　在此，我援引了我的著作《不只是厭女》第六章內「同理他心」的段落。米勒的自傳隨後揭露了另一個關鍵的因素：她是中裔美國人，這很可能讓透納的白膚色（以及因此而相對較多的特權）為審判結果帶來更多影響。

7　參見麥爾坎・葛拉威爾（Malcolm Gladwell）在其最新著作中對此案的分析，他寫道：

一個年輕女人和一個年輕男人在一場派對上認識，接著悲劇性地誤解了彼此的意圖，而且他們還喝醉了……這整起案件轉移到艾蜜莉・多依酒醉的程度……

這類案件所面臨的挑戰是如何重建當時的互動。雙方是否表達同意？其中一方是否拒絕，然後另一方無視該拒絕？或是誤解了拒絕？……

人民訴布洛克・透納一案的結果還給了艾蜜莉・多依某種公道，但只

「光明的未來」——但從未提到米勒的未來。在米勒提到布洛克的許多支持者時，她寫道：

> 即使在他被判刑後，他們還是相信他有資格不受懲罰。他們的支持毫不動搖，他們拒絕把這起事件稱為侵害，只說那是一團糟糕透頂的混亂、一個不幸的情況。然後他們還說，布洛克並不認為自己凌駕於法律之上，或他享有任何特權……作為一個女人，我從來沒有因為他而感到任何恐懼。他的母親發表了一份長達三頁半、以單行距書寫的聲明，在那裡面我一次也沒有被提到過。抹煞是一種壓迫形式，是拒絕去看見[8]。

與此同時，透納的父親惋惜的是，他的兒子失去了胃口，

要我們拒絕承認酒精會對陌生人間的互動造成什麼效果，那一晚在卡帕‧阿爾發兄弟會（Kappa Alpha）發生的事情就會一再重複。

出自：《解密陌生人》（*Talking to Strangers*）（New York: Little, Brown, 2019），第八章。

但就像香奈兒‧米勒在接受《六十鐘》（*60 Minute*）訪問時巧妙又簡潔地指出：「強暴不是對喝醉的懲罰。」見：Bill Whitaker, "*Know My Name: Author and Sexual Assault Survivor Chanel Miller's Full 60 Minutes* Interview," *CBS News*, 2019/09/22, https://www.cbsnews.com /news/chanel-miller-full-60-minutes-interview-know-my-name-author-brock-turner-sexual-assault-survivor-2019-09-22/.

8 見：Miller, *Know My Name,* p. 285.

不再能夠享受一塊美味的烤肋眼牛排。透納的性情不再「樂天」
與「隨和」，對透納的父親來說，這是一種遭到扭曲的結果，
而不是兒子在犯罪後應該面對的正當後果。然而，更令人震驚
的是，本案的法官，艾倫‧裴斯基（Aaron Persky）樂於採納透
納家人與朋友的說詞，認定透納是個「好人」。針對前述女性
友人的說詞，裴斯基回應：「那在我聽來很有道理。她的說詞
基本上和其他證據一致，都形容了透納在事件發生前的性格，
一直都很正面。」同樣地，透納的父親形容，他兒子的罪行只
不過是「二十年的生命中二十分鐘的行為」。

　　但如我們所知，那些犯下性侵害的人往往會是累犯——假
定透納在此事以外都素行良好，很可能是太過樂觀了。舉例來
說，事實上，審判後便有人揭露，布洛克過去曾經對史丹佛游
泳隊的女隊員色瞇瞇地直盯著看，並對她們口出不當的評論[9]。
另兩位年輕女子也向警方報案，表示在由同一個史丹佛兄弟會
所舉辦的另一場派對上，透納曾對她們「毛手毛腳」，並以一
種「令人發毛」的姿態和她們跳舞——這場派對就發生於透納
性侵米勒的一週前（但相關報導直到六個月後才出現）。米勒

9　Gabriella Paiella, "Report: Brock Turner Creeped Out Members of the Stanford
　　Women's Swim Team," *The Cut,* 2016/06/16, https://www.thecut.com/2016/06/
　　report-brock-turner-creeped-women-out.html.

10　Miller, *Know My Name,* p. 284.

11　Sam Levin, "Stanford Sexual Assault: Read the Full Text of the Judge's Contro-
　　versial Decision," *The Guardian,* 2016/06/14, https://www.theguardian.com/us-

寫到，這些故事「在關心他的人和媒體所投射的形象中，全部
都不存在」。《華盛頓郵報》甚至曾形容他「純潔無瑕」與「娃
娃臉」[10]。

在這些同理他心和消她的行動之後，透納僅被判處於郡監
獄服刑六個月，而他最終只服了三個月的刑期（加上三個月的
緩刑）。裴斯基擔憂，較長的刑期可能會對透納的未來造成「嚴
重影響」[11]。但這名他所傷害過的女人，以及其他未來可能受
害的女人怎麼辦呢？

〈警方：馬里蘭校園槍手顯然是個害相思病的少年〉，美聯社的
標題這麼寫道。這個標題描述的對象是十七歲的男孩奧斯丁·
羅林斯（Austin Rollins），他用槍射擊了兩名同學，其中包括他
的前女友傑琳·威利（Jaelynn Willey）。傑琳在隔天被宣告腦死，
撤除了維生系統，這讓羅林斯成為殺人犯。某些人抗議，這個
標題採用了同情的角度，然而，隨著報導被聯合供稿給包括
ABC電視臺、MSN網站、和《時代》（Time）雜誌在內等許多
大型新聞媒體[12]，該標題也往外擴散。

news/2016/jun/14/stanford-sexual-assault-read-sentence-judge-aaron-persky.

12 不過ABC電視臺最終還是修改了標題。見：Donte Gibson, "Maryland Teen
Demanded That ABC News Change Its Maryland School Shooter Headline," *A
Plus*, 2018/03/26, https://articles.aplus.com/a/great-mills-high-school-shooting-
lovesick-teen-headline.

〈受害人母親表示，德州校園槍手殺害的女孩曾拒絕他的追求，並在課堂上讓他尷尬〉，這是《洛杉磯時報》（*Los Angeles Times*）的一道新聞標題[13]。名為迪米崔歐・帕果齊斯（Dimitrios Pagourtzis）的十七歲男孩隨後坦承他開槍射殺了十人，包括曾經拒絕過他的女孩珊娜・費雪（Shana Fisher）。珊娜的母親賽蒂・羅德里奎斯（Sadie Rodriguez）表示，珊娜「被這個男孩困擾了四個月」，「他不斷追求她，她反覆對他說不[14]。」據稱帕果齊斯逐漸對珊娜施壓，直到她最後於課堂上挺身反抗，在其他同學面前讓他丟臉。他在一週後射殺了她，還有其他七位同學和兩名教師。

帕果齊斯的家人發表了一份聲明，表示他們「和其他人一樣，對發生的事情感到震驚與迷惘」。除此之外：

> 我們非常欣慰，其他聖塔菲高中學生所做的公開評論，

注釋

13 Olly Hennessy-Fiske, Matt Pearce, and Jenny Jarvie, "Must Reads: Texas School Shooter Killed Girl Who Turned Down His Advances and Embarrassed Him in Class, Her Mother Says," *The Los Angeles Times*, 2018/05/19, https://www.latimes.com/nation/la-na-texas-shooter-20180519-story.html.

14 出處同上。

15 出處同上。

16 社群網站上對此出現憤怒反應，該標題隨後被修正為：「前聯盟球員父親點火燒車殺死子女，妻子亦於數小時後死亡」。見："Wife Dies Hours After Her Children Were Killed in Car Inferno Lit by League Player Father," *Fox Sports*

呈現出我們認識的迪米崔歐：他是一個聰明、安靜、貼心的男孩。我們從媒體報導中瞭解到的內容，似乎和這個我們所愛的男孩有所矛盾[15]。

對槍手的家人來說，這些指出他有多「貼心」的證詞或許令他們欣慰，但它們卻荒誕地做出了誤導，並在受害者所承受的致命身體傷害之上，再添加了深刻的道德侮辱。

〈前全國橄欖球聯賽球員羅灣・拜克斯特（Rowan Baxter）與三名子女、離異妻子在布里斯本死於汽車起火悲劇〉，這是最初的標題[16]；在關於此事的另一則報導中，所附照片的說明則是：「前橄欖球星羅灣・拜克斯特看來是一位喜歡熱鬧的父親，總是給予三名年幼子女充分的愛與關懷[17]。」拜克斯特在他們的汽車車體淋上汽油並點火，用這種方法殺死了他離異不久的妻子漢娜・克拉克（Hannah Clarke）與兩人所生的三名子女——

Australia, 2020/02/19, https://www.foxsports.com.au/nrl/nrl-premiership/teams/warriors/exnrl-star-rowan-baxter-dies-alongside-three-kids-in-brisbane-car-fire-tragedy/news-story/e1b715cb015ff853a4c8ccf115637e30.

17 Kelsey Wilkie, "From Trips to the Beach to Loving Bedtime Stories: How an Ex-Footy Star Portrayed Himself as a Loving Dad Who Would Do Anything for his Three Kids—Before Killing Them All in Car Fire Horror," *Daily Mail*, 2020/02/18, https://www.dailymail.co.uk/news/article-8018989/Rowan-Baxter-died-three-children-car-set-alight-Brisbane.html.

阿麗雅、萊阿娜和泰勒。拜克斯特則因自己造成的刀傷在事發不久後死亡。警探馬克・湯瑪遜（Mark Thompson）說，他對發生於澳洲昆士蘭的這些事件「不妄加判斷」，澳洲記者貝蒂娜・阿恩特（Bettina Arndt）在推特上評論：

> 恭喜昆士蘭警方願意保持開放態度不妄下判斷，並等候完整的證據，包括羅灣・拜克斯特是「被逼到極致」了才出此下策的可能性。但讓我們留意那些放錯位置的憤怒——警方竟敢偏離女性主義者的劇本。在女人用刀刺死伴侶，或開車載著子女衝下水壩時，這個劇本尋求藉口和解釋，但卻立刻批評這類情況中的男人，一味地把他們當作邪惡暴力的代表，而且這個邪惡暴力存在於所有男人之中[18]。

二〇二〇年年初，阿恩特因為她「作為社會評論家，對社

---

18 https://twitter.com/thebettinaarndt/status/1230623373232787456?lang=en（內容擷取於二〇二〇年二月二十九日）。

i 譯註：澳洲勳章的意旨是表彰為澳洲與人民做出卓越貢獻或有突出服務的澳洲公民。

19 阿恩特在推特上的操作這麼寫：「過去的禁忌是性，現在的禁忌則是男性議題。透過為男人倡議，來幫助貝蒂娜達到性別平等。#MeToo」，https://twitter.com/thebettinaarndt（內容擷取於二〇二〇年二月二十九日）。嗯，某些男人。在阿恩特的紀錄裡，她曾經為一個涉嫌虐待男孩的童軍團團長辯護，

群提供重大服務，並透過為男性倡議，對性別平權做出貢獻」
而獲頒澳洲勳章（Order of Australia）[i]（一個類似於大英帝國勳章
的表揚制度）[19]。

　　同理他心經常極端地扭曲我們怎麼描述男人對女人（以及
在某些案例裡是對兒童）的暴力[20]。原本理當是殘酷的謀殺，
卻被同理他心以滿懷想像力的方式轉化成可被理解的激情行
動，或另一種可能是，被核准的不顧一切。同理他心透過了想
像力把包括強暴在內的其他犯罪行為變成純粹的誤解，以及因
酒精而起的不幸事故。

　　在蕾・佛羅瑞克的案子裡，藍迪・凡內承認犯下了某些
罪行，卻從頭到尾都沒有遭到逮捕，或被提告與被起訴[21]。
負責訊問蕾和藍迪的警探狄恩・什夫在該郡擔任助理警長將
近三十年，沒多久後便退休了，記者馬克・格林布萊特（Mark
Greenblatt）在什夫的家中訪問他，詢問為什麼這起案件沒有以
逮捕收尾：

稱他為「好男人」，並補充：「這類微小的虐待鮮少造成長遠的後果。」見：
Samantha Maiden, "Independent Board to Consider Rescinding Bettina Arndt's
Order of Australia Honour," *The New Daily*, 2020/02/24, https://thenewdaily.
com.au/news /national/2020/02/24/bettina-arndt-david-hurley/。這篇報導也
詳細描述了後續人們為了讓阿恩特的勳章被撤回，做出了哪些努力。
20 針對家庭消滅者的現象，請見前章倒數第二個註釋。
21 請注意，後者並不一定需要先有前者才隨之發生。在明尼蘇達州，人們可以
　在沒有被逮捕的情況下被起訴。

格林布萊特：是這樣的，受害者指控的內容是，藍迪在她睡著或失去意識的時候和她發生性行為。

什夫：嗯嗯（表示肯定）。

格林布萊特：然後她並沒有同意那個性行為。

什夫：沒錯。

格林布萊特：那是犯罪行為嗎？

什夫：有可能是。是啦，那是犯罪。我不應該說有可能是，那就是，但有其他的要素可以判決他有罪嗎？

格林布萊特：如果嫌犯都承認他在某個人睡著時和她發生性行為，您還會需要什麼證據？您需要比這更多的證據？

什夫：欸，是啊。你面前有兩個人，受害者說的是一套，嫌犯說的又是另一套，「不不不，我沒有那麼做。」這是你面對的情況。什麼都沒有⋯⋯沒有其他的實體證據或任何目擊證人，讓你可以證明那個情況。你有訊問的內容，你沒有實體證據，你面對了一個「公說公有理、婆說婆有理」的情況，你有的是一份錄影。

格林布萊特：我無意冒犯您，但這起案件裡「公說公有理、婆說婆有理」的情況是指什麼？他承認了，他和某個他以為喝醉了、失去了意識的對象發生了性行為。哪裡有「公說公有理、婆說婆有理」？

事實上,那並不是一個「公說公有理、婆說婆有理」的情境,但這在這起案件裡並不重要──在其他許多類似的案件中,也不重要。就算在事實上面並沒有直接分歧,也就是說,就算(她)聲稱的和(他)否認的內容之間並無矛盾之處,但重要的是在相關的利益上面有所衝突。在某些事件中,就像這起案例裡的情況,他可能會直截了當地承認自己的罪行,但是,沒有人對他採取任何行動。我們也將會看到,對某些人來說,他甚至可能被看成她的受害者。這場訪談繼續進行:

> 格林布萊特:根據您的看法,要怎樣才能說服您在一起性侵害案件中逮捕當事人?
>
> 什夫:有時候需要很多東西,有時候不需要……這是一個因案而異的問題。
>
> 格林布萊特:當嫌犯在你面前、在一段被錄下來的問答裡承認了犯行,那……
>
> 什夫:我不打算和你爭論法律問題。我當時決定不逮捕他,他沒有被起訴,事情就是這樣。我就接著處理下一個案件了,我不知道還能跟你說什麼。

這位警探早先曾經說明過他的理由。

> 什夫:在這個案子裡,也不是說我們沒有什麼超出合理懷

疑的證據（proof beyond a reasonable doubt），但就是沒有夠
紮實的可能起因（probable cause）可以進行逮捕[ii]。這是
一個「婆說婆有理、公說公有理」的情況，從事件發生
到被通報中間已經有一段時間差了，他們兩個在一段合
意的關係裡。這不是一起可以進行逮捕的案件。

必須被指出的一點是，警探認為案件中可能有超出合理懷
疑的證據，但卻沒有可能起因以進行逮捕，這個說法邏輯並不
連貫。對於一樁犯罪來說，前者作為證據的標準比起後者高出
了許多[22]。

這場訪談最後以此作結：

格林布萊特：如果一個女人認識對方，那她就不可能被強
　暴？

什夫：這個嘛，不，這是可能發生啦，但我打賭，如果你

注釋

ii　編註：「proof beyond a reasonable doubt」一詞是指控方提出的證據和提出的
論點已「超出合理懷疑」，到了可以明確確立被告之罪的程度，所以必須作
為事實來採納。在法律上，就證據強度來說，「超乎合理懷疑的證據」高於
「可能起因」，由此可以得知什夫警官說詞有所偏頗。關於「可能起因」，詳
細的說明請參見原註22。

22　「可能起因」的標準定義之一是：「某個懷疑的程度合理，並由足夠充分的情
況所支持，該情況充分到得以讓一個審慎小心的人正當地認定某些事實可能
為真。」而「超出合理懷疑的證據」則是指「檢調單位所提出的主張必須被

去蒐集所有曾經被調查過的這類案件，然後比較看看有
多少人被起訴，被起訴的人數是很少很少的。不論什麼
原因，但就是沒有起訴。再說一次，那是檢察官和法庭
要決定的事，而那就是我們傑出的體制[23]。

檢察官陶德・韋伯（Todd Webb）說，他們之所以拒絕起訴
藍迪・凡內，原因之一是本案中的受害者「無法作證指出發生
了什麼事，因為她並沒有第一手的資訊。」然而，這完全沒什
麼好驚訝的，畢竟她被侵犯的時候並沒有意識。相對而言，謀
殺案的受害者更無法作證指出別人對他們所犯下的罪行，但檢
察官們卻不知怎地有辦法在受害者缺席的情況下繼續行動。

另一位檢察官吉姆・阿斯德（Jim Alstead）表示，他認為泰
迪熊裡的攝影機錄影對藍迪來說並不公平，他被「設計」了。
當阿斯德被問及為什麼蕾會是在試圖陷害藍迪──而不是在試
圖追求正義──時，他回答說：「也許她在領什麼福利補助。」

證明到某種程度，使得一個具有理性的人心中對這個主張的真實性不再有合
理程度的懷疑。」見：https://www.lawfirms.com/resources/criminal-defense/
defendants-rights/defining-probable-cause.htm.
23 伊塔斯卡郡（蕾・佛羅瑞克的居住地）已於過去五年間對超過四十位強暴嫌
犯判刑，這些案件絕大多數的受害者都是兒童。在極少數的例外、也就是涉
及成人受害者的強暴案件中，嫌犯都使用了武力，或有明確的脅迫。同時，
在由執法單位提交的一百七十件性犯罪案件中，檢察官駁回了其中百分之六
十的案件。

而儘管他沒有證據，他接著又說，也許她在說謊，好掩飾自己是非法用藥者。

當談到同理他心、消她和責怪受害者等議題，從來都少不了各式可能說詞。因此我們看到，強暴所涉及的遠遠不只是幾顆爛蘋果，強暴牽涉到的是，不良的行動者（actor）被一個抱持著同理他心的社會體制所鼓勵、保護，甚至培養。

當談到體制如何失敗，同樣也不缺各種可能情況。有警察根據隨機的理由拒絕進行逮捕，亦有檢察官拒絕起訴，且不只如此，在美國許多轄區中，警方慣常以稱為「例外結案」（exceptional clearance）的理由將強暴案件棄之不管。二〇一八年，調查報導中心（Center for Investigating Reporting）的新聞工作者和非營利組

24 見："Case Cleared: Part 1," *Reveal,* 2018/11/10, https://www.revealnews.org/episodes/case-cleared-part-1/。也可以參考：Mark Fahey, "How We Analyzed Rape Clearance Rates," *ProPublica*, 2018/11/15, https://www.propublica.org/article/how-we-analyzed-rape-clearance-rates.

25 更精確地說：

根據聯邦調查局的一致犯罪通報（Uniform Crime Reporting, UCR ）計畫，執法單位可以透過兩種方式釐清或「結束」犯罪案件：逮捕或例外結案……

例外結案意指

在某些情況中，有超出執法單位所能控制的因素阻礙了執法單位進行逮捕或正式起訴犯罪者，當這情況發生時，執法單位可以使用例外結案。執法單位必須符合下列四項條件，才得以使用例外結案；執法單位必須已經：

織ProPublica以及新聞網站Newsy的記者合作，針對此現象進行了為期一年的調查。他們根據資訊自由法案（Freedom of Information Act）向一百一十個大型市郡申請資料，但只成功取得大約六十個城市的紀錄。他們發現，在這些資料紀錄中有將近半數，警方都以例外結案作為名目來處理大多數的強暴案件[24]。

　　根據費城的性犯罪小組指揮官湯姆·麥可戴維（Tom McDevitt）中尉所言，例外結案這個分類只適用或者只應該適用的案件情況是：「你知道有該樁犯罪，你可以證明犯罪確實發生了，你手上有受害者，你知道人在哪裡、他們是誰。但可能檢察官不想起訴，或受害者不想繼續提告[25]。」一位司法部官員也證實了，例外結案原本應該就只是如此——作為例外——並僅僅只有在一樁案件雖有充分的逮捕證據、但卻因為某些原因無法

- 指認出犯罪者。
- 蒐集了足夠的資訊，得以支持逮捕、提出罪名，並將犯罪者移交法庭進行起訴。
- 指認出犯罪者的確實所在地，讓嫌犯得以立刻被拘捕。
- 遭遇到了不受執法單位控制的情況，進而阻礙執法單位進行逮捕、提出指控，與起訴犯罪者。

例外結案的範例包括但不限於：犯罪者死亡（例如自殺，或遭警方或公民合理殺害）；在犯罪者被指認後，受害者拒絕與檢方合作；犯罪者在另一個司法轄區犯罪，並因此被起訴，而該轄區拒絕引渡犯罪者。在UCR計畫的條件中，單單只是追回財物並無法結案。

參見：FBI, "2107: Crime in the United States," https://ucr.fbi.gov/crime-in-the-u.s/2017/crime-in-the-u.s.-2017/topic-pages/clearances

逮捕的情況之下，才能適用，例如，嫌犯已經入監或死亡，或受害者拒絕合作[26]。在殺人案件中，例外結案只占了差不多百分之十的比例，這表示，約有百分之九十的案件是經由逮捕結案（當然，這代表很大一部分的案件未能結案、「無法偵破」，或在持續調查之中）[27]。

但在強暴案件上，許多警察部門顯然公然藐視自己的政策。在一樁記者從頭到尾追蹤的案件中，儘管受害的年輕女子明明決心要提告，但她的強暴案仍被例外結案。強暴證據採驗的結果顯示，她身上的傷痕與瘀青符合她所通報的性侵害事件；她充分和警方合作，並一再表示她想要一個公道；警方找到了她所指控的男人（他主張對方聲稱的攻擊是合意性行為）。在報警兩年後，這名女子突然收到一封信，告知她的案件已於

26 請注意，在強暴案件裡，即使受害者一開始出面、但後續卻不再配合調查，這也不是（或不應該是）阻礙警方往下偵辦，並於最終起訴嫌犯的決定性因素。湯姆‧麥可戴維告訴記者，舉例來說，他們可以搜索嫌犯的電腦和電話，也可以訊問嫌犯（因為在這些情況配合下，嫌犯自白並不少見）。當然他們也可以更努力嘗試取得受害者的信任與配合，但無論如何，受害者的參與與否，在起訴過程中並非必要。我們可以和另一種作法進行比較，也就是建立所謂「以證據為本的案件」（這類作法在法庭上不仰賴來自受害者的證詞），這使用於受害者可能不願意對行為人提出告訴的案件上，例如我在《不只是厭女》的前言中討論到的「非致命性地以手勒脖」（nonfatal manual strangulation）。

27 兩份代表性的研究證實了這個估算，參見：Marc Riedel and John G. Boulah-anis, "Homicides Exceptionally Cleared and Cleared by Arrest: An Exploratory Study of Police/Prosecutor Outcomes," *Homicide Studies* 11:2 (2007), pp. 151–

兩週前根據例外情況結案。她再也沒有其他辦法：案件已結，事情已了[28]。

與此同時，許多市郡吹噓它們的高結案率，但卻沒有把真正以逮捕結案和例外結案的案件區分開來。因此，例外結案有可能扭曲了大眾對警政效力的觀感。

雖然對許多人而言，強暴案件中有極高的例外結案率一事可能還是新聞，不過至少自由派的圈子已經逐漸意識到強暴證據採集包（rape kit）未驗的問題。近日大約有一萬組之前未送驗的證據採集包獲得檢驗（它們是在一次例行巡視中於底特律警方的儲物間被發現的），結果有八百一十七名連續強暴犯在裡面被指認出來。偉恩郡（Wayne County）的檢察官金・沃西（Kym Worthy）表示，全國估計有四十萬組強暴證據採集包未經

64，與 John P. Jarvis and Wendy C. Regoeczi, "Homicides Clearances: An Analysis of Arrest Versus Exceptional Outcomes," *Homicide Studies* 13: 2 (2009), pp. 174– 88。在這之後，由《華盛頓郵報》所蒐集的資料也顯示，二〇〇七到二〇一七年間，五十五個大型城市中的兇殺案件裡，平均約有百分之十的例外結案案例。見網站 *Freethink* 摘要：Dan Bier, "Why Are Unsolved Murders on the Rise?" *Freethink*, 2018/10/18, https://www.freethink.com/articles/why-dont-we-solve-murder-anymore。

28 值得注意的是，警方表示，在這個案件裡，他們無法從受害者的強暴證據採集包中取得 DNA 證據。然而，既然受害者指控的這個男人已經被他們指認出來，並且坦承那晚有和她發生性行為（他表示那是合意的性行為），這根本不會對最後的起訴構成決定性的阻礙，尤其一開始的檢查更提供了證據，顯示雙方的互動確實涉及暴力。見："Case Cleared: Part 1," *Reveal*.

檢驗，而現有的證據顯示，強暴犯在被逮捕前，平均會犯下七到十一起案件。沃西進一步說明：

> 全國有許多轄區……發現了這些證據採集包，但他們什麼都沒做。他們說事情不是在自己眼皮底下發生的……〔但是〕我不明白怎麼有人可以眼睜睜看著這個問題然後那樣說。如果我們在討論的是殺人案件，那就不會有人這麼說，你甚至不需要去問那個問題……但因為是性侵害，不知為何，某些人就很輕易地掩過飾非[29]。

另一個潑人冷水的事實是：在所有先前未被檢驗的強暴證據採集包裡面，大約有百分之八十六的受害者是非白人（主要是女孩和女人）。正如沃西所說：「你不會發現太多金髮藍眼白人女性〔的證據包沒被檢驗〕……她們的證據採集包會被另眼看待，她們的案件會被偵破……很不幸地，從許多方面來說，種族都是這個問題的中心，整個犯罪司法體系都知道這件事[30]。」

注釋

29 Nancy Kaffer, "Kaffer: 8 Years into Tests of Abandoned Rape Kits, Worthy Works for Justice," *Detroit Free Press,* 2017/12/17, https://www.freep.com/story/opinion/columnists/nancy-kaffer/2017/12/17/rape-kit-detroit/953083001/

30 出處同上。

31 也可以思考警察犯下性侵害並往往消遙法外的現象。見：Jonathan Blanks, "The Police Who Prey on Victims," *Democracy Journal,* 2017/11/01, https://

　　有什麼東西可以解釋這些不關心、敵意和具有針對性的冷漠？我們不是把強暴看作一個可憎、駭人聽聞的犯罪嗎？沒錯，理論上來說是如此，而那很好，但在實務上，為什麼我們在面對特定受害者的時候，拒絕對特定行為人究責？

　　一個不但簡潔、更具有連貫性的解釋是：我們認定某些特定男人有**資格**從某些特定女人身上奪取性。當一個白人男性和一個享有同等或較少特權的女人交往，或曾經交往過時，他往往被認定有資格在性方面「要」她[31]。特別的是，這樣的情況會一直持續下去，直到她被另一名享有同樣特權的男人代言，但這名代言者卻不可以是另一個女人或非白人男性，至少一般而言條件是這樣的。在手握權力的男人裡頭的最有權力者，基本上，被認定有資格在性方面「要」任何人，而他們只會遭遇到微弱的反彈。想想布萊特・卡瓦諾；想想唐納・川普，在他當選總統前，多名女子以可靠的證據指控他性侵了她們[32]。也可以想想如今惡名昭彰的傑佛瑞・艾普斯坦（Jeffrey Epstein）一案，他是知名的投顧銀行家和理財經理人，被指控性虐待超過八十位女孩，其中許多人是未成年。據稱他引誘這些女孩，並

democracyjournal.org/arguments/the-police-who-prey-on-victims/。同樣可參見：《不只是厭女》第六章「運轉中的厭黑女情結：丹尼爾・霍茲克洛一案」，有進一步相關討論。

32　Eliza Relman, "The 24 Women Who Have Accused Trump of Sexual Misconduct," *Business Insider*, 2019/06/21, https://www.businessinsider.com/women-accused-trump-sexual-misconduct-list-2017-12

在他位於棕櫚灘（Palm Beach）的豪宅中性侵她們。他會先要求她們幫他按摩，然後撫摸她們或自慰，有時則是性侵。但在二〇一九年前，這些行為對他造成的後果微乎其微[33]。

對於因為身為黑人、跨性別、身心障礙者或其他原因而被邊緣化的女孩和女人而言，男人可以強暴她們卻不受懲罰的比例實在太高，高到讓她們的證據採集包不值得被檢驗。如此一來，證據採集包就很可能要苦撐許久，而她們對於自身被賦予道德關懷和正義的基本資格感便也就此枯萎了。「當我知道我將要討回公道時，那真是太驚人了。」崔西・里歐斯（Tracy Rios）這麼說。強暴她的人把她引誘到一間位於亞歷桑納州坦佩市（Tempe）的無人公寓內，並在那裡攻擊她，她的強暴證據採集包卻是過了約莫十五年後才獲得檢驗。「我對體制失去了

注釋

33 在那之前，艾普斯坦只為他這些犯罪行為而在棕櫚灘郡監獄的私人牢房中服了十三個月的刑期。他被授予工作許可，得以每週六天、一天約十二小時在堪稱舒適的辦公室內工作。儘管該轄區不把工作許可發給性犯罪者，但因為艾普斯坦在二〇〇八年時和彼時的邁阿密檢察官、如今擔任川普政府勞動部部長的亞歷山大・阿寇斯塔（Alexander Acosta）達成了認罪協議，所以他獲得這些特殊待遇。這項不起訴協議也赦免了「任何可能的共同謀犯」，並對三十位受害者隱瞞了認罪協議一事。她們之中許多人是直到最近才得知艾普斯坦驚人的寬鬆刑期。由於在這項由阿寇斯塔安排的認罪協議中，特意挑選了特定的受害者（其中最年輕的受害者在指控的性虐待發生時已十六歲，但其他許多受害者的年齡卻比十六歲更小），艾普斯坦在他擁有住所的各州之內，甚至不用被登記為性犯罪者，其中包括佛羅里達州。

倘若沒有記者茱莉・布朗（Julie K. Brown）的深刻努力，艾普斯坦有可能繼

信心，」她說，「我以為他們不在乎。[34]」

性侵里歐斯的人目前正在服七年的徒刑，但這結果很少見。假如強暴理論上的懲罰是終生監禁，那麼，當你的強暴者在罪證確鑿的情況下卻仍逍遙法外，這對你的價值而言，代表什麼意思？除了成為一個次等人口以外，還能是什麼？

當然這並不是說，強暴犯就應該要被判處終生監禁（我和我的自由派同伴一樣竭力拒絕此事[35]）。在此處，我只是單純想要指出，當涉及特定行為人時，某些受害者如何地受到忽視，並被雙重標準所殘害。不論我們認定正義是什麼（正確地認定，或更有可能是錯誤地認定），很明顯的，在大多數的強暴案件中，正義都沒有被實踐。非營利組織「強暴、虐待、和亂倫全國網絡」（Rape, Abuse, and Incest National Network, RAINN）的統計數

續逍遙法外，只需為他的犯罪面對這些微小的後果。因為有布朗的努力，艾普斯坦在二〇一九年七月因為性販運的罪名遭到逮捕，他於八月在獄中自殺。見：Tiffany Hsu, "The Jeffrey Epstein Case Was Cold, Until a *Miami Herald* Reporter Got Accusers to Talk," *The New York Times,* 2019/07/09, https://www.nytimes.com/2019/07/09/business/media/miami-herald-epstein.html

34 Jennifer Peltz, "Over 1,000 Arrests Nationwide After Authorities Test Back-logged Rape Kits," *HuffPost,* 2019/03/13, https://www.huffpost.com/entry/new-york-feds-join-to-get-100k-rape-kits-tested-around-us_n_5c88f54fe4b0fbd7661f8840?ncid=engmodushpmg00000006

35 事實上，儘管我並沒有致力於倡議這份主張，但我贊同廢除監獄。不過這是另一個問題了，而我在此並不打算進行討論。

字指出，會入監服刑的強暴犯人少於百分之〇點六[36]，和其他
程度相當的犯罪類型相比，如傷害與毆擊罪、強盜罪等等，這
個數字遠遠低了許多[37]。

強暴文化中有另一個面向經常沒有受人注意，那就是青少年犯
罪者，這是個令人傷心、卻又不得不面對的現實。尤其這個問
題同時挑戰了兩件事，包括監禁是不是一種解決方式（不論你
認為監禁在其他案件中是否可行），以及我們一般如何看待道
德責任。在此，犯罪者往往太過年輕，導致他們無法為自己的
犯行負責，或至少無法負起全責[38]。

羅珊・蓋伊（Roxane Gay）在她令人心碎的自傳《飢餓》
（*Hunger*）中提到了在青少女時期集體強暴她的少年，他們是「男
孩，還未長成男人，但卻已經知道如何做出屬於男人的傷害。」
幾十年來，她從未說起這次的強暴事件，更沒有把它寫下來。
最終，她在自己的書裡和這段回憶對決：

注
釋

36 Andrew Van Dam, "Less Than 1% of Rapes Lead to Felony Convictions. At
Least 89% of Victims Face Emotional and Physical Consequences," *The Wash-
ington Post,* 2018/10/06, https://www.washingtonpost.com/business/2018/10/06/
less-than-percent-rapes-lead-felony-convictions-least-percent-victims-face-
emotional-physical-consequences/。也可以參考哲學家蘇珊・布里森（Susan J.
Brison）的著作，她在書中針對強暴和它的後果提供了撼動人心的第一手敘
述。見：Susan J. Brison, *Aftermath: Violence and the Remaking of a Self* (Princ-
eton: Princeton University Press, 2002).

37 見：RAINN, "The Criminal Justice System: Statistics," https://www.rainn.org/

　　我記得他們的味道、他們方正的臉頰、他們身體的重量、他們撲鼻的汗臭、他們四肢驚人的力量。我記得他們很享受，然後大笑了很久，我記得他們對我只有不屑，再無其他[39]。

　　接著，在事件之後，作為一個非白人女人，以及一個自稱肥胖的胖女人，她面臨了各形各色的邊緣化、各種層次的敵意沉默。

　　回顧前言裡的章節，我把厭女情結看作是女孩和女人因為父權力量遭遇到的敵意，而不是男人在他們內心深處感受到的敵意。有鑑於此，由（通常是青春期）男孩對女孩犯下的性犯罪，顯然算是厭女情結。而即使一個人主張，這類案例中的行為人自身在某種程度上也是厭女情結和強暴文化的受害者，部分原因則是源於厭女情結和強暴文化對他們反覆灌輸有毒的行為，使得男孩們承受了道德上的傷害，而他們的年紀不夠大到

statistics/criminal-justice-system。

38 在此段落中，我援引了我在部落格 "The Daily Nous" 上的一系列發文，這些文章被賈斯汀・溫伯格（Justin Weinberg）收錄在："Philosophers on the Art of Morally Troubling Artists," 2017/11/21, http://dailynous.com/2017/11/21/philosophers-art-morally-troubling-artists/。

39 羅珊・蓋伊（Roxane Gay）著，黃佳瑜譯，《飢餓：你只看見我的身體，沒看見我內心的痛》（*Hunger: A Memoir of (My) Body*）（台北：木馬文化，二〇一九），頁44（英文版頁數）

足以明白事理——或者甚至年紀非常小，小到不清楚自己在做什麼——即使如此，這依然是厭女。

這和我們從Me Too運動中所學到的教訓有直接的關聯。該運動由塔拉娜·伯克（Tarana Burke）引導超過十年，並自二〇一七年十月起，在例如艾莉莎·米蘭諾（Alyssa Milano）等名人的協助下為人所知。隨著一個又一個有權男人的不當性舉止被揭發，我們難免會想要作出結論，認為風向已經轉變，我們終於認真對待不當性舉止的問題了。然而，另一個可能性則是：行為人有所不同了。一個很明顯的因素是，他們已然更加年長，因此可以比較容易地賦予他們「骯髒老男人」的定位——儘管這毋寧是年齡歧視的文化形象中一個比較有權力的變形，而非一個更可悲的輪廓。值得注意的是，就晚期資本主義的角度來說，老男人比起年輕勞動者也較為無用，他們的有效期限正在逼近。因此在某些這類情境中，相較於年輕男性，他們更可以用完即棄。

但他們通常並不是在年老昏聵時才開始有不當的性舉止，甚至不是從中年才開始。根據典型性侵害者的自述，他們會在

注釋

40 Tara Culp-Ressler, "Five Important Takeaways from a New National Study on U.S. Teens and Sexual Violence," *Think Progress*, 2013, https://archive.think-progress.org/five-important-takeaways-from-a-new-national-study-on-u-s-teens-and-sexual-violence-9d454f54cea1/

iii 譯註：法定犯罪（statutory offense）指的是根據成文法規定而構成的犯罪，

青春期就犯下第一起犯罪[40]。此外，根據近期估計，就算我們把比較年輕的人犯下的法定罪行[iii]（statutory offense）視為必要的例外排除（它們使得案例充滿道德複雜性），很大一部分的性侵害案件犯罪者仍是青少年——在美國，這個比例大約是四分之一到三分之一。和年長的行為人一樣，這些青少年犯罪者絕大多數都是男性[41]。

Me Too運動期間創造了最多頭條的案例在某種程度上證實了這點。眼下針對凱文・史貝西（Keven Spacey）和哈維・溫斯坦（Harvey Weinstein）的指控（分別）可以追溯到一九八〇年代早期和中期，史貝西那時約二十四歲，溫斯坦則約三十。如今回溯，我們很輕易就可以想像兩個男人各自做出不當的性舉止，隨著他們的受害者重新敘述事件，我們把年長的他們放回這個敘事裡閱讀。

然而，當一個女人挺身作證指出，三年前，當時三十歲的英國演員艾德・威斯維克（Ed Westwick）強暴了她，推特上普遍出現的態度卻是：他太年輕、太性感，所以他不可能是一個加害者。在那之後，又有兩名女子作證指控威斯維克，但不知

而不是由司法機關所決定。例如與未成年人發生性行為在多數國家的法律下都會被視為強暴，不論未成年當事人是否同意，此為「法定強暴」。

41 例如，可參見：David Finkelhor, Richard Ormrod, and Mark Chaffin, "Juveniles Who Commit Sex Offenses Against Minors," *OJJDP Bulletin,* 2009/12, https://www.ncjrs.gov/pdf files1/ojjdp/227763.pdf。

怎麼地，這些指控對許多人而言卻仍舊無法「聽來像是真有其事」。警方放棄起訴，原因是證據不足。情況很有可能是，威斯維克的年輕和白人膚色，連同其他形式的特權，占了上風；他如今仍保有黃金男孩的地位，因此（或者說因為？），他仍舊是好萊塢的搖錢樹。

如我們所見，厭女情結並不需要針對所有的女孩和女人；它通常會挑選出那些父權規範和期待下的「壞」女孩／女人，懲罰她們的不當行為，不論這些不當行為真實與否。然而，很重要的一點是，我們不能因為過度推論這個論點而造成誤解。我在我的理論架構中保留了充分的空間，使我們得以認可一個明顯的事實，亦即，不論個別女孩和女人是否表現出性別化的「良好」行為，厭女情結仍舊可以針對或傷害幾乎**任何一個**女孩或女人。這一部分是因為，女人經常被當作特定「類型」女人的代表，並因為整個集體的不當行為而在實際上遭到責怪或懲罰。另一部分也因為，厭女情結的攻擊能夠源自於各種形式的不滿（舉例來說，因為男人受到資本主義的剝削）。而這便可能涉及了情感轉移──白話地說，就是「打沙包」（punching down）的行為，這類行為會針對那些弱勢且可觸及的對象，而她們經常是女人。根據我的分析，假如一個女人活在一個歷史上始終都在父權體制底下的世界（在這個世界裡，男人一直都擁有並持續擁有社會的許可，得以「發洩」），並因此面臨這類

遭到轉移的攻擊，她就仍然是厭女情結的受害者。最後，值得一提的是，厭女的社會結構所觸及到的範圍可能遠遠超過它的初始目標，因此它可能在原本鎖定的或第一線的目標之外，懲罰了大量的女人。

不過，直接藐視父權規範和期待的女人（以及那些只是被認定這麼做了的人），會經由不同方式切實地經歷厭女情結的報復，認知到此事還是很重要的。同時，厭女情結的第一條規則就是：你不能抱怨這類不當對待。

在最嚴重的例子中，女人會因為身為或自稱為厭女情結的**受害者**，而遭到實際懲罰，就算有強力證據證明她們遭遇到的惡行，她們當下仍會系統性地受到懷疑與中傷[42]。舉例來說，二〇〇九年時，一位華盛頓州的年輕女子告訴警方，她遭人以刀威脅並被強暴；她因為涉嫌報假案而被罰款五百美金──但後來卻發現她的報案內容是真的。二〇一一年時，因為這名小腿上有清楚蛋形胎記的強暴犯被鄰區另一位女性受害者指控強暴，這件事才真相大白[43]。

二〇〇九到二〇一四年間，英國有超過一百位女子因為假報強暴案而遭到起訴，其中一人是蕾拉・伊布拉罕（Layla Ibra-

42 參見第五章和第八章中，針對證言不正義、消音與壓制的討論。
43 T. Christian Miller and Ken Armstrong, "An Unbelievable Story of Rape," *ProPublica*, 2015/12/16, https://www.propublica.org/article/false-rape-accusations-an-unbelievable-story；這起案例後來被改編為電視劇《難，置信》（*Unbelievable*）。

him），她因為妨礙司法公正的罪名被判處三年徒刑。她從未動搖自己遭受性侵害的說詞，而她的母親與律師都作證指出，她幾乎從一開始就被當成嫌犯[44]。

二〇一八年年尾，一起和演員傑佛瑞・洛許（Jeffrey Rush）有關的案件登上澳洲的頭版新聞。和洛許一同擔綱劇場主演的女演員艾琳・琴・諾威爾（Eryn Jean Norvill）公開指控他對她性

---

44 伊布拉罕的母親，珊卓・艾倫（Sandra Allen），評論：

　　我們發現，在她報案幾天後，警察開始調查〔她〕……警方搬出那些老話，說受害者會被相信，但我認為他們從一開始就沒費心調查蕾拉的說詞。我會一直為她的清白奮鬥下去，直到我死的那天。駭人都不足以形容發生在她身上的事情，她在那晚受苦，她在監獄受苦，她仍在受苦。

伊布拉罕的律師，奈吉爾・理查森（Nigel Richardson）補充：

　　警方和皇家檢察署（Crown Prosecution Service, CPS）似乎以一種格外熱烈的態度在追究這些案子，彷彿對警察說謊——就他們看來是如此——必須獲得非常嚴重的回應。在某個時刻，女人在警方眼中從受害者變成了嫌犯，她甚至可能都不知道這件事情已經發生。

出自：Sandra Laville, "109 Women Prosecuted for False Rape Claims in Five Years, Say Campaigners," *The Guardian*, 2014/12/01, https://www.theguardian.com/law/2014/dec/01/109-women-prosecuted-false-rape-allegations。

45 如理查・艾克蘭在《衛報》（*The Guardian*）上所寫：

　　在每一審中，法官都偏向申請人〔譯按：即洛許〕的證據。〔洛許的證人〕阿姆菲爾（Armfield）沒有看過任何不當的行為，布戴（Buday）（譯按：另一名證人）也沒有；溫特（Winter）（譯按：諾威爾一方的證人）沒有被詢問到某些指控；諾威爾在證據中提到的事不在她準備的原始聲明中；諾威爾聲稱洛許有不當行為，但在那之後仍然傳給他友善的問候和簡訊。

　　法官沒有適當地追究情況為何如此；法官沒有明確認知到，為洛許作證的主要劇院成員之間有著親密的友誼，但這個面向應該要被納入考量，

騷擾：他把手伸進她的襯衫裡，碰觸她的裸背、反覆做出撫摸的動作，並在簡訊裡傳流口水（或有可能是喘氣）的表情符號給她，伴隨著「想你的頻率超過了社會可以接受的程度」的句子；諾威爾也指控洛許在演出《李爾王》（*King Lear*）劇中最後一幕時摩擦她的胸部。儘管諾威爾提供了騷擾的具體證據，她還是不被相信[45]。最後，洛許因為名譽受損而獲得將近兩百萬

> 並被謹慎評估。
>
> 另一個完全可能的情況是……即使諾威爾在《李爾王》的製作期間曾有過不愉快，她仍舊想要和洛許這樣的大明星維持良好關係。在判決中，這些事情都沒有被充分地探究……
>
> 諾威爾提供了證據……她和奈文（Nevin）（譯按：同劇演員之一）有過對話，她說洛許騷擾她。她在法庭上說奈文的回應是：「我以為傑佛瑞已經不再這麼做了。」
>
> 諾威爾曾經和奈文討論過自己的擔憂，但〔法官〕沒有接受這項事實。
>
> 諾威爾指控洛許有意識地撫摸她右胸，法官針對這項指控提出反駁：「對洛許先生來說，為了確實演出這個困難場景，他必須維持專注力和心理狀態，他怎麼有可能保持這個狀態，卻又同時做出像故意撫摸諾威爾小姐的胸部這種惡劣又粗鄙的行為？」
>
> 至於洛許「不被社會接受的想法」與喘氣表情圖案，這個話題也無疾而終。僅管許多人可能會把這看作一種暗示，意指一名年長男人想著一個年輕女人而流口水，威格尼（Wigney）法官卻得出了完全不同的結論：這是一句脫口而出的話、一個笑話，它純粹只代表這位演員因為錯過了諾威爾演出劇作的開幕之夜而感到很抱歉。
>
> 洛許只是「隨口說說」，這個說法並不能取信於人。
>
> 出自：Richard Ackland, "The Geoffrey Rush Trial Shows Defamation Can Make Victims Become Victims All Over Again," *The Guardian*, 2019/04/17, https://www.theguardian.com/commentisfree/2019/apr/18/the-geoffrey-rush-trial-shows-defamation-can-make-victims-become-victims-all-over-again。

美金（約兩百九十萬澳幣）的補償[46]。

　　二〇〇六年，七名非白人女酷兒因為反抗性侵害與性騷擾而面對嚴厲的法律後果。攻擊她們的人是名為德偉恩・巴寇（Dwayne Buckle）的男子，他在街頭搭訕她們，遭到冷漠拒絕後勃然大怒（其中一個女人說：「先生，我是同志！」企圖讓他打消念頭）。他威脅要「直接強暴她們」，有人伸出了拳頭（在誰先出拳這件事情上尚有爭議），巴寇接著拉扯其中一個女人的頭髮，並試圖勒住另一人的脖子。在接下來為時四分鐘的衝突中，巴寇不知道什麼時候被一把廚刀刺中，因而必須送醫。巴寇對《紐約時報》（The New York Times）描述，自己是「針對異性戀男性的仇恨犯罪的受害者」，與此同時，媒體把這些女人刻畫成由「女同性戀殺人犯」組成的「狼群」。最終，七名女子都以重罪被起訴，罪名包括集體襲擊和意圖謀殺。其中三人最後對襲擊罪名認罪，其餘四人——她們後來被稱為「紐澤西四人幫」——則進入訴訟程序，並輸掉了官司。她們被判處三年半到十一年不等的徒刑[47]，她們的支持者堅稱，這些女人唯一的罪行是自我防衛。

46 洛許最初被判決可獲得來自《每日電訊報》（The Daily Telegraph）八十五萬澳幣的損害賠償，該報在報導中詳細描述了諾威爾的指控。他最後獲得的名譽損害賠償金額比原先高出許多，關於此事的細節可參考：Clarissa Sebag-Montefiore, "Geoffrey Rush Awarded \$2 Million in Defamation Case, a Record for Australia," *The New York Times*, 2019/05/23, https://www.nytimes.com/2019/05/23/world/australia/geoffrey-rush-defamation.html。

於是我們看到，對於男孩和男人——尤其是那些被賦予特權的人——來說，因為厭女行為而被究責通常是例外，而非常規，就算是在強暴案件中亦同。同時，對於許多女孩和女人來說，特別是那些基於種族、階級、性身分、身心障礙與其他不勝枚舉之軸線而受壓迫的女孩和女人，不僅她們的強暴者或施虐者經常不受懲罰，這些女人自己更可能會因為**抗議**這種不公而遭到懲罰[48]。

至於我在本章作為開頭的故事，則有個稍微快樂一點的結局，儘管不算是完全快樂。蕾·佛羅瑞克最終在民事訴訟中贏得了來自藍迪·凡內的五千元美金，作為情緒傷害的賠償。聽到這個賠償決定後，蕾在熱鬧的酒吧和律師與數位友人一同慶祝，他們的對話如下：

友人：乾杯！你有什麼想說的？

蕾：正義。

友人：勝利，耶！

47 Nicole Pasulka, "How 4 Gay Black Women Fought Back Against Sexual Harassment—and Landed in Jail," *Code Switch, NPR*, 2015/06/30, https://www.npr.org/sections/codeswitch/2015/06/30/418634390/how-4-gay-black-women-fought-back-against-a-sexual-harasser-and-landed-in-jail

48 如同本書中的許多主題，我強烈懷疑，對於非二元性別者來說，情況相同，甚至更糟糕。

蕾：正義。我只覺得天旋地轉，我只覺得天旋地轉。我得
　　到的正義比我膽敢設想的還要多。

她說那是正義，他則質疑判決結果。官司結束後，藍迪也
把蕾的上空裸照上傳至網路，這類所謂「復仇式色情」的行為
在明尼蘇達州可能被判處監禁[49]，而我們等著看看，他到底會
不會受到懲罰。

49 一個正確得多的用詞是「未經同意散布私密影像」（nonconsensual pornogra-
phy），因為許多行為人的動機並不是復仇，而且，不管情況如何，他們的動
機在此並不是最重要的事。針對這個現象、它性別化的本質以及它的法律後
果，可參考這篇有力分析：Danielle Keats Citron, *Hate Crimes in Cyberspace*
(Cambridge, Mass.: Harvard University Press, 2014)

（4）

不肯的女人—男人享有同意的資格感
Unwanted – On the Entitlement to Consent

「妓女。」克莉絲汀・魯本尼恩（Kristen Roupenian）的短篇小說〈愛貓人〉（Cat Person）最後以這句話作結，一句由他說出的話。這篇小說在二〇一七年下半年被瘋傳[1]，它生動地描繪了一個男人和一個女人之間的性互動，他們分別是三十四歲的羅伯特和二十歲的瑪歌。那晚發生於兩人之間的每件事很明顯都是合意的，但這並不表示它們在倫理上就沒有問題，問題不在於暴力或人際間的強迫，而是因為一些更隱晦的因素。

在整段故事裡，我們絕對可以對羅伯特提出許多批評。作為瑪歌的約會對象，他年紀太大了，至少我這樣認為，而且他似乎用了一些小詭計來吸引她：他編造自己有兩隻貓，好讓他更受人親近與討人喜歡；在瑪歌和他分手後，他也爆發了典型的厭女行為。但性行為本身呢？過程不佳、令人尷尬，也不愉

1 Kristen Roupenian, "Cat Person," *The New Yorker,* 2017/12/04, https://www. newyorker.com/magazine/2017/12/11/cat-person.

快。整件事其實不該發生的，在瑪歌最初的熱情消退後，她並不想留在那裡，然而因為瑪歌竭力地掩飾，我們很難責怪羅伯特沒有意識到這件事。她完成了這場性行為，只為了——或主要是為了——避免對羅伯特不禮貌。

作為讀者，我們不太清楚，如果當時瑪歌禮貌地拒絕了性行為，羅伯特的反應會是什麼（但從他最後對她說的話看來，我們可以輕易地猜到如果她坦白直言或乾脆直接離開，有可能會發生什麼事）。既然我們可以猜到，他會有不好的反應，這個和故事情節相反的猜測提供了我們有關他性格的重要資訊。但它卻沒有進一步告訴我們，應該如何評估他的行為。借用《紐約時報》專欄作家巴利・懷茲（Bari Weiss）當時對另一起不同卻相關的案例所做的評論來看，某些人可能會認為，羅伯特唯一的錯是他不會讀心術[2]。

懷茲這個無罪判決的評論乃是針對一起真實生活裡的事件，這起事件揭露於〈愛貓人〉成為網路熱議現象的幾週之後。一位化名為葛瑞絲的二十二歲女子對網站Babe的記者凱蒂・魏（Katie Way）聲稱，彼時三十四歲的喜劇演員阿茲・安薩里

注
釋

2　Bari Weiss, "Aziz Ansari Is Guilty. Of Not Being a Mind Reader," *The New York Times,* 2018/01/15, https://www.nytimes.com/2018/01/15/opinion/aziz-ansari-babe-sexual-harassment.html.

3　Katie Way, "I Went on a Date with Aziz Ansari. It Turned into the Worst Night of My Life," *Babe,* 2018/01/13, https://babe.net/2018/01/13/aziz-ansari-28355.

4　可以和影集《酒吧五傑》（*It's Always Sunny in Philadelphia*）中〈大夥們買艘

（Aziz Ansari）讓她過了一個飽受驚嚇的糟糕夜晚[3]。不過，這起事件和〈愛貓人〉裡的虛構互動之間，有一個極為重大的差別：亦即葛瑞絲反覆試著讓事情緩下來，接著企圖阻止當時正在發生的事；她想辦法推託，但安薩里卻完全沒有察覺到她的意願。有各種方式可以想像他們之間發生了什麼——範圍從利用強迫造成的性侵害，到儘管不合倫理卻合法的性行為都包含在內，但顯然的，如果我們相信葛瑞絲的話（比如我就打算這麼做），安薩里原本在最低限度之下可以多做**很多事**，以便一點一滴地蒐集訊息，理解到他的約會對象並不想和他發生性行為——就算他沒有心照不宣地意識到了這一點，他很可能或多或少都是知道的[4]。因此，懷茲對安薩里事件的評判並不恰當，不僅可說是徹頭徹尾的虛偽，也展現了令人尷尬的同理他心。當人們要進行性活動時，有一個清楚明白的倫理義務，就是主動去試著探究你的伴侶內心深處是否**想要**進行性行為。假如你有任何確實感到不確定之處，那麼，就還是保持謹慎並欣然收手為妙。

然而，這一切會導致在其他情境裡打開另一種可能性，亦

船〉（The Guys Buy a Boat）這集裡惡名昭彰的一幕相比。在這幕中，一名男子對朋友主張，在船上說服女人與自己發生性行為會比較容易，因為那會暗示她，假如她拒絕，她就可能會遭受傷害，而且她的屍體可以很方便地丟到大海裡。這個男人本身並沒有打算傷害女人，只是單純想從這個「暗示」中獲益而已。

115

即這種明確的、熱情的同意表現（不管確切來說是同意什麼）僅僅是一種表演，而這正是〈愛貓人〉迫使我們不得不去設想的。瑪歌對羅伯特的身體、他笨拙的舉動、糟糕的親吻技巧，以及在性上面的欺騙（他說自己「超硬」，但顯然不是如此）感到反感，但她仍決定不管怎樣都要完成性行為，甚至，她因為意識到羅伯特這麼喜歡她青春、熟透了的身體，而試著想辦法讓自己從中獲得某些性歡愉。為了強化這個效果，她在完全沒有感受到激情的情況下仍舊以明顯的激情扮演著自己的角色。

無論在政治上還是美學上，這一切都令人不適；都很寫實。它也召喚出了性的幽靈：性討人厭、甚至被強迫的那一面，但這卻不是任何特定對象造成的。確切地說，由於源自父權社會劇本的壓力，以及男性普遍認定自己理所當然有資格獲得性的這份想法，因此讓瑪歌覺得離開羅伯特會是粗魯無禮、甚至錯誤的行為。我們可以想像另一種版本的羅伯特，他會非常恰當地接受瑪歌實踐性自主的作為，會以敏銳和優雅的態度來應對令人尷尬的後續。但即使如此，我們還是可以預期瑪歌——在不知道這個版本的情況下，或是她儘管知道、但不想讓自己顯得「驕縱與反覆無常」——仍舊因為根深柢固的社會化設定，而做出同樣的表演。

因此，問題就變成了：為什麼我們把許多男人潛在的受傷感受看得如此重要、如此神聖不可侵犯？還有，我們用什麼方式來看待它？以及，另一個相關的問題：為什麼我們認為女人

就應該負責保護和照料這些感受？

「臭屁。」這起真實事件開始的方式和〈愛貓人〉的結局差不多：一個男人在一條只有單詞的推特發文裡把這稱號送給了喜劇演員莎拉・席佛曼（Sarah Silverman）——他沒有明確的原因，也沒有進一步的解釋。席佛曼回應說，她仔細鑽研了這名男子的推特發文，進而知道他很痛苦；她說她看見了他、同理他、對他有信心云云。她原諒了他，並願意支付他的戒癮服務方案，讓他治療自己的處方止痛藥成癮症狀。這起事件被普遍地打造成一個暖心的故事——事實上，眾多相似標題中的其中一例就指出，這是一場「關於同理心的大師級講座[5]」。

就我所知，媒體上沒有人指出一個明顯的事實：儘管席佛曼無疑是好意，也遵守了常見（且很有可能是性別化）的社會規範，然而她卻縱容了這個男人的惡劣行為。但她不僅沒有因此受到批評，反倒被積極讚頌。

而事情便是這麼回事：當女人確實地照料了男人的受傷感受時，她們會被獎勵；當她們不這麼做時，她們很可能會受到懲罰。

5　Jennifer Van Evra, "Sarah Silverman's Response to a Twitter Troll Is a Master Class in Compassion," *CBC*, 2018/01/03, https://www.cbc.ca/radio/q/blog/sarah-silverman-s-response-to-a-twitter-troll-is-a-master-class-in-compassion-1.4471337

〈阿茲・安薩里的恥辱〉，凱特琳・弗蘭納根（Caitilin Flanagan）
的標題這麼寫。她刊登於《大西洋》（*The Atlantic*）雜誌上的文章
哀嘆著像葛瑞絲這種「憤怒的年輕女子」所擁有的「暫時權力」；
根據文章副標題，這種女人突然變得「非常、非常危險[6]」。這
篇文章的開頭對葛瑞絲的故事表達出迷惑不解。（「你瞭解詞彙
跟句構，但這一切都發生在外太空。你只是太老了。」）文章
接著流暢地轉換到時事話題上，對它表現出令人喘不過氣的認
可（「就像最近《紐約客》（*New Yorker*）雜誌上的小說〈愛貓人〉，
裡頭描寫了兩個主要透過簡訊認識的人之間沒有靈魂且令人失
望的約炮關係——這則故事獲得許多年輕女人的共鳴，對她們
來說意義重大。」）弗蘭納根對於事件的描述讓人毫不懷疑她
的同情心最終落在哪裡：儘管弗蘭納根自己都承認，那名受害
者所遭遇到的對待並「不光榮[7]」，但她的同情心仍堅定地落在
安薩里，而非受害者身上。

〔吃完晚餐後〕到家的幾分鐘內，〔葛瑞絲〕坐在廚房流
理檯上，而〔安薩里〕——顯然經過她的同意——正在幫

6　Caitlin Flanagan, "The Humiliation of Aziz Ansari," *The Atlantic,* 2018/01/14,
　　https://www.theatlantic.com/entertainment/archive/2018/01/the-humiliation-
　　of-aziz-ansari/550541/
7　更別提偽善，因為安薩里的職業生涯很大一部分是建立在他面對《救救我的
　　羅曼史》（*Modern Romance*）*時的覺醒青年名聲。《救救我的羅曼史》是他

她口交（年長的讀者在此睜大了眼睛，因為在從前，這很少會是「一夜情」的第一步），但根據她的敘述，他接著要求她以一連串並不光榮的方式進行性行為。最後，隨著夜漸深，她的情緒崩潰了，她告訴他：「你們男人全都該死的一樣」，然後哭著離開。我認為這是整個故事裡意義最重大的一句話：她過去遇過很多次這種事情。是什麼讓她以為這次會不一樣？

當弗蘭納根用普通常見的方式責怪受害者時，在此她也自行詮釋了葛瑞絲說的話。在葛瑞絲的故事裡，並沒有任何內容指出她曾經遇過這種事情「很多次」，一如弗蘭納根所臆測的那般；她只是在表達，在面對享有資格感的各式男性性行為時，她所感受到的整體性失望。

弗蘭納根接著建議，女人應該效仿上個世代的女人在這類情境中據說會做出的行為：指責那位有名約會對象「厚顏」、甩他一巴掌，並就此奪門而出。但是當今，在一個已經不再鼓勵這種因為錯誤動機而衍生出正確行為的文化裡——也就是

於二〇一五年出版的著作，也是他在網飛上深受歡迎的電視影集《不才專家》（*Master of None*）的主要主題之一。

＊編註：《救救我的羅曼史》是安薩里偕美國社會學家、紐約大學教授克林南柏格（Eric Klinenberg）合作撰寫的一部學術書籍，探索過去十年來社會上的浪漫愛變化。

說，儘管是以保護她的貞潔而非她的性自主權為名義，但這仍舊給了她一個可以被社會所接受的「逃離」機會，以離開令人不愉快的性互動場景——葛瑞絲仍很可能和小說裡的瑪歌有著相同的恐懼：自己會因為打壓了一個男人的性自尊而顯得粗魯無禮，甚至被視為一個「潑婦」。弗蘭納根說對了，沒有真正的證據可以證明葛瑞絲當時「僵住了、嚇壞了、無法脫身」（儘管假如她**真**的那麼覺得，也絕對是可以理解的），但她缺少一個在社交上來說優雅的出路。她那時想必已經知道，自己正冒著風險，她的行為有可能「羞辱」安薩里、使他痛苦，並破壞他「好男人」的自我形象。而最終，弗蘭納根也認為她確實這麼做了（儘管是用不同的方式），並因此對她勃然大怒。從安薩里的公寓奪門而出後，葛瑞絲將走進一個世界，在這個世界裡，女人會被視為沒擔當與不負責任的人，因為她讓人注意到男伴完全沒擔當、不負責任的行為；她將成為那個被責怪的對象，而他則會很快地被原諒。弗蘭納根如此挑剔著葛瑞絲：

> 她和報導她的故事的記者聯手打造了一部三千字的復仇式色情影片。這個故事裡描述的臨場細節並不是為了佐證她的敘述，而是用來傷害和羞辱安薩里。藉由聯手，這兩個女人很可能毀了安薩里的職業生涯。如今，不論男性是做出了怪異還是令人失望的行為，這種毀滅方式都已經成為對所有男性不當性舉止的懲罰。

　　「我們當然很樂意和阿茲再共同製作新一季的《不才專家》
（*Master of None*）。」弗蘭納根的可怕臆測刊出僅僅六個月，網飛
（Netflix）的原創內容部總監辛蒂・荷蘭（Cindy Holland）在談到
安薩里的電視影集時便這麼說[8]，這間串流服務平台後來也製
作了另一個由安薩里主演的脫口秀喜劇特輯。的確。我們會猜
測，換成白人男性，可能會享有更多為他辯護、展現出同理他
心的號召，甚至享有一條更穩固的道路，以獲得大眾的救贖。
另一種可能是如前面所提到的，就像針對艾德・威斯維克的
強暴指控一樣，這類消息甚至可能不會留下太多痕跡，他的黃
金男孩名聲整體來說並未沾上污點。

　　不過，讓我們回到粗魯無禮這件事情上。一個女人怎麼會採取
這麼極端的行動——以這麼根本的方式來違背自己的意願——
只為了避免這個看來微不足道的社會後果呢？然而，我們從社
會和道德心理學瞭解到，在某些社會情境中，隨著文化文本決
定了個人自身舉止，事實上，人們確實經常不遺餘力地去避免
擾亂這些社會情境——尤其當它們來自於某種權威人物的規定
或甚至是建議的時候，更是如此。

　　進行於一九六〇年代早期、知名的米爾格蘭實驗（Milgram

8　Daniel Holloway, "Netflix Wants Aziz Ansari's *Master of None* to Return for Sea-
　　son 3, Originals Chief Says." *Variety,* 2018/07/29, https://variety.com/2018/tv/
　　news/netflix-aziz-ansari-master-of-none-1202889434/

注釋

Experiment）將這件事揭示得最為徹底。在實驗中，實驗者指示參與者對一個看似無辜的男人（實際上他是實驗者的同夥，也是位受過訓練的演員）施行一連串愈來愈強烈的電擊[9]。毫不知情的受試對象和這位男人會面、握手，絕大多數的人說覺得他討人喜歡；受試對象也接受了一次強度為四十五伏特的真實電擊作為樣本，因此他們大約瞭解到，如果這個人在他們的催促下做出不正確的回答，他會遭遇到什麼情況。這項實驗主張要瞭解懲罰對人類記憶力所造成的效果。雖然參與者知道他們正在讓這位「學習者」經歷什麼，但仍有三分之二的受試對象持續全程聽從實驗者的指示，對他們這位不幸的、貌似受害的對象（他持續提供錯誤的答案）施予整套完整的電擊。他們一路提升電擊強度至四百五十伏特，這些按鍵上標示著諸如「注意：重大危險」字樣，而到了最後的一個按鍵，則只有「╳╳╳」的標記。而儘管男人的哀號、哭泣和痛苦尖叫清晰可聞，他哀求他們停止、敲打著牆壁，但實驗參與者仍給予電擊，而到了最後，是令人不安的沉默。雪上加霜的是，男人曾抱怨過自己有心臟問題。

9　Stanley Milgram (1974)。《服從權威：有多少罪惡，假服從之名而行？》（*Obedience to Authority: An Experimental View*）。黃煜文譯。台北：經濟新潮社，二〇一五年。

10　出處同上，頁6。

11 Matthew Hollander, "The Repertoire of Resistance: Non-Compliance with

　　這些實驗的結果如今已眾所周知。但有一件比較沒人知道，且在此脈絡之下提供了我們重要反省的事情是，絕大多數的實驗參與者都顯而易見並發自內心深處地為自己的任務感到痛苦。根據米爾格蘭的說法，雖然他們行動了，但「他們並不同意自己正在做的事[10]。」大多數的人都提出抗議，並試著擺脫這個情況，完全沒有對自己造成的痛苦無動於衷，也不是以一種機械或機器人般的心態在操作，認為自己「只是聽令行事」。在近日一份針對一百一十七名受試對象所做的錄音分析中，百分之九十八的人在實驗過程的某個時間點說出如「我不想」和「我做不到」這類的話[11]。然而，儘管如此，大多數人仍舊被實驗者的催促壓倒，繼續往下進行。這些完成任務的人在這麼做的同時，也用許多方式表現出壓力，包括：流汗、不斷抽菸、哭泣，還有，其中一個案例則是反覆吟誦。

　　這個男人的吟誦內容引人聯想：「事情必須繼續下去；事情必須繼續下去。[12]」這支持了米爾格蘭在其著作《服從權威》（Obedience to Authority）中詳細闡述的論點，也就是，實驗參與者在一種錯誤但強力的**道德義務**下，努力地遵守實驗者的命

Directives in Milgram's 'Obedience' Experiments," *British Journal of Social Psychology* 54: 3 (2015), pp. 425–44.

12 Stanley Milgram (1974)。《服從權威：有多少罪惡，假服從之名而行？》。黃煜文譯。頁9。

令[13]。這並不意謂人們在當下失去了他們的道德良心，而是代表了慢慢灌輸人們一種虛假卻有力、衝突的責任感，好讓他們去遵從一位以實驗者形式出現的臨時權威人物，是很容易的事情：在此案例裡，他是一名身著實驗袍、被宣告是耶魯科學家的男人[14]。實驗參與者以前從來沒有見過這個男人，而且他不會在他們未來的生活裡扮演任何可預見的角色，他們不過是從這樁麻煩事裡獲得了四美金的補償（加上五十分的車資），但大多數的參與者卻仍舊順從了實驗者的希望，把這視為一件**他理當有資格獲得**之事物。當參與者拒絕並試圖暫停實驗過程時，實驗者會依序提出下列催促：

「請繼續。」或「請接著做。」

「這項實驗需要你繼續做下去。」

「你繼續操作對實驗來說是絕對必要的。」

而最後一個訴求則是：

注釋

13 出處同上，頁6。

14 在這個主題上，藉由改變原始條件，可以達到某種程度較低（但仍舊明顯）的服從，例如讓實驗者在康乃狄克州的一個陰暗地下室內進行實驗，且實驗單位沒有跟知名大學有明顯的從屬關係。米爾格蘭操作了許多其他條件，其中某些條件很顯著地影響了實驗結果，例如讓實驗者利用電話傳達指令（這明顯地降低了服從程度），以及讓兩名實驗者彼此爭吵（這會大幅降低服從程度）。出處同上，第六與第八章。另一個會很有趣的條件則是改變實驗者的性別，讓女性權威人物來執行實驗，但就我所知，這件事從未被嘗試過。

「你沒有其他選擇，你**必須**做下去[15]。」

　　有趣的是，最後這道最為高壓的催促，看來也是最沒有效果的，每一個收到這道催促的實驗對象最終都離開了[16]。

　　這些實驗揭示了社會文本的力量，尤其是有權威人物涉入其中之時——當個人必須粗魯無禮地對抗某個對象才能夠逃離特定情境時，社會文本就會更有力[17]。這類情境能夠讓徹頭徹尾的普通人做到這種程度，讓他們去折磨無辜的受害者，就算他們的良心提出了最強烈的抗議。米爾格蘭實驗給我們的教訓不只是人們在這類條件下願意對他人做出什麼事，還包括了人們在這樣的設定下，儘管無意，卻仍願意做出哪些行為。

「請。」哈維‧溫斯坦在兩分鐘內對二十四歲的模特兒安博拉‧古提爾茲（Ambra Gutierrez）說了十一次這句話。這段話被祕密錄下，錄音於二〇一七年年末被公開，促使溫斯坦垮臺[18]。彼

---

15 出處同上，頁21。

16 也有另一種可能是，所有收到第四個催促的實驗參與者當時都已準備離開。然而，文本裡的詮釋也符合其他社會心理學的發現，例如研究顯示，當人們在公車站被陌生人乞討車資，如果他們被乞討者明確告知「你可以自由選擇同意或拒絕」，人們平均會給出兩倍高的金額。參見：Christopher Carpenter, "A Meta-Analysis of the Effectiveness of the 'But You Are Free' Compliance-Gaining Technique," *Communication Studies* 64: 1 (2013), pp. 6–17.

時六十五歲的溫斯坦在前一天撫摸了古提爾茲的胸部——她因此決定報警，並同意警察要她在他們下一次見面時裝上竊聽器。他那次鐵了心要她來自己的旅館房間。他以一種明確帶有脅迫意味的風格開場（溫斯坦：「我現在就告訴你，到這裡來。」接著很快又說：「你必須現在就來這裡。」「不。」古提爾茲這麼回答，迅速並肯定，儘管音質不太清楚），然後溫斯坦突兀又狡詐地轉變了口吻，變得比較像是米爾格蘭實驗裡的第一道催促（他的下一句話是：「拜託啦？」）。隨著他一再重複這句「拜託」（例如：「拜託你來這裡」），古提爾茲愈來愈難提出反對——因為這在社會意義上愈來愈不被期待。因此，溫斯坦表面輕盈但持續不懈地施壓。很顯然，他對古提爾茲不斷加劇的苦惱不只無動於衷，他的意圖就是要如此，好讓她就範。確切來說，對溫斯坦而言，並不是古提爾茲的「不」代表「同意」，而是它不代表任何意義——那只是一個信號，讓他繼續

注釋　17 約翰・薩賓尼（John Sabini）和毛利・席維爾（Maury Silver）針對社會心理學的實驗結果有更一般性的討論，其中包括但不限於米爾格蘭實驗。他們寫道：
我們認為，在社會心理學研究人們令人驚訝和洩氣的行為時，有一條線串起了其中的結果：人們如何想像其他人對特定事件的觀感，會強烈地影響他們對於世界（在服從實驗中是道德世界）的理解。當沒有人挑戰我們時，我們自滿地假設自己會堅守立場，但結果是，當我們必須要對抗來自其他人的觀感（且沒有盟友）時，堅守立場比我們以為的要困難許多。
延續這個主題，當人們在一個情境中必須根據自己想法行事，但這個想

詢問、催促和刺激她的信號。他反覆提醒她自己是誰（「我是個名人」），以及她偏離了什麼樣的劇本（「你現在讓我覺得很尷尬了」）。她拒絕接受指令、她難以共事。

溫斯坦的權力形象——我們甚至不用考慮他有權力做什麼事，只論他在這個情境之下的身分——絕對足以讓他輕易地掠奪許多目標。這類男人除了創造（通常是被核准的）恐懼以外，也會為在社會上身處臣屬位置的女性創造出一種虛假的義務感，倘若不這麼做，這些女性就有可能會抗拒他的出擊。在他對她的身體進行性挾持時，她甚至可能被他說服，成為一個主動的參與者；她從頭到尾都嫌惡這場性行為，但卻被塑造得對於拒絕他一事感到**更加**嫌惡。她最終可能會為了自己，而不是——完全不是——為了**性本身**的緣故，才進行這場她不想要的性行為；她是為了避免負面後果才這麼做，因為女人在社會化的過程裡學會了要規避這些後果。

法與他們想像中的他人看法互相衝突時，人們必須付出的情緒代價是尷尬。必須在這類情境下行事的人感到困惑，並因為預期會感受到尷尬而受到約束，我們認為，這是我們從社會心理學研究中所學到的事。我們也認為，人們並不清楚對尷尬的恐懼可以是一個多麼有力的行為動機。

見：John Sabini and Maury Silver, "Lack of Character? Situationism Critiqued," *Ethics* 115:3 (2005), pp. 559.

18 見："Harvey Weinstein: Full Transcript of the 'Horrifying' Exchange with Ambra Gutierrez," *ABC News*, 2017/10/10, https://www.abc.net.au/news/2017-10-11/harvey-weinstein-full-transcript-of-audio-with-ambra-gutierrez/9037268

溫斯坦把他的另一個目標，艾瑪・德考尼斯（Emma de Caunes）引誘到自己的旅館房間，然後一絲不苟地操作著他的慣用伎倆。當他從淋浴間走出來，要求她和自己一起躺在床上時，她直截了當地拒絕了。他很震驚。「我們什麼都沒做啊！」她記得他如此驚呼。他試著說服她這個場景很浪漫，「就好像在迪士尼電影裡！」他這麼說（他的另一名受害者說他的手段是「很爛的童話故事」）。德考尼斯打起精神：「我看著他，然後我開口——用盡了我所有的勇氣，但我說：『我一直都很討厭迪士尼電影。』接著我就離開了，並用力把門甩上。」儘管如此，她還是心煩意亂、全身顫抖、驚嚇無比[19]。

也並不是只有高度享有特權的男人才有辦法操作這種權力，這樣的事情每天都在發生，它們也發生在婚姻關係中。在一篇近日刊登於網站 VOX 的文章裡，一名女子寫下她口中「自己最深層、最黑暗的真心話」，而她是在一次婚姻諮商時才總算說出這件事：整整八年的婚姻生活中，她一直覺得自己在性上面被丈夫侵犯[20]。「這些我不想要的性行為有時讓我噁心。」她描述，「有一次我不得不直接從床上衝到浴室裡，然後對著

19 Ronan Farrow, "From Aggressive Overtures to Sexual Assault: Harvey Weinstein's Accusers Tell Their Stories," *The New Yorker,* 2017/10/10, https://www.newyorker.com/news/news-desk/from-aggressive-overtures-to-sexual-assault-harvey-weinsteins-accusers-tell-their-stories

當然，在本章的脈絡下，我在討論溫斯坦事件時，著重在性脅迫的「軟性」層面，以及它和男性如何認定自己有資格獲得性與同意一事之間的關聯，但

馬桶嘔吐。」但在那次諮商晤談後的十五年間，她還是幾乎無法承認這些糟糕的事實。她害怕告訴丈夫自己不想要和他發生性行為；她害怕拒絕他；她甚至害怕對自己承認正在發生的事。於是，她寫道，「我轉而討價還價，盡可能讓自己從性行為裡脫身。當我病得夠嚴重，因而有權利拒絕他時，我洋洋得意，」儘管「我理智上知道自己有資格拒絕性行為」，隨時都可以。當她擺脫不掉時，她就讓丈夫和她做，自己則靠著讀書來分心。但她倒是對他的親吻說了不，「規則就是那樣：你可以上我，但你不能親我，然後我不必假裝自己喜歡這件事。這讓他滿意。」她接著說道：

> 我不得不屈服於和一個男人發生性行為，然後這個男人知道我不想要這麼做、知道我因為我們之間缺少情感連結而感到深深的痛苦，他知道（他曾經被明確告知過）這像一種侵犯，這件事情打破了我內在的某個部分。他依然可以享受這個我不想要的性行為，並從中獲得情感上的滿足。認知到這件事，粉碎了我對我們婚姻的看法。我覺得

讀者的注意力不該從其他高度可信的證據上轉移，這些證據指出溫斯坦性侵多名受害者，他因此在二〇二〇年二月時被判以強暴和犯罪性行為的罪名。

20 Anonymous, "We Need to Talk About Sexual Assault in Marriage," *Vox*, 2018/03/08, https://www.vox.com/first-person/2018/3/8/17087628/sexual-assault-marriage-metoo

自己像是一個性玩偶，我覺得我不再是我自己。

但我責怪我自己。

直到MeToo運動期間，這位作者早已離開丈夫許久之後，她才再次開始思索這件事。她寫道：

當我目睹這麼多人因為女人遭到羞辱、脅迫，並在這麼多不同脈絡下被強迫接受性行為而憤怒時……我納悶：我的丈夫怎麼能在聽到我說那些話〔我覺得在性上面受他侵犯〕的時候——就算他只聽過一次、就算我說得膽怯——還是能在晚上睡得很好，更別提還繼續堅持和我上床？

我的答案，當然了，是因為資格感。但這個故事接著展現的是，對一個女人來說，當她已經為了男性的利益而內化這份資格感、亦即認定他們可以獲得性時，要去抗拒這種認定，會是多麼困難的事情。「當代價是他人的痛苦時，你要如何主張自己的主體性？」這位作者問道。在寫作的此刻，我對這個問題仍沒有一個真正的答案。

最打擊人的消息是什麼呢？這位匿名的作者是一位人文學科教授，固定在課堂上講授女性主義理論，但她坦承：「所有我讀過的女性主義文本都沒辦法壓過我從社會上和流行文化裡吸收到的內容，那就是，不論我自己的感受是什麼，滿足我的

丈夫都是我的責任。」

女人擔憂著可怕的社會後果——包括職場上的報復與婚姻失和，除此之外，她們也可能因為拒絕了那些認為自己不只有資格獲得她付出性，還有資格獲得她的積極同意跟參與的男人，而體驗到強烈的內疚和羞恥感。

由此看來，凱特琳·弗蘭納根憂心阿茲·安薩里受到羞辱，她的這份憂心是莫名（卻又典型）地偏頗。在這件事情上，一個讓男人心願受挫的女人往往才是在事後感到羞恥和羞辱的一方，而這些痛苦的情緒便可能足以確保她的沉默[21]。

基本上，這就是演員莎瑪·海耶克（Salma Hayek）於《紐約時報》強而有力的投書中針對哈維·溫斯坦所敘述的內容，在這篇文章裡，她打破長久的沉默，談論了溫斯坦對她的殘酷對待[22]。溫斯坦讓海耶克的創意夢想看似可被實現，他讓她以為自己某天可以成為大人物，但接著，在她不能滿足他時，他殘

---

21 在註釋20引用的 *VOX* 一文中，作者不只提到和丈夫談論她的經驗有多痛苦，還說到：「幾乎每一個和我討論過這個主題的女人，都分享過如何在婚姻裡忍受不想要的性，包括她們自己的、朋友的經驗，或是都有。」然而，她也正確點出：這類敘事很難被聽到（甚至她自己的故事都是以匿名書寫，而這也是可以理解的）。

22 Salma Hayek, "Harvey Weinstein Is My Monster Too," *The New York Times*, 2017/12/12, https://www.nytimes.com/interactive/2017/12/13/opinion/con-tributors/salma-hayek-harvey-weinstein.html

酷、報復性地對她大肆抨擊。當她對溫斯坦說了不，尤其是拒絕跟他發生性行為時，他把她當作無名小卒般對待。他貶低她，並威脅要殺了她；性脅迫只是他眾多武器裡的其中一項[23]。

根據海耶克的敘述，當她未能為溫斯坦扮演一個夠性感的芙烈達・卡蘿（Frida Kahlo）時[i]，這位知名製片人勃然大怒。受挫的他就這樣爆發了：他孤立並羞辱她，然後強迫她上空演出一幕性愛場景，而她的身體對此發出了抗議。她寫到，自己感到恐慌、嘔吐，然後想到他的眼神在她赤裸的身體上打轉時，她哭了——這是羞恥感發自內心深處的表現，而這類男人經常將此當成武器來打擊女人。

然而，再一次的，並不是只有像溫斯坦這種有權力的男人才有辦法這麼做（但不可否認的是，有權力者在此確實擁有額外的籌碼）。也有些人覺得自己有資格獲得他人的付出跟給予，然而卻因為生活整體上的表現，或特別是女性對他們的反應，而感到委屈怨懟、氣餒與失望。克莉絲汀・魯本尼恩的主角羅伯特就是這樣的例子，他被描寫成一個有點一蹶不振又

---

23 我在此引用了自己的文章，見："Salma Hayek Was Destroyed by the Same Shame That Protected Harvey Weinstein," *Newsweek,* 2017/12/14, https://www.newsweek.com/salma-hayek-shame-harvey-weinstein-748377。

i 譯註：莎瑪・海耶克在二〇〇二年的電影《揮灑烈愛》（*Frida*）中，扮演墨西哥傳奇畫家芙烈達・卡蘿，該電影由溫斯坦擔任製片人。

24 儘管這些是虛構的事例，但它們卻證實了，不論我們所討論的社會動力是否經常成為現實事例，它們確實是清晰可見的，而這是我為了當前論述目的所

容易受傷的人。另一個例子則是HBO電視影集《女孩我最大》（*Girls*）裡的角色查克・帕摩爾（Chuck Palmer）[24]，在二〇一七年年初播出的〈美國賤人〉（American Bitch）這集裡，漢娜・霍爾瓦斯（Hannah Horvath）前往這位飽受讚譽的中年作家的公寓。帕摩爾曾被指控，在駐校訪問全國的大學校園、講授大學部和碩士課程時，他濫用自己的明星光環，和大學部學生上床。我們並不清楚這些性行為是不是合意的，而事實上，那正是關鍵之一。這類男人被認定有獲得同意的資格，但在這樣的一個文化裡，在這種時刻，同意與否並非唯一一個需要被提出的問題，因為重點是他們在倫理上可能必須擔負什麼樣的責任[25]。沒錯，儘管無人刻意為之，但合意／不合意之間的區別已經逐漸成為預設的標記，劃出合法和犯罪性行為之間的界線，然而，符合倫理的性，不單單等於不做出犯罪行為而已；同樣的道理也適用於人類生活和道德品性中的大多數層面，比如說，誠實，代表的不只是不行騙、不偷盜、不竊取。

戲中，漢娜（由《女孩我最大》的原創者莉娜・丹恩〔Lena

需要的論點。（事實上，我確實揣測有許多人會在這些描述中指認出自己的經驗，但不可否認的是，這只是推論。）

25 我在此引用了自己的文章，見："Good Girls: How Powerful Men Get Away with Sexual Predation," *HuffPost*, 2017/03/24, https://www.huffpost.com/entry/good-girls-or-why-powerful-men-get-to-keep-on-behaving_b_58d5b420e4b0f633072b37c3

Dunham〕飾演）自己也是作家，她二十七歲，比帕摩爾年輕許多，且尚未成名。漢娜曾以帕摩爾的輕率言行（他是這麼看待這些事情的）為題材，在一個默默無名的女性主義網站上寫作。儘管帕摩爾在年紀和專業地位上占有優勢，但他卻把自己視為漢娜的受害者，並且認為自己很有可能被整體年輕女性的權力所傷害，藉由披露他的性剝削**確實就是**剝削行為，她們如今被賦予了權力，以此摧毀他的名聲。很明顯的，這就是他之所以為什麼要邀請漢娜去到他奢華、有品味、位於曼哈頓的家中：為了告訴她自己這一方的故事，有如一個受焦慮所折磨、被社會拋棄的賤民。

「不是強暴，不完全是，但儘管如此仍是令人不快的，非常地令人不快。」柯慈的小說《屈辱》（*Disgrace*）裡的角色，五十二歲的教授大衛・魯睿（David Lurie）如此描述他和二十二歲的女學生梅蘭妮之間的性。「彷彿她決定要變得遲鈍，在這段過程中讓自己的內在死亡，就彷彿一隻兔子的頸子被狐狸咬上時一樣[26]。」梅蘭妮出於自願地做出了動作——她甚至抬起自己的臀部，好讓大衛脫下她的衣服——但這卻並非出於她的自由意志。那天下午，當大衛敲她的門、讓穿著拖鞋的她嚇了一跳時，她被放逐到了一個文化文本裡，在那其中，一個男人的性欲具

26 J. M. Coetzee (1999)。《屈辱》（*Disgrace*）。孟祥森譯。台北：天下文化，二〇〇〇年。頁23。

有格外高的倫理重要性。

梅蘭妮必須得讓自己的意志如鋼鐵般堅硬才有可能抵抗大衛——後者很快就會因為他的不當性舉止和後續不悔改的態度而蒙羞，並被迫從大學辭職。但梅蘭妮的反應與此相反，她喪失了力氣。她措手不及，她僵住了。

這讓這場性行為不太算是強暴。但在此其中有個什麼，讓整件事在道德上令人作嘔、甚至連大衛本人也如此覺得——在離開梅蘭妮的公寓後，大衛趴在自己的方向盤上對抗著洩氣與羞恥的感受——大衛很清楚，假如梅蘭妮有準備好回擊他的突襲，這就有可能是強暴。更精準地說，假如梅蘭妮當時有更多的主體性，並更加意識到自己有資格拒絕大衛的話，她很有可能就會說不。而心知肚明的大衛顯然藉此占到了便宜（這是個老派的說詞，但儘管如此，在此卻很有用）。

情況照此往下走，當大衛抵達時，「什麼都阻止不了他」，而她甚至連試都不試。「她唯一做的事就是轉開——轉開自己的唇、轉開自己的眼。」她轉過身，然後把自己移除——「如此一來，所有發生在她身上的事，就會照它們所呈現的，都顯得遙遠。[27]」於是他對她為所欲為：這是他的小死、他的復活。

之後，梅蘭妮突然來到大衛的家門前，詢問自己可不可以和他一起住。有一段時間，她帶著明顯可見的熱情在他的生活

---

27 出處同上。

中扮演著她的角色，彷彿想要改寫第一次在她公寓裡發生的醜陋和暴力。但「當他們在一起時，就他們在一起的樣子，他是引導的那方，而她是跟隨者。讓他別忘了這件事。」他對自己說[28]，他的言詞聽來空洞。

這種核心欲望的缺席、這場性的米爾格蘭實驗、這類人們在相關領域面對被文化指派的權威人物時，所展現出的服從——它的範圍也超越了性。最明顯的是，它會延伸到其他形式的粗暴對待上，它們不見得和性有關，但卻仍是某人專屬且專橫的。當十一歲的漢娜·霍爾瓦斯遭遇了英文老師拉斯奇先生過分熱情的對待與毛手毛腳（讓我再次使用一個老派但引人聯想的措辭）時，她使用了和梅蘭妮類似的被動態度來回應。漢娜說她不介意、甚至說她喜歡這樣：但卻是為了錯誤的理由、在錯誤的時刻、以錯誤的方式喜歡（用亞里斯多德的名言反過來說）。她對著查克·帕摩爾回憶：

> 他喜歡我，對我印象深刻。我進行了一些特別的創意寫作，寫了一部短短的小說，之類的。有時候當他在課堂上說話時，他會站在我身後，然後他會摸我的脖子，有時他會摸我的頭，摩擦我的頭髮。而我並不在意。那讓我感到

---

28 出處同上，頁28。

與眾不同，那讓我覺得某個人看到了我，他們知道我將會長大，而且會變得非常、非常特別……總而言之，我去年在布許維克（Bushwick）參加了一場倉庫派對，然後某個傢伙走到我面前，對著我說：「〔漢娜〕霍爾瓦斯，我們讀同一所中學，東蘭馨中學！」我說：「喔我的天啊，你記得拉斯奇老師的課有多瘋狂嗎？他根本就是在對我性騷擾。」你知道這孩子說什麼嗎？他在這場該死的派對的正中央看著我，彷彿他是法官，然後他說，「那是非常嚴重的指控，漢娜。」然後他就走開了。

現在再看看，當大衛面對梅蘭妮最後的指控時，他那同樣遲緩且帶有評判意味的反應；他不僅築起防禦，更表現出深深的輕蔑、強烈的紆尊降貴之姿：

虐待：他在等著這個字眼出現。以一種自以為正義的顫抖聲音被說出來。當她看著他時，她是看到了什麼，才讓她一直處於這種程度的憤怒中？一群無助小魚中的鯊魚？還是她有另一種版本：一個骨架粗大的男性逼近一個幼女，一隻大手遏制了她的哭泣？多荒謬！然後他想起來了：昨天他們聚在同一間房間裡……〔然後〕梅蘭妮幾乎不〔及〕他的肩膀。不平等：他如何能夠否認這點[29]？

確實，大衛怎麼能夠否認他們之間的權力失衡呢？但最終讓他肯定這點的基礎——身高——卻是令人惱火地沒什麼關聯。與之有關的不平等，是父權文化的產物，以及當女孩和女人抗拒與挑戰男性權威人物的意志時，隨之而生的威脅跟懲罰。因此，一種把厭女情結內化的特殊形式出現了：女人因為沒有保護那些錯待了自己的男人，而時常感受到羞恥和內疚感。我們不想傷害他或讓他失望；我們想當好女孩。

在前面提到的那集《女孩我最大》裡，查克・帕摩爾很快就吸引了漢娜，並削弱了她的防禦心。在他們站著交換故事時，她從他的書架上抽下一本書：菲利浦・羅斯（Philip Roth）的《當她是好女人的時候》（When She Was Good）。漢娜說，儘管羅斯有厭女情結，但她仍喜歡這本小說、喜愛羅斯；漢娜告訴帕摩爾，這本書有另一個書名：《美國賤人》（American Bitch）。他當場把自己這本簽名書給她，小小地獎勵她沒有當一個美國賤人。

下一幕裡，帕摩爾躺到床上，叫漢娜躺在他身邊；他只是想要和某人感覺親密，他睡不好，他很孤獨。他背對著她躺下，兩人都衣著整齊，突然，他不請自來且毫無預兆地轉過身，牛仔褲的拉鍊被拉開，然後他用半勃起的陰莖摩擦她的大腿。他渴盼著——而漢娜出於直覺地伸出手來幫他自慰。接著她跳起

---

29 出處同上，頁53。

來，反覆大喊：「我摸了你的屄！」她覺得非常羞辱。

當漢娜站在那裡大喊時，查克·帕摩爾譏諷、甚至殘酷地露齒而笑。他贏了，而他清楚這一點。她來到他的公寓，為了要和他對質他的性掠奪行為，而他對她示範事情是怎麼發生的，並同時打擊了她，還獲得了他想要的東西。同時，她則被留在無力、噁心、混亂的狀態裡。

CHAPTER

（ 5 ）

能力不足的女人——
男人享有醫療照護的資格感
Incompetent – On the Entitlement of Medical Care

　　身為社會學家、同時也是作家的崔西‧麥克米蘭‧卡頓
（Tressie McMillan Cottom）在懷孕四個月時開始出血；她那時在
工作，當她順利在截稿期限前交稿後，她打電話請丈夫來接
她。她不帶感情地說：「當你是一個黑人女人時，你的身體就
已經讓辦公室政治夠複雜的了，倘若你的身體又正在流血且腹
部隆起，那情況就更嚴重[1]。」

　　麥克米蘭‧卡頓前往婦科診所看診。她解釋，自己之所以
選擇這間診所，是根據「如何選擇一間好學校或如何選擇去哪
間T. J. Maxx[i]的粗糙定義下的文化地理學：假如這間學校或店
家坐落在城鎮裡以白人居民為主的富裕區段，那它勢必是好

1　Tressie McMillan Cottom, *Thick: And Other Essays* (New York: New Press, 2019), p. 82.

i　譯註：T.J. Maxx是美國一間大型的連鎖折扣百貨。

的[2]」。但這個選擇不好，至少對她這個黑人女人而言並不好。

　　儘管麥克米蘭・卡頓事前打過電話告知診所員工自己的情況，她仍得坐在那等候許久，久到她流的血都滲到了等候室的椅子上。當她的先生詢問院方她能不能在更隱密的地方等候時，護理師「警覺地看著椅子」，最後負責問診的醫師「對她說明，〔她〕可能只是太胖了，有血污是正常的[3]」，然後讓她回家。

　　麥克米蘭・卡頓的疼痛在那晚真正開始，「就在臀部後方的肌肉，並延伸到兩側。」她先是散步、伸展，並打電話給自己的母親，最後她終於致電護理師，護理師認為是便祕造成了她的疼痛，因此並未理會[4]。

　　麥克米蘭・卡頓的疼痛持續了三天。將近七十個小時的時間，她沒有一次睡著超過十五分鐘。她去醫院時，他們責備她可能是吃了對她「不好」的東西，然後不情願地同意幫她做超音波檢查。結果發現，麥克米蘭・卡頓這一路以來都在經歷分娩的疼痛，但這些疼痛因為位置「不對」而被低估。麥克米蘭・卡頓寫下：

　　　〔超音波〕影像顯示出三個胚胎，但我只懷了一個，另

2　出處同上。
3　出處同上，頁83。
4　出處同上。

外兩個是腫瘤，比嬰兒還大，而且絕對不是我吃下去的東西。醫師轉頭對我說：「假如你順利熬過今晚沒有早產的話，我會很驚訝。」留下這句話後他便離開了，而我住進產科病房。最後，一個晚班護理師說，我已經分娩三天了，「你應該先說點什麼的。」她訓斥我[5]。

麥克米蘭・卡頓的苦難遠遠還沒完。因為醫護人員認為她的疼痛沒有嚴重到需要麻醉劑的程度，所以她無法獲得止痛藥；當她被推進產房時，她時而有意識，時而沒有。事實上，她的疼痛嚴重到她一度在清醒過來之後大喊「他媽的混蛋」，然後值班的護理師叫她注意言詞。她要求注射硬膜外麻醉，而當麻醉師終於前來時，他的反應稱不上同情，甚至算不上是專業的冷淡。相反的，麥克米蘭・卡頓回想道：「他瞪著我，然後說如果我不保持安靜，他就會離開，我也不會獲得任何止痛藥物。」接下來：

就在一陣陣痛到達頂點時，針頭刺入了我的脊椎，我極力試著保持靜止與安靜，這樣他才不會把我拋下。注射的三十秒後，我在頭碰到枕頭前昏了過去[6]。

5　出處同上，頁83-84。
6　出處同上，頁84-85。

　　麥克米蘭‧卡頓生下了她幾乎沒了呼吸的女兒，並被告知嬰孩出生的時間早了四天，導致醫院無法提供任何醫療處遇[ii]。孩子在不久後死亡。麥克米蘭‧卡頓抱著她的女兒，並請教護理師要如何處理遺體，護理師轉頭看著她說：「跟你說一聲，我們當時也無能為力，因為你沒有跟我們說你在分娩[7]。」

根據近期估計，美國國內的黑人女性死於懷孕或生產的機率大約是白人女性的三到四倍之高[8]。光是相對貧窮這點並無法解釋這些黑人女性驚人的生產死亡率數據[9]，而多虧了如麥克米蘭‧卡頓和琳達‧維拉羅莎（Linda Villarosa）等作者的知識勞動，這些數據總算也開始在自由派白人圈子裡獲得討論[10]。網球巨星小威廉絲（Serena Williams）的悲慘經驗也是因素之一——醫

注釋

ii　編註：無法提供醫療處遇的理由不明，但有一個可能是卡頓的嬰兒屬於極早期早產兒（extremely preterm birth，WHO的定義是介於二十二至二十六週之間，台灣的定義是二十八週以下），而某些醫療機構會基於「不傷害」（do no harm）的原則拒絕檢查極早期早產兒，因為嬰兒可能存在永久性的健康問題。或許是卡頓就醫的醫院相關政策規定，導致早了四天出生便無法讓嬰兒得到醫療處遇。

7　出處同上，頁85。

8　疾病管制與預防中心，懷孕死亡率監測系統，見：https://www.cdc.gov/reproductivehealth/maternalinfanthealth/pregnancy-mortality-surveillance-system.htm。

9　一份近期針對紐約市生育情況的分析發現，「大專教育程度、在地區醫院生產的黑人母親比起高中未畢業的白人女性更容易因為懷孕和生產而產生嚴

護人員一開始無視她對自身血栓病史的說明，或至少是低估了這個因素——害她差點在產後死亡[11]。當然，這些意識的提升不僅有益，而且早就該發生了，但它也必須被延伸到生產照護以外的領域上。麥克米蘭・卡頓在她的論文〈渴望勝任〉（Dying to Be Competent）中描述並分析了前述經驗；她提出了至關重要的解釋，闡明黑人女性多麼普遍又深刻地經驗到失格的健康照護，不論她們是否懷孕。如同麥克米蘭・卡頓所寫：

> 在我試圖取得醫療照護時，這個結構裡的每一個地方都假設我是無能的，藉此來把我過濾掉……健康照護體系沒有辦法把我想像成一個有能力的人，所以它忽略並無視我，直到我變得無能。疼痛讓理性思考發生短路，它可以

重的併發症。」該分析也補充，最高教育程度這個變項可以相對有效地被用來預測收入。見：New York City Department of Health and Mental Hygiene, *Severe Maternal Morbidity in New York City, 2008–2012* (New York, 2016), https://www1.nyc.gov/assets/doh/downloads/pdf/data/maternal-morbidity-report-08-12.pdf。

10 見：Linda Villarosa, "Why America's Black Mothers and Babies Are in a Life-or-Death Crisis," *The New York Times,* 2018/04/11, https://www.nytimes.com/2018/04/11/magazine/black-mothers-babies-death-maternal-mortality.html。

11 Maya Salam, "For Serena Williams, Childbirth Was a Harrowing Ordeal. She's Not Alone," *The New York Times,* 2018/01/11, https://www.nytimes.com/2018/01/11/sports/tennis/serena-williams-baby-vogue.html

改變你對現實的所有感知……當醫療專業領域系統性地否
認黑人女性的疼痛、未能切實診斷我們的疼痛、拒絕緩解
或治療我們的疼痛，健康照護體系把我標記成無能的官僚
制度下的主體[12]。

當然，反之亦然：如果一個人被標記成沒有能力的，他的
疼痛就有可能比較不被當一回事。一般說來，女人，尤其是黑
人女人，經常遭遇到醫療專業人員認為她們歇斯底里的情況，
並進而以懷疑的態度治療她們的疼痛。

在醫療研究者黛安・霍夫曼（Diane E. Hoffmann）和安妮塔・
塔錫安（Anita Tarzian）深具開創性且被廣為引用的論文〈呼喊疼
痛的女孩〉（The Girl Who Cried Pain）中，她們檢視相關文獻，以
瞭解疼痛經驗與治療過程中的性別不平等。她們發現，在進行
包括腹部手術、冠狀動脈繞道手術與闌尾切除手術等幾項痛苦
的醫療處置時，男病患獲得比女病患更多的止痛藥物（在有必

注
釋

12 Cottom, *Thick,* p. 85–86.
13 等女人被轉介到這間疼痛專科診所時，她們已經比男性同儕忍受了更長時
間的疼痛，她們的年紀也較長。在另一項疼痛診所的研究中，女人比較有
可能被專科醫師轉介到該間診所，而男人則較常被全科醫師轉介。霍夫曼
和塔錫安指出，「這些結果顯示，在和醫護人員的初期互動中，女人會受到
懷疑，並遭遇其他障礙。」見：Diane E. Hoffmann and Anita J. Tarzian, "The
Girl Who Cried Pain: A Bias Against Women in the Treatment of Pain," *Journal
of Law, Medicine and Ethics* 29 (2001), p. 17.

要時，體重變項會獲得控制）。而在這些醫療處置的最後一項裡，女人比較有可能獲得鎮靜劑，而非止痛藥物。在一項研究裡，疼痛治療診所的女病患被給予的處方是「比男病患更多的輕微鎮定劑、抗憂鬱藥物，與非鴉片類止痛藥；男病患則得到比女病患更多的鴉片類藥物[13]」。這些趨勢也不僅限於成年病患，當男孩與女孩分別接受手術，並於術後抱怨疼痛，男孩有明顯較高的可能性會被給予可待因，而女孩則會拿到乙醯氨酚類藥物[iii]（〔acetaminophen〕一種在美國以泰諾〔Tylenol〕為藥名銷售的輕微非處方止痛藥[14]）。

　　儘管事實正如霍夫曼和塔錫安所詳細討論到的，某些證據指出，在同樣的有害刺激下，女人可能往往比男人感受到稍微**更多**的疼痛———一個標準的測試方式是讓人把手放到非常冰冷的水中———因此會需要更強而有力的疼痛管理，但上述的情況卻仍舊出現了。還有許多自體免疫疾病和婦科疾病也令人非常痛苦，且這些疾病的病患群體中，大多數或絕大多數是女孩和

---

iii 譯註：Codeine 為成分含鴉片的鎮痛止咳劑，而普拿疼即屬於乙醯氨酚類止痛藥。

14 當然，考量到國內的鴉片危機，在某些情況下，獲得鴉片鎮靜劑作為緩和疼痛的藥物，最多只能算是一個令人五味雜陳的祝福。然而，本段的重點僅僅是要指出，在考量成癮風險後，不論最佳的臨床治療手段是什麼，給予男孩和男人處方鴉片鎮靜劑，而非其他不屬於麻醉類、可以輕易取得的非處方止痛藥，這件事都顯示了男性的痛苦會比女性的痛苦受到更認真的對待。

女人（婦科疾病的病例裡也包含了某些跨性別和非二元性別病患），因此，霍夫曼和塔錫安寫道：

> 有鑑於女人更頻繁地體驗到疼痛，〔也〕對疼痛更敏感……一個看來恰當的作法是，她們至少應該獲得和男人一樣徹底的治療，而且她們對疼痛的陳述應該要被認真看待。但資料顯示情況並非如此。比起男人，當尋求協助的女人陳述疼痛時，她們比較少被認真對待，她們的疼痛也比較少獲得適當的治療[15]。

除此之外，研究者表示，醫療文獻傾向將女人描述成「歇斯底里和情緒化」，導致她們獲得更多心身性疾病的診斷，也更常被看作是情緒不穩定的。因此，和男性病患相比，女性的慢性疼痛病患更可能得到「戲劇化人格違常」（histrionic disorder）（定義是「過度」情緒化和爭取注意力的行為）的診斷[16]。

霍夫曼和塔錫安這篇具有重大時代意義的文章發表於二

注釋

15 Hoffmann and Tarzian, "The Girl Who Cried Pain," p. 19.

16 出處同上，頁20。

17 Anke Samulowitz, Ida Gremyr, Erik Eriksson, and Gunnel Hensing, "'Brave Men' and 'Emotional Women': A Theory-Guided Literature Review on Gender Bias in Health Care and Gendered Norms Towards Patients with Chronic Pain," *Pain Research and Management* 2018 (2018), p. 10.

同樣的，針對急診室治療這個主題，卡洛琳・克里亞朵・佩雷茲寫道：「一

○○一年，而我們可能會希望，在這期間，情況已經有所改善。但一份二○一八年針對近期（發表於二○○一年至二○一五年間）研究所做的調查打破了這份希望，在調查中，安可・塞姆洛維茲（Anke Samulowitz）和共同作者發現：

> 和男人比起來，女人得到比較少、也比較沒有效的疼痛緩和藥物、鴉片含量比較少的止痛藥物，以及比較多抗憂鬱劑和精神健康處遇的轉介……一項重大發現是，在回顧的文獻中，研究者會從心理學角度分析女人的疼痛……女人對疼痛的陳述比較不被認真看待，她們的疼痛感受被貶低成是精神性的，或根本不存在，而和給予男人的治療相比，她們獲得的藥物也較為不足[17]。

因此，整體來說，作者提出結論：「回顧的文獻展示了〔醫療〕互動及處方藥物中的性別偏見。在這些研究中，男人和女人在治療上的差異無法用不同的醫療需求來解釋[18]。」

份美國國家醫學院在二○一一年時針對長期痛症所出版的著作指出，〔自一九九○年代到二○○○年間〕沒有太多改變，受疼痛所苦的女人會面臨『耗費過長時間才能獲得正確診斷，而且常沒有受到正確治療，或者治療的方式未經證實有效』，以及來自醫療系統的『忽視、敷衍和歧視』。」見：Caroline Criado Perez, *Invisible Women: Data Bias in a World Designed for Men* (New York: Abrams, 2019), p. 228.

18 Samulowitz et al., p. 8.

　　塞姆洛維茲和同僚發現，當醫護專業人員遇到如纖維肌痛症〔〔Fibromyalgia〕該疾病主要影響女人〕這類沒有明顯生理性標誌的病況時，他們特別不願意相信女人對疼痛的陳述[19]。整體而言，如果問題涉及這類病況，「當女人說起她們和臨床醫護互動的經驗時，其描述顯示了……在醫療互動中，女人必須要多麼努力才能夠被認真看待、被相信、被理解[20]。」此外，一般說來，「遭遇疼痛的女人可能被看作是歇斯底里、情緒化、愛抱怨、不想康復的裝病者，她們杜撰自己的疼痛感受，好像這一切都只是她們想像出來的。其他研究則指出，承受慢性疼痛的女人……她們的疼痛會被歸咎於心身性〔而〕非身體性的原因。」與此同時，「男人則有著堅忍的形象，會忍受疼痛，〔並且〕否認疼痛。更進一步，男人被描述成自主的，掌控情況的、逃避尋求健康照護，〔並且〕不談論疼痛的感受[21]。」

　　如我們所見，事實上，某些證據指出，在相同的有害刺激下，女人平均來說可能比男人體驗到更多的疼痛。但這並沒有處理到男人是否比女人更堅忍的問題——換句話說，他們是否就是可以更輕易地咬牙挺過等量的疼痛？假如有確實的證據可以支持這項假設，那麼醫護人員便可能可以合理地相信，當一

19 在一項調查中，受訪的醫護人員認為纖維肌痛症病患是耗費時間又令人沮喪的裝病者，臨床工作者甚至認為某些病患應該為自己的疼痛負責。出處同上，頁5。
20 出處同上，頁7。

個男人抱怨他受疼痛所苦時，他想必**真的很痛**——或他確實感受到很強烈的疼痛，遠超出了他的疼痛描述所指出的程度。

然而，男孩和男人相對堅忍且不會表達疼痛的這個說法儘管受人歡迎，卻似乎沒有可靠的實證基礎。確實，某些研究顯示，平均而言，女人比男人更常諮詢醫護人員，尤其在她們處於生育年齡時，更是如此。但這項附加條件也指出，她們可能確實也擁有更多諮詢的**理由**——例如正處於孕期。因此，正如研究者凱特·杭特（Kate Hunt）與其同事所點出的，這使得我們尚且無法回答，**針對痛苦程度相當的病況**，女人是否比男人更傾向於尋求醫療建議。他們的論文旨在透過比較男人和女人因頭痛與背痛而諮詢醫護人員的比例，試著著手回答這個問題。他們發現，只有「微弱且不一致」的證據證明，女人比男人更常因為背痛而諮詢醫護人員，而指出女人比男人更常因為頭痛進行諮詢的證據則「稍微有力一些……但絕不是完全一致[22]。」

杭特和協同作者承認，幾項質化研究**確實**顯示出男人經常以言語表達他們不願意向醫護人員尋求協助。然而，研究者也接著指出，大多數研究並不是比較型研究：它們並未顯示出男人比起女性同伴來說比較不願意尋求協助[23]。儘管缺少數據資

---

21 出處同上，頁5。

22 Kate Hunt, Joy Adamson, Catherine Hewitt, and Irwin Nazareth, "Do Women Consult More Than Men? A Review of Gender and Consultation for Back Pain and Headache," *Journal of Health Services Research and Policy* 16:2 (2011), p. 108–13.

料,「但仍有一種危險(且往往隱晦)的趨勢,人們會去假設,假如男人會運用公開的、不願尋求協助的態度來作為一項重要的工具,以展現自己的陽剛氣概,那麼這勢必就暗示了,女人並沒有不願意尋求協助[24]。」但女人確實可能為了不同的原因而不願尋求醫療協助(舉例來說,不是因為不願意承認自己的弱點,而是因為假設自己不會被認真看待),因此,就如杭特和協同作者所寫的:「比起女人,男人比較不樂意諮詢醫護人員,這項普遍的假設需要在實證層面上被挑戰與查證,被駁斥或修正」,以避免把不正義延續下去。他們觀察到:

當男人對健康照護體系的「使用不足」被打造成一個社會問題時,此處有一個危險在於它會強化另一個相對的假設,亦即女人過度使用健康照護、太急切或太常諮詢醫護人員,且有時是為了一些輕微的、不看醫生也會好的(self-limiting),或是可以透過自我管理而痊癒的症狀[25]。

除此之外:

注
釋

23 出處同上,頁109。
24 出處同上,頁116。
25 出處同上,頁109
26 出處同上,頁116。
27 見:Lindsey L. Cohen, Jean Cobb, and Sarah R. Martin, "Gender Biases in

　　女人會更欣然立即地為了所有症狀或病況諮詢醫護人員，而男人則比較不願意這麼做，或會選擇拖延，這個經常沒有受到挑戰但卻普遍存在的預設可能會導致醫護人員假定，在決定來諮詢之前，女人的症狀較為輕微[26]。

　　換句話說，從另一個角度出發，男性性格堅忍這個看法可能是另一類觀點的反面，也就是女人比較有可能抱怨相對微不足道之事。如此一來，這項假設不過就是一種普遍性別偏見的另一面向。

　　其他證據強化了這項假設：早在社會化過程有可能讓男孩感到猶豫不定、不願充分表達自己的疼痛狀態之前，人們就已經比較認真地看待男性喊痛，勝過於女性。兩項近期的研究顯示，當人們觀看哭泣嬰兒的影像時（嬰兒穿著性別中立的衣服），如果他們被告知嬰兒是男孩而非女孩，他們會傾向於評估嬰兒經歷了更強烈的疼痛感受[27]。研究者指出，一個可以恰當地解釋這個發現的因素是，實驗參與者抱持著「男孩比較堅忍」而「女孩比較會表達情緒」的固有看法[28]。但請留意，在此案例中，

Adult Ratings of Pediatric Pain," *Children's Health Care* 43:2 (2014), p. 87–95，以及 Brian D. Earp, Joshua T. Monrad, Marianne LaFrance, John A. Bargh, Lindsey L. Cohen, and Jennifer A. Richeson, "Gender Bias in Pediatric Pain Assessment," *Journal of Pediatric Psychology* 44: 4 (2019), p. 403–14.

這個看法本身其實相當不合情理，因為如此一來，這項性別差異就必須被歸為自然天生，而非環境因素──不只如此，男孩還必須從嬰兒期起就進入一組標準設定，讓他們比起女孩而言更不積極地表達自己的疼痛感受[29]。而就算這個看法最後確實被證明是真的，我們目前也還沒有確鑿的證據證明它是真的。這說明了，人們會把男孩喊痛的行為當成疼痛感受比較強烈的象徵，但這個被記錄下來的傾向不過是反映出性別偏見罷了。

　　總而言之，男孩跟男人比起女孩跟女人更為堅忍，可以支持這個論點的證據顯得微弱，遠比不上假設本身的強度。某種程度上，這並不令人意外，在一個男人的經驗整體而言會比女人的經驗受到更多優待的社會中，這類沒有根據的假設扮演了一種有力的社會功能。尤其在這個例子裡，我們應該探問：是因為我們傾向把男人想得比較堅忍，所以才會認為男人的疼痛應該被更認真地對待嗎？或者，我們之所以把男人想得比較堅忍，是因為至少在許多場合中，我們傾向於更嚴肅地看待他們的疼痛？後者這項假設也獲得其他證據的支持：當女人感到疼痛時，她們比男人更有可能繼續執行家務勞動和家庭職責。事實上，「因為家庭、工作、家務、自身疼痛問題與健康狀況而

<hr>

注釋

28 有趣的是，爾普等人（出處同上）最近複製了這個實驗，並在觀賞影片的女性身上發現了顯著的影響，男性身上卻沒有。可以用來解釋此項結果的因素尚不明確，但這和現實情況相符，也就是女人抱持著和男人一樣多的性別偏見，而在這個例子中，或許可能更多。本書第九章會針對某些這類偏見進行

生出的超載責任感，似乎阻礙了受疼痛所苦的女人復原[30]。」
研究者如此觀察到。

　　這一切都不是在否認異常堅忍的男人確實存在，而是要說，異常堅忍的女人也同樣存在。此外，男人可能主要在**某些脈絡**中展現出堅忍性格——例如在其他男性同儕面前，或在某些高度陽剛、具競爭性的環境裡，但在女人與其他照料他們的人身邊，卻有可能是另一回事。

男孩和男人比較堅忍，不論這項常見假設是否為真，它都代表著他們對疼痛的陳述通常會被認真地看待——至少在絕大多數的情況中，會被**適當**認真地看待。當一個享有特權的男孩或男人抱怨自己感到疼痛時，人們預設的傾向是去相信他確實感到疼痛[31]，而他值得獲得同情與關懷，以及如果有必要的話，獲得醫療照料與治療。這一切都理所應當。但許多人就沒有這麼幸運了。如前述研究顯示，當女孩和女人抱怨疼痛時，她們可能並不會被正視。同樣的情況也很可能適用於非二元性別者，以及許多在種族、身心障礙、性、階級，或其他各種不同社會面向上沒有享受到特權的男人。而和那些在上述面向上享有特

<hr>

　　討論。

29 和此相反的情況則是，（假定）某個特質是因為一些後續浮現的差異，例如青少年起開始作用的荷爾蒙等因素，才會成為標準設定。

30 Samulowitz et. al., "'Brave Men' and 'Emotional Women,'" p. 10.

權的女人相比，對受制於多重且複合壓迫形式的女人而言，情況自然更加嚴重。

疼痛於是成為一個證詞消音（testimonial quieting）的有力場合。證詞消音這個概念出自哲學家克莉絲蒂‧道森（Kristie Dotson），意指「一群聽眾無法認可言說者為認知者[32]」；因為聽眾不相信或質疑言說者的能力，言說者最終等同於被消音。她可能抱怨了疼痛感受，但她的疼痛呼喊卻不被注意。道森指出，這類消音經常在美國黑人女性的身上上演。

針對某社會群體成員的普遍偏見，導致某人的說詞不被賦予應得的可信度，一種類似的消音因此產生，哲學家米蘭達‧弗里克（Miranda Fricker）將其稱為「證言不正義」（testimonial injustice）。取她最為人所知的例子之一來談，讓我們回想一下電影《天才雷普利》（*The Talented Mr. Ripley*）中的瑪姬‧謝伍（Marge Sherwood）：當瑪姬試圖正當地提出懷疑，認為她的未婚

注釋

31 我在此提到「享有特權」，一部分是因為種族主義和厭女情結一樣（還有兩者的毒性交織，簡稱為厭黑女情結），在疼痛無法獲得充分的治療一事上無疑扮演了關鍵的角色。一項二〇一六年的指標性研究說明了原因，研究者指出，「和美國白人相比，美國黑人的疼痛問題系統性地缺少治療。」他們調查了針對黑人和白人身體上的生物差異，人們普遍抱持著哪些錯誤看法（例如：黑人的皮膚比白人皮膚厚），他們募集白人醫學院學生和住院醫師作為研究樣本，結果發現，有整整一半的人抱持著這類錯誤看法。他們的受試者也明顯比較有可能相信，黑人病患的疼痛感受比白人病患輕微，進而在疼痛管理上給予比較不正確的建議。見：Kelly M. Hoffman, Sophie Trawalter, Jordan R.

夫迪奇・格林立夫（Dickie Greenleaf）可能被他最好的朋友湯姆・雷普利（Tom Ripley）所傷害了，她立刻就被迪奇的父親老格林立夫無視。「瑪姬，女性直覺是一回事，但事實是另一回事。」他對她說──把她的言論基礎歸類到前者這個令人沮喪的類別；格林立夫把瑪姬當成一個俗話裡的歇斯底里的女人，而這種女人的說詞並不可信。在其他情境裡，女人（與其他弱勢群體）可能不會被貶低成歇斯底里或無能的，但他們可能是偽君子或騙子。弗里克主張，證言不正義的源頭，來自於社會對特定階級群體的能力或誠實性抱持著刻板印象[33]。

　　上述研究指出，當女人試圖主張自身疼痛時，醫療體制通常會利用以下兩項基礎來貶低她們──一方面質疑她能力不足與歇斯底里，另一方面則懷疑她們是不誠實的裝病者。對於因為身為黑人、酷兒、跨性別，和／或有身心障礙而被多重邊緣化的女人而言，這類的不正義通常會更嚴重許多。崔西・麥可

Axt, and M. Norman Oliver, "Racial Bias in Pain Assessment," *Proceedings of the National Academy of Sciences* 113:16 (2016), p. 4296–4301。

32 Kristie Dotson, "Tracking Epistemic Violence, Tracking Practices of Silencing," *Hypatia* 26: 2 (2011), p. 242。在本書第八章〈不出風頭的女人〉（Unassuming）中，我針對道森提出的「證詞壓制」（testimonial smothering）概念（某種被強迫的自我消音）提出討論。

33 Miranda Fricker, *Epistemic Injustice: Power and the Ethics of Knowing* (Oxford: Oxford University Press, 2007), chapters 1–2.

米蘭·卡頓發表了論文〈渴望勝任〉,並就自身作為黑人女性為例,和白人女性在婦科診所的不同經驗進行了比較,兩者為此處這個在不正義之上交疊著不正義的情況吸引了重要的注意力。用黑人酷兒女性主義者莫亞·貝利(Moya Bailey)所提出的術語來說的話,這就是厭黑女情結,貝利使用這個詞彙來闡述厭女情結與美國國內的反黑人種族主義情結之間互相交織的情況[34]。

在這一點上,也可以想想身障黑人、認同為女同志中的婆(femme)[iv]的作家潔思敏·喬伊尼爾(Jazmine Joyner)的證詞。七年級[v]時,喬伊尼爾開始在田徑練習期間感覺到劇烈的左下腹脹痛,「感覺像是我同時被火燒跟被人用刀刺──把空氣都從我的肺部抽走了。」她在一篇名為〈沒有人相信黑人女人會痛,而疼痛正在殺死我們〉(Nobody Believes That Black Women Are in Pain, and It's Killing Us)的文章中如此回憶[35],「只要我一開始跑步,往往就會疼痛,然後我會跪倒在枯草皮上,想辦法呼吸,並抓住我的腰側。」喬伊尼爾的教練把她的疼痛當作經痛草草打發、沒有理會,而儘管喬伊尼爾的疼痛程度既劇烈又持續不

34 這個詞由貝利於二〇〇八年發想,並由貝利和楚迪(見 @thetrudz)於二〇一〇年起在網路上發表。若想要瞭解這個詞的歷史,可參考她們共同撰寫的文章:Moya Bailey and Trudy, "On Misogynoir: Citation, Erasure, and Plagiarism," *Feminist Media Studies* 18:4 (2018), p. 762–68.

iv 譯註:女同志裡一種常見的身分區分,婆(Femme)乃相對於 T(Tomboy/ Butch),前者指涉性別氣質較為陰柔的女同志,後者則是性別氣質表現較為

斷，但她仍試著相信教練的說詞。當喬伊尼爾去看醫生，並表示她對不間斷的疼痛（疼痛不只發生於經期）感到擔憂時，她又再一次地被打發了。（女）醫師告訴她，她「太大驚小怪，這是很正常的。」

　　等到喬伊尼爾的疼痛又變得更嚴重時──她後來得知，她的疼痛程度至少相當於分娩最後階段的疼痛感──她在半夜跌跌撞撞地走進母親的房間，她的母親（她擔任護理師超過二十年）看了女兒一眼，接著便急忙帶她去醫院。喬伊尼爾在那裡又再一次地遭遇到對方堅持她只是在經歷一次很嚴重的經期。她的母親花了超過一小時才說服醫院職員為女兒做超音波檢查，當他們終於不情不願地這麼做之後，他們發現她的左側卵巢裡長了一個壘球大小的囊腫，使得她的輸卵管扭轉成螺旋狀。這個使人極度疼痛的囊腫隨時都有可能破裂，在形成血栓後流經喬伊尼爾的心臟，奪走她的生命。幸運的是，就在這個當下，喬伊尼爾總算接受了緊急的救命手術。但是，她失去了左側卵巢和輸卵管──而假如她的證言一開始就有被認真看待的話，這個失去原本是可以避免的[36]。除此之外，喬伊尼爾寫

　　陽剛的女同志。

v　譯註：相當於台灣的國一。

35 Jazmine Joyner, "Nobody Believes That Black Women Are in Pain, and It's Killing Us," *Wear Your Voice Magazine*, 2018/05/25, https://www.wearyour-voicemag.com/black-women-are-in-pain/

道，身為一名身障黑人女性，這次的經驗只不過是一個生動的
預告，預示了她後續在美國醫療體系裡的遭遇：

> 這些年間，我陸續被診斷出多種疾病，我如今同時是一
> 個慢性病患，也是身障者。每一次的診斷都花了很多年，
> 我一輩子都受到醫療社群的煤氣燈操縱[vi]。每一次，白人
> 醫師都質疑我的疼痛和我對自己身體的認識，他們所受的
> 教育一直以來都充滿了反黑人的情結。

因此，雖然弗里克提出的「證言不正義」概念在此有助於
診斷出一部分的問題，但這個概念是否就足以充分公正地解釋
各種相關、彼此交織的因素，對此，我們可能存有疑慮。我們
無法用針對女人的整體刻板印象來理解麥克米蘭・卡頓或喬伊
尼爾的經驗；她們面臨的證言不正義是特殊的，而且格外嚴

注釋 36 可和瑞秋的經驗進行比較，她也有輸卵管扭轉的問題，她的丈夫寫下了這
段經驗。見：Joe Fassler, "How Doctors Take Women's Pain Less Seriously,"
The Atlantic, 2015/10/15, https://www.theatlantic.com/health/archive/2015/10/
emergency-room-wait-times-sexism/410515/。
在此我完全無意貶低瑞秋所遭遇的恐怖痛苦和不正義，但驚人的是，和喬伊
尼爾相比，瑞秋的故事接收到多出很多的理解（並出現在重要的媒體上）。
一方面，這是因為，我們可以推斷瑞秋是一名白人女性，而厭黑女情結則往
往存在於（相對於白人女性）人們對黑人女性的痛苦和她們遭遇到的不正義

重，因為她們處於某個特定的社會脈絡下身為黑人女性的位置。如喬伊尼爾所寫：

> 沒錯，從歷史上來看，女人始終拿了一手爛牌……女人總是被診斷為歇斯底里，而不是被診斷患有生理或精神疾病，例如憂鬱與焦慮……但假如我們無視黑人女性和婆在美國醫療體系內外所經驗到的特殊厭黑女情結，那就等於消抹了疼痛的歷史，也是對黑人女性每日身體經驗的不尊重[37]。

另外也有一個問題：刻板印象，即使是針對特定女性**群體**的刻板印象，是否就為證言不正義（或者，更好的說法可能是，**複數的證言不正義**）的現象提供了最佳解釋？畢竟對許多女人而言，在一些高度相關的醫療情境中，例如當她們作證說

抱持著敵視的冷漠。另一方面，瑞秋的故事是被她的丈夫說出來的，因此可能受益於他（男性）證言的重量。

vi 譯註：指的是因為關係裡的權力不平等而受到有權力一方的蒙騙與操縱。煤氣燈操縱一詞出於美國劇作家漢米爾頓（Patrick Hamilton）一九三八年時創作的舞台劇本《煤氣燈下》（*Gas Light*），本書第八章有對此概念更詳細的討論。

37 Jazmine Joyner, "Nobody Believes That Black Women Are in Pain," *Wear Your Voice Magazine*.

明自己負責照顧的兒童健康狀況時，她們的證詞明顯比較不受輕視。事實上，女人在面對被委託給自己的責任時，經常被視為極端有能力、可信賴的照顧者，除非有證據證明她們並非如此（在此情況下，因為在「好女人特質」上面失敗了，她們受到的懲罰可能會是嚴厲、迅速，且又不成比例的[38]）。

為什麼我們預設在某些脈絡裡相信女人，但在其他脈絡（儘管它們可能有高度的關聯）裡則不相信呢？在此情境裡，有一個可能的解釋，便是女人被預設擁有更多的資格（事實上是義務）去提供關懷，但去**要求**和**獲得**關懷的資格卻少了非常多。假設她被定位成一名護理師、母親或「奶媽」（mammy）[vii]（這個詞來自派翠西亞‧希爾‧柯林斯〔Patricia Hill Collins〕，指那些把「她們的白人子女」和「家庭」照料得比自身家庭更好的黑人女性，她們「有愛心、照顧人、關懷」的「控制形象」[39]，對此，她做出了精妙的剖析），當事情與她所負責照顧的子女的福祉有關時，她便經常會被認定和男性同伴一樣值得信賴，甚至更值得信賴。然而，當她是受疼痛所苦的病人，並要求被照顧、而非

注釋

38 我和譚美‧尼登（Tammy Nyden）的寶貴對話幫助我理解到，子女患有精神疾病的母親在美國醫療體系中受到多大程度不合比例的懲罰——她們被標籤為「壞」女人，並因為子女的掙扎而受到責怪。

vii 譯註：過去在美國南方，這個詞被用來稱呼在白人家庭工作、負責照顧白人小孩的黑人保姆。

39 Patricia Hill Collins, *Black Feminist Thought: Knowledge, Consciousness, and the Politics of Empowerment*, 2nd ed. (New York: Routledge, 2000), p. 72.

提供照顧時，她就有可能接收到更多帶有質疑，以及有時驚愕的眼光，她會因此面臨到輕視、懷疑，甚至蔑視的反應[40]。

於是，中心問題可能並不在於人們會根據刻板印象決定特定群體的女人值得信賴──因為如我們所見，這些刻板印象會以一種事後隨機的方式操作，好藉此合理化某些（且只有某些）情境中對她們的輕視。在此，更深層的問題可能是女人被認定沒有資格僅僅只是由於她因疼痛而苦，且因她的疼痛是重要的，進而以此為了她自己的緣故或為了獲得照顧本身，去要求受到照顧。

據此分析，當女人是為了他人的緣故，且是基於受到核准的工具性理由，進而明顯需要取得照顧時──例如當這些照顧是為了協助她成為一個更優秀的照顧者，好照料那些被視為更加重要得多的人──往往就會出現例外情況。在女人的健康照護這個主題上，這有助於解釋某些（表面）光明但（實際）陰暗的疑點。對於許多享受特權的白人女性而言，美國的產前照護是相對良好的──但它們的目的是滿足胚胎的、而非母親的

---

40 同樣的，當女人因為性或其他暴力虐待等原因而作證指控有權力的男人時，有一個很明顯的傾向，亦即她們的說詞不被相信；相反的，當她們作證支持這些男人時，證言不正義的問題就比較不會出現。因此，再說一次，這類的輕視既不是隨機的，也不是一體適用於所有屬於特定社會屬性的言說者；相反的，它們經常被用來支持和維護現有的社會階序。可參考我的著作《不只是厭女》中前言和第六章內的討論。本書第八章〈不出風頭的女人〉則會針對這些議題作後續分析。

需求。然而，當談到產後照護時，就有了明顯且劇烈的不足
——尤其對非白人女性而言更是如此，一如《像個母親》（*Like
A Mother*）一書的作者安吉拉・蓋比斯（Angela Garbes）所說。對
於像蓋比斯這樣的非白人女性而言，就連產前照護都可能遠遠
談不上及格。同樣情況也發生在許多女同志、酷兒，以及非二
元性別者身上，她們一如蓋比斯所描寫的，「深知那些書裡討
論到的『正常』或『一般』有孕者，指的並不是自己[41]。」

　　由此觀點出發的話，看到享有較少特權的女人在生育照顧
和道德關懷方面有如此的缺口，也就並非偶然了。在一個白人
至上的社會環境裡，肚子裡懷著（很可能是，而在許多情況裡
也確實如此）白人嬰兒的白人女性，手裡就握著可以通往自身
子宮國度的鑰匙[42]。但相反的，懷孕的非白人女性可能被看得
可有可無、用完即棄，或甚至是對白人至上主義的威脅。因此，
結果導致了令人無法忍受的、醫療照護體系裡的不平等（就像
麥可米蘭・卡頓和維拉羅莎所描述的那些情況）以及它們所促
成的悲劇後果，這些，時常都在發生。

前述的不正義還有其他結構上的來源。在卡洛琳・克里亞朵・

注
釋

41　Angela Garbes, *Like a Mother: A Feminist Journey Through the Science and Cul-
ture of Pregnancy* (New York: HarperCollins, 2018), p. 28.
42　我在此說了「確實」，是因為如皮尤中心近期的統計數據所指出的，和其他所
有社會群體相比，白人女性有著最低的跨族群通婚比例。見："Intermarriage

佩雷茲（Caroline Criado Perez）的最新著作《被隱形的女性》（*Invisible Women*）中，她描述了一個男性中心或「男性霸權」（andronormativity）範例，亦即男人的身體經常被看成是預設值，且這種傾向會對女人的健康和福祉造成致命影響。她寫道：

> 壓倒性的證據指出，女人被醫療體制辜負了。影響世界上一半人口的身體、症狀和疾病被輕視、懷疑，與無視[43]。

克里亞朵·佩雷茲將這些不平等主要歸咎於「普遍的看法仍然把男人當成人類的預設值，就算有各種相反證據。但顯而易見，他們並不是，他們就只是男人而已[44]。」但是：

> 我們自始以來都假設，除了身材大小和生育功能以外，男性和女性身體之間沒有任何根本上的不同，因此多年以來，醫學教育一直聚焦於男性「基準」，所有落在那之外的情況都被指定為「非典型」或甚至「不正常」。如「典型的七十公斤男性」這類參照隨處可見，彷彿他囊括了兩種性別的人口（一位醫師也對我指出，他甚至不能非常好地代

in the U.S., 50 Years After Loving v. Virginia," 2017/05/18, https://www.pewresearch.org/social-trends/2017/05/18/1-trends-and-patterns-in-intermarriage/。

43 Criado Perez, *Invisible Women*, p. 234.

44 出處同上。

表男性），而當女人**被**提及時，呈現她們的方式卻彷彿她們是標準人類的變形。學生們學習生理學，和女性生理學[45]。

在這裡，有一個重要的補充：男人和女人不只彼此不同，他們之中也各有差異──有時差異的方式甚至是很徹底和根本的（舉例來說，可以想想跨性別女性，她們尤其被這個人類形體的預設想像所錯待）。於是，我們便有更多的理由去擔憂一個單一的「標準」（也就是：順性別、白人、無身心障礙的男性）身體被當作範例。

除了醫學訓練的問題以外，有許多疾病同樣以這類的「標準」身體來作為研究和理解的主要對象[46]。這份懸殊的差距有時會被合理化，理由則是基於有月經的人會因為她們特有的每月荷爾蒙波動而**難以**作為研究主體，但是，就算這個說法並非只是男性霸權的一個藉口，對於大約占了一半的人口而言，當她們的身體因此而不能被充分地研究，這種理由不過是於事無補。當研究問題涉及了特定藥物的安全性和有效性時，月經週期所造成的波動可能會造成差異，也可能不會。但假如它們造成了差異，那麼，瞭解這件事情難道不重要嗎？假如它們不會造成差異，那麼，再一次的，有月經的身體就應該要被納

45 出處同上，頁196。
46 就連動物研究也呈現出這個普遍的偏見：在一項二〇一四年的調查中，人們發現儘管雄性動物裡可能存在某些更大的變異性，例如雄性老鼠中的變異性

入這些研究裡──包括跨性別、非二元性別和雙性人等在內的多元身體都該納入，這些人的身體都是長期被排除於醫學研究之外的。

這類忽視可能對診斷和治療造成災難性的結果。以心臟再同步化治療器（cardiac resynchronization therapy device, CRT-D），一種在節律器之外的更新型替代選項為例，它會將電脈衝送往左右心室，以幫助它們同步收縮。一如克里亞朵‧佩雷茲所指出的，根據二○一四年一篇針對食品藥物管理署（FDA）臨床實驗資料庫的評論，在這組儀器的臨床實驗之中，只有大約百分之二十的受試者是女人。這個數字實在太低，低到除非把男人和女人的實驗結果合併再依性別分，不然在統計上，這個數字不會在兩個群體的需求上呈現出明顯不同──也不會作為提供不同治療的基礎來使用。所以，實驗最終給予男人和女人的建議將會是一樣的：只有在心臟必須花上一百五十毫秒或更長的秒數方能完成一次完整的心電週期時，才應該裝設這組儀器。然而，當人們終於得以進行更複雜的資料分析時，結果發現，對女人來說，這項建議多出了二十毫秒；心臟電波介於一百三十到一百四十九毫秒間的女人在植入CRT-D後，心臟衰竭和死亡機率減少的比例就高了百分之七十五以上。因此，根據目

大於雌性老鼠，但在所有說明了受試性別的研究中，大約百分之八十的研究只用了雄性動物。出處同上，頁205。

前的治療指引，許多有心臟問題的女人並沒能使用到這些儀器並從中獲益[47]。

在心臟問題上辜負女人也幾乎不算是什麼特殊情況。過去三十年間，心血管疾病始終是美國女人最常見的死因。而且女人比男人更有可能在心臟病發後死亡——部分是由於女人的症狀（肚子痛、呼吸急促、噁心和疲勞）經常不被留意，因為它們不被認為是心臟病在女人身上的典型症狀，而是被看作「非典型」的徵兆。在瑞典，心臟病發作的女人在救護車派送的優先順序上比較低，而且平均必須在醫院多等上二十分鐘才能獲得治療[48]。在英國，女人心臟病發後被誤診的機率高出百分之五十；與此同時，和年輕男人相比，心臟病發的年輕女人在院內死亡的機率高了幾乎兩倍。然而，在英國，投入於男性冠狀動脈疾病的研究經費遠遠超過了女性在同樣疾病上的研究[49]。

非男性身體的研究不足，此事也對較為平凡無趣的醫學主題造成了負面的影響。包括抗憂鬱劑和抗組織胺在內，數種常用藥物都呈現出月經週期效應，意味著它們會在月經週期的不同階段對擁有月經者造成不同的影響，如此一來，當我們之中有許多人每日服用某些藥物時，我們可能都服用了

注釋

47 出處同上，頁209。
48 出處同上，頁228。
49 出處同上，頁212-218。
50 出處同上，頁204-205。

錯誤的劑量[50]。

有鑑於如此的差距，醫學研究者想出了「楊朵[viii]症候群」（Yentl syndrome）一詞，用以描述女人可能必須先表現出典型的男性症狀，才能夠獲得適當的治療。即使事情涉及了某些不該透過疾病模式來理解的身心障礙和差異，但它們仍舊需要獲得診斷、支持與管理，在這方面，有時候，女孩和女人還是明顯地處於弱勢。一個公認的常識是，自閉症出現在男孩身上的機率比起出現在女孩身上的機率要高出四倍左右，但是當女孩患有自閉症時，她們會受到更深刻的影響（亦即她們有更多的非典型神經性症狀，或她們表現出來的症狀會更為發散、歧異更大）。然而，近期研究指出，儘管這些非典型神經性症狀應該要被看見，並獲得妥當照顧，但女孩的社會化過程卻傾向於將其掩蓋[51]。

而在消費者安全的議題上，這種把享有特權的男性身體視為預設值的傾向就可能會有更廣泛的負面後果。當繫上安全帶的女人發生車禍時，她們因此死亡或重傷的可能性比男性高出百分之七十三。而這看來是因為，直到最近，所有撞擊測試裡使用的假人都還是以順性別男人為模型而設計的——它們忽略

---

viii 譯註：《楊朵》（*Yentl the Yeshiva Boy*）是美國作家以薩・辛格（Issac Bashevis Singer）的短篇小說，後來被改編為電影，內容描述一名生活於二十世紀初期東歐的年輕猶太女子楊朵如何挑戰當時社會的刻板性別規範。

51 出處同上，頁222。

了順性別男人和女人在標準脂肪分布、骨骼結構等面向上可能有重大的不同。但等到「女性的」撞擊測試假人總算被納入時，她們往往卻又比大多數真正的女人來得更輕且更矮[52]。

最後，會對懷孕者造成影響的典型醫療問題往往也是長期處於研究不足並缺乏經費的狀態。舉例而言，全球每日約有超過八百人死於懷孕併發症，其中子宮衰竭所導致的宮縮無力占了大約一半的死因。目前，針對這個情況只有一種治療方式：催產素荷爾蒙，但這通常只能在大約一半的案例上發生效果，讓生產者能夠以陰道生產。那些對催產素沒有反應的人則將需要接受緊急剖腹手術。然而，目前並沒有測試病人是否會對催產素有所反應的臨床試驗，如果要預測的話，就好像是在擲硬幣，結果全憑運氣。

那麼，讓我們想像一下，當有研究發現，因宮縮太過無力而無法順利生產的病人，她們子宮肌（子宮裡引發收縮的肌肉部位）的血液中酸性偏高，此事該有多麼令人興奮。這項發現來自於擔任英國改良生育中心（Center for Better Births）的主任兼細胞與分子生理學教授蘇珊・瑞伊（Susan Wray）。它極有可能改善生育結果——特別是當瑞伊又和同事伊娃・韋柏格－伊澤（Eva Wilberg-Itzel）進行了一項隨機控制實驗，用碳酸氫鈉（或

注釋

52 Cory Doctorow, "Women Are Much More Likely to Be Injured in Car Crashes, Probably Because Crash-Test Dummies Are Mostly Male-Shaped," *Boing Boing*, 2019/07/23, https://boingboing.net/2019/07/23/in-every-dreamhome-a-heartache.html

稱小蘇打）這項家用必需品組合出針對子宮衰竭的可能治療方法，如此一來，改善就更近在眼前。在沒有接受治療的案例中，有百分之六十七的人能夠成功以陰道分娩；但在透過這項治療方法使病人的血液酸性降低後，順利以陰道分娩的比例提升到了百分之八十四[53]。如該研究所指出的，如果這項治療可以針對個別病人體重和血液中的現有酸度來進行量身打造的調整，並且施用多劑的話，治療很有可能更為有效。因此，如克里亞朵·佩雷茲所言，這項研究的重要性要怎麼強調都不為過：對於每年接受了原本可以避免的重大手術、數以萬計的懷孕人口來說，這可以改變她們的醫療保健結果。而在例如低收入國家，剖腹手術或許不可得，或許有風險，此時，這項治療便可救人一命。（就像克里亞朵·佩雷茲所說：「並不是只有當你住在低收入國家時，剖腹手術才有風險，你只要是一個住在美國國內的黑人女性就夠了[54]。」）

但假如你為此而感到樂觀，且慢。瑞伊申請了經費，好繼續在中低收入國家中進行研究，但她的申請卻遭到了拒絕。根據英國醫療研究委員會（British Medical Research Council）的看法，這項研究「優先性不夠高[55]」。委員會成員不妨就乾脆直說了吧：女人的健康——尤其是非白人、貧窮的女人——極其無關緊要。

53 Criado Perez, *Invisible Women*, p. 233.
54 出處同上，頁233。
55 出處同上，頁234。

CHAPTER
(6)

難以管束的女人——
男人享有身體控制權的資格感
Unruly – On the Entitlement to Bodily Control

二〇一九年五月十四日，二十位共和黨白人議員——性別皆為男性——在阿拉巴馬州投票通過了一條美國這數十年以來最嚴苛的墮胎法案[1]。隔天，該法案由一位白人女性，也就是阿拉巴馬州共和黨籍的州長凱·艾維（Kay Ivey）簽署生效。這條法令最後被聯邦法庭擋下，但假如它真的依原訂計畫在十一月生效，它就會讓墮胎在該州變成犯罪——幾乎在所有情境裡的墮胎都會遭到禁止，包括個人因受強暴和亂倫而懷孕的狀況也是一樣[2]。唯一的例外是，除非懷孕到足月會危害懷孕者的身心健康，否則必須被迫維持懷孕狀態。值得注意的是，該項法案禁止在孕期任何階段墮胎，這違反了憲法所保障的墮胎

---

1 包括兩名女性在內的六位民主黨議員對法案投下反對票，三位州參議員（一名民主黨女議員與兩名共和黨男議員）並未投票，一名民主黨女議員則放棄投票。

注釋

權，也就是懷孕者得以在胎兒具備生存能力（通常大約是指懷孕的第二十四週）之前墮胎[3]。

儘管阿拉巴馬州試圖推行的墮胎禁令相當極端，但在近來接二連三通過的一連串墮胎限制法規中，它只是例子之一。在此其中的大多數法案都同樣獲得了共和黨白人男性的巨大支持，同時，保守的白人女性也在打造和推廣這類立法的過程中扮演了重要的角色。所謂的心跳法案便是由一位這樣的保守白人女性──珍娜・波特（Janet Porter）──所精心設計出來的，它試圖禁止懷孕者在胚胎的心跳活動可以被偵測到之後施行墮胎。波特對反墮胎運動的主要貢獻在於她把那些選擇墮胎的人描繪成殘酷、麻木不仁和無情的，藉由此舉，她將墮胎一事進一步道德化；「無視那道指標、那聲心跳，這就是冷酷無情，」波特如此宣稱，助長了把可允許墮胎的時間從大約二十四週推

注釋

2　這項被稱為「人類生命保護法」（Human Life Protection Act）的法案也重新將墮胎列為一級重罪，施行墮胎手術的醫師最高可被處以九十九年的徒刑。該法案隨後遭到凍結，詳情可見：
Alice Miranda, "Federal Judge Blocks Alabama's Near-Total Abortion Ban," *Politico*, 2019/10/29, https://www.politico.com/news/2019/10/29/federal-judge-blocks-alabamas-near-total-abortion-ban-061069

3　在寫作此書的當下，墮胎權仍受到憲法保障，但有鑑於布萊特・卡瓦諾眾所皆知的反墮胎立場，與他在最高法院的職位，這個情況可能不會持續太久。

4　Jessica Glenza, "The Anti-Gay Extremist Behind America's Fiercely Strict Abortion Bans," *The Guardian,* 2019/04/25, https://www.theguardian.com/world/2019/apr/25/the-anti-abortion-crusader-hopes-her-heartbeat-law-will-

到僅有六週或八週（依各州情況而定）的情勢[4]。在懷孕的這個階段，許多人並不知道自己懷孕了，而對於那些知道的人來說，懷孕通常是一個計畫中的結果，因此心跳法案幾乎等同於全面禁止墮胎[5]。

胎兒心跳這個主張的目的顯然就是為了牽動——嗯，沒錯——心弦，但在某個人懷孕到第六或第八週（從她上一個經期的第一天算起），心跳這個名詞卻是相當不恰當的說法。在此階段，心跳並不存在，這不只是因為心臟不存在（大腦、臉也不存在）[6]，甚至胎兒也不存在：一個胚胎大約要在第九或第十週時才進行轉變。懷孕第六週時，胚胎的大小差不多就如一顆青豆[7]，超音波有可能偵測到一些脈動，而這來自於將來會變成心臟的細胞，但在某些人懷孕的情況中，這類活動卻要晚很多才會被偵測到。

---

test-roe-v-wade
在寫作本書的此刻，這類法案已在幾個州內簽署生效，包括：愛荷華州、肯德基州、密西西比州、北達科他州、俄亥俄州、喬治亞州與密蘇里州。本章開篇提到的阿拉巴馬州法規甚至更為嚴苛。

5　多年來，反墮胎運動者亦削弱診所的可及性，許多診所因此關閉，可參考我在著作《不只是厭女》第三章中的討論。

6　Katie Heaney, "Embryos Don't Have Hearts," *The Cut,* 2019/05/24, https://www.thecut.com/2019/05/embryos-dont-have-hearts.html

7　Lydia O'Connor, "The Lawmakers Behind 'Fetal Heartbeat' Abortion Bans Are Lying to You," *HuffPost,* 2019/05/22, https://www.huffpost.com/entry/six-week-fetal-heartbeat-abortion-ban-lies_n_5ce42ccae4b075a35a2e6fb0

　　與此同時，若談到冷酷無情，情況其實是反過來的。阿拉巴馬州通過法案的同一天，一則新聞浮出水面：一名住在俄亥俄州的十一歲女孩遭到綁架、被強暴多次，如今有孕在身[8]。俄亥俄州在一個月前通過了心跳法案，該法案原本預定要在九十天後生效，但同樣遭到聯邦法院凍結[9]。根據該法條，這名女孩原本將會被強迫懷孕到足月，進而讓她經驗到除了因為被侵犯所受的創傷以外，再加上另一個無庸置疑的傷害。女性主義作家勞麗・佩妮（Laurie Penny）如此評論這起案例：「任何合乎情理的道德標準都可以輕易看出一個強迫兒童懷孕到足月並生產的政權是多麼可怕、冷酷無情，而且不道德[10]。」沒錯，但不知為何，反墮胎運動者仍然宣稱自己立於道德高地。

　　一個自身可能懷孕的人在她的個人層面上反對墮胎，這是一回事——她可能自己不願意墮胎，或甚至基於一些她並不期待與別人共享的宗教理念而認為任何有孕在身者的墮胎行為都會是個錯誤。然而，運用國家的強制力量，認定所有懷孕的人都該被強迫懷孕到足月，不論她們的年齡、信仰、生活狀況、造成懷孕的創傷經驗，或是無法中止懷孕的恐怖後果會是

8　Kate Smith, "A Pregnant 11-Year-Old Rape Victim in Ohio Would No Longer Be Allowed to Have an Abortion Under New State Law," *CBS News*, 2019/05/14, https://www.cbsnews.com/news/ohio-abortion-heartbeat-bill-pregnant-11-year-old-rape-victim-barred-abortion-after-new-ohio-abortion-bill-2019-05-13/

9　Jonathan Stempel, "U.S. Judge Blocks Ohio 'Heartbeat' Law to End Most Abortions," *Reuters*, 2019/07/03, https://www.reuters.com/article/us-usa-abortion-

什麼，皆無例外，這又是截然不同的另一回事──尤其當這麼想的人是自身無法懷孕的順性別男人時，更是如此。前者是個體差異的合理展現，後者則是一種極度殘酷、令人深感不安的態度。要記得，這個國家並沒有規範某些在大部分人眼裡並不道德的行為──比方說，對個人伴侶說謊並出軌──又或者，另一些人們可能認為等於謀殺的行為，例如吃肉。這裡的強制禁止所付出的社會代價似乎遠遠超過下述可能情形所付出的代價：有些人在他們所能享有自由的條件下，選擇去做其他人認為他們不該做的事。

因此，假如你本身反對墮胎，你當然可以不要墮胎。但是，讓國家對懷孕的身體進行監督，乃是一種厭女的社會控管形式，最弱勢的女孩和女人會最深刻地感受到它的效果。而在我的書中，此事無可原諒。

「寶寶出生了。媽媽和醫師會面。他們照顧寶寶。他們把寶寶裹得美美的，然後醫師和媽媽決定要不要處決這個寶寶。」這段話──這段徹底的謊言──出自總統唐納‧川普，在一場威

ohio/u-s-judge-blocks-ohio-heartbeat-law-to-end-most-abortions-idUSKCN1-TY2PK

10 Laurie Penny, "The Criminalization of Women's Bodies Is All About Conservative Male Power," *The New Republic,* 2019/05/17, https://newrepublic.com/article/153942/criminalization-womens-bodies-conservative-male-power

斯康辛州的集會上[11]。考量到想要禁止這項行為的力道有增強之勢，為了某些可理解的理由，許多近期針對墮胎的討論皆著重於早期的中止懷孕。但我們也應該要確保在懷孕後期發生的墮胎情況同樣不會受到扭曲。

當然，對所謂晚期墮胎所強化的道德檢視遮掩了一個事實，亦即發生在懷孕第二十週後（大約是典型的懷孕中期[12]）的墮胎僅約略高於百分之一，而且幾乎都是因為胎兒有嚴重異常，或持續懷孕會對病人引起嚴重的健康風險，才因此施行這些手術的。

在其中一個案例裡，伊莉莎白（化名）對二度懷孕感到非常興奮（她第一次懷孕時於第十週流產）。一開始，每件事看來都很順利，但在第十六週時，顯示有嚴重問題的徵兆出現了：胎兒臍帶的位置處於胎盤的最邊緣（而非正中央），她大量出血，且血液檢測顯示她的血液中有高含量的蛋白質，但它們應該大多要被隔在胎兒體內才對。掃描影像也呈現胎兒有內

注釋

11 Daniel Politi, "Trump: After Birth, Baby Is 'Wrapped' in a Blanket and Mother, Doctor Decide Whether to 'Execute the Baby,'" *Slate,* 2019/04/28, https://slate.com/news-and-politics/2019/04/trump-abortion-baby-wrapped-blanket-execute-baby.html
也可和副總統麥可・彭斯的推特發文進行比較，該發文提到二〇一九年五月時發生於紐約時代廣場上的一場反墮胎抗議行動，在抗議場子裡，一張超音波實況照片被投影到大螢幕上，照片裡是一個處於第三孕期的胎兒。彭斯寫道：「紐約州和維吉尼亞州的民主黨籍州長為晚期墮胎甚至殺嬰行為倡議，

翻足（clubfoot），這件事本身不是大問題，但卻是其他發展問題的潛在預告。而當醫師發現，胎兒在超音波影像中總是握緊拳頭時，這份恐懼升高了，他們懷疑胎兒可能有肌肉異常。

　　儘管有這些和其他問題，還有自己逐漸升高的不安感，但伊莉莎白此時並沒有認真考慮墮胎，她和丈夫太想要這個寶寶了。他們認為，考慮到兒子面臨的勝算，他應該要有一個戰士的名字，所以幫他取了小名斯巴達克（Spartacus）；他們專心利用各種里程碑來看待這次懷孕——醫師告訴他們，二十八週後，他們的孩子將有百分之七十五的存活機率。而他持續長大，他們在第三十週時為此歡欣慶祝。

　　第三十一週時，胎兒的成長幅度劇烈減緩，從第三十七個百分位數直接降到第八，而他也沒有在進行吞嚥了，「這是第一次，有人對我們指出這個寶寶可能有非常嚴重的問題。」伊莉莎白在一場動人的訪談中對吉雅・托倫提諾（Jia Tolentine）這麼說[13]。

且民主黨眾議員拒絕針對『活著出生法案』（Born-Alive Bill）投票，在此之際，今日在時代廣場，我們展示了一張超音波照片，讓所有人都得以看見，展示生命的奇蹟。」(https://twitter.com/vp/status/1124742840184201216?lang=en)

12 反墮胎運動者挾持了「晚期」（late-term）一詞，這原本是一個醫學術語，用來形容超過四十週長的孕期。可參考：Pam Belluck, "What Is Late-Term Abortion? Trump Got It Wrong," *The New York Times*, 2019/02/06, https://www.nytimes.com/2019/02/06/health/late-term-abortion-trump.html。

　　最終，伊莉莎白和丈夫迎來了這個令人驚嚇的消息：醫師指出，她的寶寶將會因為「不適生存」的肌肉問題而無法呼吸。倘若伊莉莎白懷著胎兒到足月，她將需要剖腹生產，因為她兩年前所做的腦部手術會讓陰道生產變得很危險，醫師擔心，如果她用力推擠胎兒，她有可能會因動脈瘤而死亡。這等於是說，他們當時在考慮要讓她為了一個不可能活下來的嬰孩而接受一場重大的腹部手術。假如她早產，她也會面臨可能出現神經併發症的巨大風險——而且，再一次，這是致命的風險。

　　於此情況下，對她來說，墮胎看似是比較好的選項。伊莉莎白必須要從她的家鄉紐約州（墮胎手術在此州違法）搭機前往科羅拉多州，花費一萬美金，以便在懷孕第三十二週時接受墮胎手術。她說，「我要說清楚，如果醫師認為他有絲毫存活下來的機會，我就會冒那個險，我真的會讓我自己受任何煎熬。我最後接受了事實，也就是說，我永遠不會有機會成為這個小傢伙的媽媽——假如我真的懷孕到足月生產，他有可能只會活一段非常短的時間，然後窒息死亡，假設他真的有辦法撐

注
釋

13 Jia Tolentino, "Interview with a Woman Who Recently Had an Abortion at 32 Weeks," *Jezebel*, 2016/06/15, https://jezebel.com/interview-with-a-woman-who-recently-had-an-abortion-at-1781972395

14 於是，這場手術要為伊莉莎白注射藥物以阻止她分娩，好讓她可以飛回紐約、在那裡產下嬰孩——她將透過陰道生產，但不能推壓，而是讓醫師使用鉗子並單靠肌肉的力量，徒手將胎兒取出（這是一個極度痛苦的過程，因此，假如胎兒還活著的話，從倫理上來說，這項醫療處置不可能有辦法進行）。

那麼久的話。我沒有辦法接受。當我們可以選擇盡可能地把他的痛苦減到最小，在這樣的情況下，我不能讓他受那樣的苦。」

在此案例還有其他類似的例子中，於第三孕期墮胎──藉由為胎兒注射藥物，停止他們的心跳──的決定絕對不是因為冷酷無情[14]，然而懷孕的人愈來愈不被相信可以在諮詢醫護人員的情況下為自己做出這樣的痛苦決定。與此相反，她們受到中傷、監管，甚至被妖魔化。

正如我們已經開始目睹的，不實的醫療資訊是反墮胎運動中無所不在的一項特色。在二〇一二年，時任密蘇里州共和黨眾議員的陶德·亞金（Todd Akin）指出，經由強暴而發生的懷孕非常罕見──因為，「假如那是正當強暴（legitimate rape）的話，女性的身體有辦法試圖關閉整個機制[15]。」在此，亞金對子宮的分類能力表達了一種魔幻的思維，而提出「正當強暴」這個類別，引發了一個問題：哪些強暴是不正當的呢？

這種對於懷孕身體的可悲無知並沒有讓那些持續試圖規範

在科羅拉多診所進行的完整墮胎手術耗費兩萬五千美金，而該診所僅能勉強維持生計，一部分的原因是因為診所必須支付危險工作津貼以留住員工。事實上，托倫提諾的訪談登出時，該診所已陷入財務困難。

15 Lori Mooreaug, "Rep. Todd Akin: The Statement and the Reaction," *The New York Times*, 2012/08/20, https://www.nytimes.com/2012/08/21/us/politics/rep-todd-akin-legitimate-rape-statement-and-reaction.html

它的眾多人們洩氣。二○一五年二月的一場聽證會上，人們討論到是否要立法禁止醫師透過遠距醫療提供墮胎藥物處方，一名共和黨立法者在會議上對作證的醫師建議，她和她的同事可能可以像進行結腸鏡檢查一樣，讓病人吞進相機以判定她們的孕程。「同樣的處置手段可以用在懷孕上嗎？吞進相機好協助醫師判斷情況為何？」不可以。這位醫師如是回答。腹腔裡並沒有連接到子宮的通道[16]。

　　另一位共和黨立法者則於二○一九年五月時提議，子宮外孕不該被終止，它們應該從輸卵管（在絕大多數的情況裡，子宮外孕發生於此）被重新移植到子宮中[17]。這種事顯然並不存在。一般來說，子宮外孕是令人難以忍受的痛苦，胚胎幾乎不可能存活，而且當事人需要緊急醫療處置[18]。通常唯一可行的治療是墮胎，它可以是透過藥物、藉由服用氨甲蝶呤以中斷懷孕，並使胚胎組織重新被吸收；或者更常見的情況則是透過手

注
釋

16　Susan Milligan, "Go Back to Health Class," *U.S. News & World Report,* 2015/02/24, https://www.usnews.com/opinion/blogs/susan-milligan/2015/02/24/idaho-law-maker-asks-about-swallowing-cameras-to-get-pregnancy-pictures

17　文中提到的立法者是在提議為一項並不存在的醫療程序提供保險給付。見：Kayla Epstein, "A Sponsor of an Ohio Abortion Bill Thinks You Can Reimplant Ectopic Pregnancies. You Can't," *The Washington Post,* 2019/05/10, https://www.washingtonpost.com/health/2019/05/10/sponsor-an-ohio-abortion-bill-thinks-you-can-reimplant-ectopic-pregnancies-you-cant/。

18　某些時候，當子宮外孕發生在輸卵管以外的地方（如腹腔）時，胎兒有可能

術來進行。如果不接受此類治療，在百分之九十五的案例中，輸卵管會破裂，這些緊急醫療情況可能致命，進而導致極高比例的懷孕相關死亡事件[19]。即使病患真的活下來了，她們未來也很難受孕，或懷孕到足月。因此，就算是從強迫生育主義（force-birtherism）的觀點出發，這個立場也沒什麼道理。

饒是如此，保守派網路雜誌《聯邦主義者》（*The Federalist*）近日仍發表了一篇文章，名為〈墮胎對治療子宮外孕而言真的必要嗎？〉（Is Abortion Really Necessary for Treating Ectopic Pregnancies?）[20]。這篇由名嘴喬琪‧博爾曼（Georgi Boorman）所撰寫的文章提倡終止所有的合法墮胎手術，包括因為子宮外孕而施行的墮胎，就算這項政策會造成死亡也不例外。她認為「墮胎從來不是解答」，相反的，她提議讓這些受到影響的輸卵管自行破裂，以期一小部分的胚胎會神奇地自行重新移植到「一個較為安全的地點」。博爾曼承認，沒錯，「明瞭到一種病況有著極

存活，但這是非常罕見的情況。

19 根據近期資料，在所有與懷孕相關的死亡事件中，子宮外孕導致的出血占了百分之四到百分之十的案例，這也是美國國內造成第一孕期內死亡的主要原因。見：Krissi Danielsson, "Ectopic Pregnancy Statistics," *Verywell Family*, 2019/08/01 首登、2019/10/29 更新，https://www.verywellfamily.com/what-do-statistics-look-like-for-ectopic-pregnancy-2371730。

20 Georgi Boorman, "Is Abortion Really Necessary for Treating Ectopic Pregnancies?" *The Federalist*, 2019/09/09, https://thefederalist.com/2019/09/09/is-abortion-really-necessary-for-treating-ectopic-pregnancies/

小的死亡機率，這是會令人害怕，」但是「難道這個極小的死亡機率就足以促使你接受自己刻意地摧毀自己的孩子嗎？若你明知這很有可能是不必要的，你還是會寧願這樣於心不安地活著嗎？」全球著名的婦產科醫師、《陰道聖經》（*The Vagina Bible*）的作者珍・岡特（Jen Gunter）在推特上寫下評論，以回應這一套結合了垃圾科學（我們知道子宮外孕死亡機率相當高）與散播罪惡感的話術：「**不要再試著把『子宮外孕也是嬰兒』講得跟真的一樣了！**如果你從來沒有治療過一個因為子宮外孕而滿腹是血的女人，你就該從此閉嘴，在你把某個人害死之前坐下來好好學習[21]。」沒錯，正是如此[22]。

顯然有許多男人覺得自己有資格規範懷孕的身體，儘管他們對於這些身體如何運作一無所知，也絲毫無意學習。然後，在面對這些嘗試監管和強迫女人懷孕的行動時，有些女人試圖抗拒，而另外有些女人卻顯然早已有所準備，要把前者的抵抗

21 https://twitter.com/DrJenGunter/status/1171167907834806272（內容擷取於二〇一九年九月十八日）

22 博爾曼遭遇到來自醫療社群的廣泛譴責，她最後為自身文章道歉以作為回應，說那已不再代表她的意見。見："I Was Wrong: Sometimes It's Necessary to Remove Ectopic Babies to Save Their Mother's Life," *The Federalist*, 2019/09/19, https://thefederalist.com/2019/09/19/i-was-wrong-sometimes-its-necessary-to-remove-ectopic-babies-to-save-their-mothers-life/。
然而，在寫作的此刻（二〇一九年九月二十三日），原始文章仍在《聯邦主義者》的網站上，儘管網站附上了連結到博爾曼後續的道歉和撤回聲明的網

描述成冷酷無情的表現。

極度嚴格的墮胎法規是為了保護生命，這個想法已經愈來愈難
自圓其說。有許多、甚至可以說是大多數支持這類禁令的共和
黨人也是這個政權的支持者，而這個政權在其任期內曾眼睜睜
地目睹至少七名被拘留的移民兒童悲劇性地死去（與此同時，
這個政權「失去了」，或以更精確的方式來說，偷走了其他數
千名兒童[23]）。許多支持這類禁令的共和黨人也支持死刑。阿
拉巴馬州這條全美國最嚴苛的反墮胎法規被簽屬生效後的隔
天，州長凱·艾維拒絕暫緩執行一名死囚的死刑；該死囚隨後
就被處決。在我寫作的此刻，另一名患有認知障礙的男子正在
等候一場將會同樣恐怖、透過注射致死藥物來執行的處決[24]。
生命究竟神聖與否？我們對此納悶不解。

　　這類反墮胎法規的支持者中，絕大多數人們從來沒有針對

址。值得注意的是，和白人相比，黑人女性因為子宮外孕死亡的比例高出許
多（將近七倍），這也是屬於黑人女性所遭遇到的悽慘的健康照護處境，本
書前一章即以此為主要討論焦點。

23 Jess Morales Rocketto, "Seven Children Have Died in Immigration Custody. Re-
member Their Names," *BuzzFeed News*, 2019/09/30, https://www.buzzfeednews.
com/article/jessmoralesrocketto/remember-their-names

24 Jay Parini, "Alabama's 'Pro-Life' Governor Is a Hypocrite," *CNN*, 2019/05/17,
https://www.cnn.com/2019/05/16/opinions/alabama-kay-ivey-hypocrisy-pari-
ni/index.html

美國國內高得驚人的產婦死亡率（尤其是黑人、原住民和阿拉斯加原住民女性）做出任何回應[25]；他們對於為出生窮困的兒童提供額外的支持興趣缺缺；他們看來並不關心品質不良的食物和水源（包括惡名昭彰的密西根州佛林特市）如何對許多美國人造成嚴重的健康問題；他們積極反對擴張健康保險，而且他們往往對警察暴力和被國家所批准的處決極度冷漠無感，後兩者是因為「黑命亦命」（Black Lives Matter）運動才吸引到迫切的注意力[26]。

最後，當墮胎合法時，墮胎率並沒有上升，相反的，女孩和女人不再需要尋求非法的墮胎服務[27]。而非法墮胎對健康造成了嚴重許多的影響——有時是包括死亡在內的悲慘後果，但反墮胎運動者亦不為所動。

因此，反墮胎運動很可能並不是為了生命，也很可能不是為了宗教——至少不是為了如今在文化上與這場運動連結在一起的基督教宗教教義。沒錯，當人們主張自己的反墮胎立場乃是基督教信仰（在此指的是他們對地區性宗教文化的參與）的結果時，他們的主張很可能是真誠且誠實的。但重要的是認知

25 Roni Caryn Rabin, "Huge Racial Disparities Found in Deaths Linked to Pregnancy," *The New York Times,* May 7, 2019, https://www.nytimes.com/2019/05/07/health/pregnancy-deaths-.html

26 他們也不太會因為另一大群有心跳的脆弱生命被殘忍屠殺而大驚小怪，也就是被工廠化飼養的非人類動物，這些動物每年單在美國就要以數十億計。我

到，在許多情境裡，這項地區性的宗教文化可能輕易地就變得截然不同。其中，福音教派對墮胎的態度便在晚近因為明顯的政治目的而遭刻意操弄。

這些政治目的從一開始就利用了反女性主義的情感。法律學者琳達‧格林豪斯（Linda Greenhouse）和瑞娃‧西格爾（Reva B. Siegel）在一系列的重要論文中提出，美國當代反墮胎運動的根基源自於「三 A 策略」（AAA Strategy），它在「羅訴韋德案」前就已作為整個行動的開路先鋒。該策略的理念是，藉由強調「酸」（〔acid〕麥角酸二乙醯胺，亦即俗稱為 LSD 的迷幻藥）、特赦（〔amnesty〕針對的是所謂的越戰「逃兵者」）、以及最後一個代表 A 的墮胎（abortion）三者所帶來的假想道德威脅，召集那些傳統上原本是民主黨的支持者改投共和黨；這三個 A 被打造成對核心家庭的威脅。格林豪斯和西格爾寫道：

> 隨著〔尼克森〕競選活動的進展，共和黨的軍師幕僚愈來愈常把墮胎當成一個符號，象徵社會保守派人士所憂慮的、對傳統尊重不再而苦惱的文化趨勢。在一篇一九七二

們也可以想想那些遭受不必要的殘酷實驗和測試對待的動物。

27 Maggie Fox, "Abortion Rates Go Down When Countries Make It Legal: Report," *NBC News*, 2018/05/20, https://www.nbcnews.com/health/health-care/abortion-rates-go-down-when-countries-make-it-legal-report-n858476

年八月間刊於《紐約時報》上、名為〈尼克森將如何贏得選戰〉（How Nixon Will Win）的文章中，重組戰略家凱文・菲利浦（Kevin Phillips）吹噓共和黨即將藉著攏絡一九六八年時支持〔喬治〕華勒斯（George Wallace）的南方選民迎來勝利⋯⋯

菲利浦保證，一個共和黨將會「猛烈攻擊的主題是社會道德觀」，他預警，共和黨在秋季的競選活動中，將會「為〔領先的民主黨候選人喬治〕麥戈文（George McGovern）貼上『三A——迷幻藥、特赦、墮胎——候選人』的標籤」，他也評論到，「這類手法將有助於把麥戈文和美國中產階級所深惡痛絕的文化與道德觀連結起來[28]。」

28 Reva B. Siegel and Linda Greenhouse, "Before (and After) *Roe v. Wade*: New Questions About Backlash," *Faculty Scholarship Series* 4135 (2011), p. 2056–2057. https://digitalcommons.law.yale.edu/cgi/viewcontent.cgi?article=5151&context=fss_papers

29 出處同上，頁2057。

30 Linda Greenhouse and Reva B. Siegel, *Before Roe v. Wade: Voices that Shaped the Abortion Debate Before the Supreme Court's Ruling* (New York: Kaplan, 2010), p. 257.

不過，格林豪斯和西格爾接著在兩人的文章中指出，尼克森的反墮胎立場最終效果有限：

尼克森的競選團隊看到利用墮胎議題的力量來宣示社會保守主義可以帶來戰略性的效益，但針對墮胎議題本身表達立場卻似乎沒帶來太多好處。一九七二年八月二十八日，選戰策略人士指派約翰・爾里齊曼（John Ehrlichman）負責呈現數據，他指出「相當多數的美國人如今贊成較為

除此之外，兩位作者進一步解釋，「在這樣的手法下，對墮胎的攻擊已經不只是在攻擊墮胎[29]。」格林豪斯和西格爾於前一年出版的著作中指出：

> 針對麥戈文的三Ａ攻擊譴責了墮胎權，將墮胎權歸為侵蝕威權的傳統形式、放縱的青少年文化的一部分。反對墮胎，並不是因為那是謀殺，而是因為墮胎權（如同要求特赦）坐實了傳統角色的崩毀，也就是男人要準備好在戰爭中殺戮與死亡，女人則要為婚姻守身並為母職奉獻[30]。

同樣的邏輯與當時的反墮胎主張在更廣泛的程度上彼此符

自由的墮胎法規，包括羅馬天主教徒也是如此」，且「總統決定將此議題交到各州政府手中……並私下同意，『墮胎改革並不是一個適合採取聯邦行動的場合』，同時他『在總統任期間絕不會採取行動』。僅僅三日前，全國報紙刊登了蓋洛普公司的一九七二年年中民調，民調指出，「百分之六十四的民眾支持全面放寬墮胎法規，創下史上新高」，和前一年一月相比，比例大幅上升。相對於教會領導人投注愈來愈多的精力宣揚教義，新的民調則顯示，相當多的天主教徒事實上支持放寬取得墮胎手術的可能性：「百分之六十五的天主教徒相信，墮胎與否，應該由女人和她們的醫師決定」……一九七二年十一月，就在最高法院對羅訴韋德案宣判的兩個月前，儘管墮胎議題並不是吸引選票的重大因素，但尼克森仍憑藉大多數天主教選民的支持而成功連任。不久後，當最高法院宣告羅案判決時，尼克森「要求助手不要『攪和進』這個案子裡」。

出處：From Greenhouse and Siegel, "Before (and After) *Roe v. Wade*, p. 2058.

合。針對惡名昭彰的反女性主義者菲利斯・斯拉夫萊（Phyllis Schafly），格林豪斯和西格爾指出：

> 「〔她〕對墮胎的攻擊從來沒有提到過謀殺，她譴責墮胎的方式是將墮胎和平等權利修正案（Equal Right Amendment）以及育兒照護連結在一起[31]。」

於是，從各方面看來，反墮胎倡議行動是為了假想的家庭價值才吸納進宗教，而不是被任何草根的宗教運動驅動，這些（再一次，假想的）家庭價值甚至不是為了監管性本身——只要看到相較之下，他們對於控制男人的性行為和生殖自由有多麼興致缺缺，即可明白。就如蜜雪兒・歐柏曼（Michelle Oberman）和大衛・柏爾（David Ball）不久前指出的，反墮胎運動者的狂怒幾乎完全赦免了男人。儘管十次的非預期懷孕有九次發生於異性戀關係之中，且大多數來墮胎的病患都說她們的伴侶同意這個決定，然而，鮮少有人試圖把男人在這類決定中的參與當成犯罪，更別提他們在欠缺考慮的狀態下射精的事了。歐柏曼和柏爾這麼說：

> 為了墮胎而懲罰男性，這件事的新奇程度——儘管這類

---

31 Greenhouse and Siegel, *Before Roe v. Wade*, p. 257.
32 Michelle Oberman and W. David Ball, "When We Talk About Abortion, Let's

控訴具有充分的法律基礎——告訴我們，截至目前為止，我們形塑辯論的方式裡有個很重要的面向：男孩永遠都是男孩，但懷了孕的女人則是不負責任的一方。我們對規範女人的性行為感到如此自在，但在提到對男性採取同樣措施時，我們卻很震驚。儘管討論男人和墮胎的關係可能聽來很奇怪，但其實不討論才更奇怪，因為沒有男人，女人就不會無預期懷孕[32]。

繼續詳述反墮胎十字軍的偽善，並指出那些可能存在的反擊理論如何薄弱，是一件輕而易舉的事。（舉例來說，有人可能聲稱，一個人可以長期支持死刑但仍舊反對墮胎，因為後者面對的是**無辜**的生命。理論上或許如此，但實際上，考量到無所不在的冤案，特別是發生在美國黑人身上的案例，這類反擊站不住腳。）但從許多方面來看，這也沒有必要，因為反墮胎運動者的言論正在逐漸背叛他們自己。「實驗室中的受精卵不算數，它不是在女人身體裡，她沒有懷孕。」阿拉巴馬州參議員克萊德‧錢布利斯（Clyde Chambliss）如此說道，好解釋為什麼一項聲稱要保護受精卵、胚胎和胎兒的法案，並不會影響到體外人工受孕（這項醫療處置會挑選出最強壯的胚胎進行移植，並丟棄剩餘的胚胎）的合法性[33]。這句格外厚臉皮的評論

Talk About Men," *The New York Times,* 2019/06/02, https://www.nytimes.com/2019/06/02/opinion/abortion-laws-men.html

讓反墮胎倡議行動的真實邏輯變得清晰透明：那並非為了要保
存生命，而是要控制女孩和女人，並為了強制執行一個普遍的
期待，亦即女人要為被指定的男人「付出」子女[34]。

　　這並不是在說，女人因此被視為次等人類、非人類的動
物，或甚至僅僅是一個容器[35]。事實上，以概念而言，一個女
人的人性對這整個體制而言是至關重要的：她在此以及在其他
情境中被預設要提供給男人的，是一個獨一無二的人性服務。
她不只是要像《使女的故事》（The Handmaid's Tale）描述的那般，
應該為了完成人類繁殖的任務而生孩子，在事後，她還必須以
一種隱藏自我的方式照顧這個孩子（而其程度遠遠超過了放在
她的男性伴侶身上的期待）。然而，儘管她的人性沒有受到質
疑，但那卻被視為是屬於他人的物品。她作為一個人不是被看
作是一個存在者，而是一個付出者——她要在男性伴侶渴望的
範圍之內，付出生殖勞動和情緒勞動、物質支持，以及性欲上
的滿足；相對的，他則被認定有資格從她身上取用這些商品，

注
釋

33 Jill Filipovic, "Alabama's Abortion Bill Is Immoral, Inhumane, and Wildly In-
consistent," *Vanity Fair,* 2019/05/15, https://www.vanityfair.com/style/2019/05/
alabamas-abortion-bill-is-immoral-inhumane-and-wildly-inconsistent

34 儘管許多跨性別男孩和男人以及能夠懷孕的非二元性別者也同樣受到隨之而
來的政策影響。

35 這與勞麗‧佩妮的意見不同，她寫道，本章提到的反墮胎法規乃是「關乎
於女人被當成物品」。見："The Criminalization of Women's Bodies," https://
new republic.com/article/153942/criminalization-womens-bodies-conservative-
male-power.

將它們視為他與生俱來的權利。他也被認定有資格放棄這些商品，對許多有權力的共和黨男人而言，一項墮胎禁令中若有例外，那麼，最重要的例外情況便會是當他們所謂的情婦懷上了一個他們不想要的孩子之時[36]。

因此，我們可以把反墮胎運動的概念理解成厭女情結用來強迫女性付出照顧的眾多執行機制之一。「三A策略」含蓄地強調著母職角色，而女人不得選擇從中退出。當她懷孕時，儘管證據顯示如偶爾飲酒這類的行為並不會造成傷害，但她的消費習慣仍會受到強力的文化監管[37]；當她考慮生產方式時，所謂的「自然」產（也就是通過陰道、沒有藥物輔助的分娩方式）會被大大地推崇，吹捧的力道遠超過證據所顯示的好處，不管那個好處是針對她，還是針對嬰兒[38]；而一旦她生下嬰兒，她會被認定不只有義務以徹底、無私的奉獻精神照顧子女，更要以非常特定的方式提供照顧。舉例來說，我們可以思考，在一個

---

36 我們知道，抱持反選擇（anti-choice）立場的共和黨男人中，某些人曾經鼓勵或主動施壓女性性伴侶接受墮胎，包括史考特·羅伊德（Scott Lloyd）、艾略特·布洛伊迪（Elliott Broidy）、提姆·墨菲（Tim Murphy）與史考特·德加雷斯（Scott DesJarlais）等人。前兩人甚至支付了手術的（全額或部分）費用。見：Arwa Mahdawi, "A Republican Theme on Abortions: 'It's OK for Me, Evil for Thee,'" *The Guardian,* 2018/08/25, https://www.theguardian.com/world/2018/aug/25/a-republican-theme-on-abortions-its-ok-for-me-evil-for-thee

37 Emily Oster, *Expecting Better: Why the Conventional Pregnancy Wisdom Is Wrong— and What You Really Need to Know* (New York: Penguin, 2018), pp. 40–52.

有乾淨水源沖泡配方奶、用它作為母乳替代品的環境裡，餵母乳的壓力還是大幅地超出了餵母乳被證實的好處，或這些好處可能的重要性[39]。就算餵母乳對許多嘗試這麼做的人造成了疼痛、疲憊，並剝奪了她們的自由，但這依舊萬萬不可拿來當成權衡的因素，去和任何傳說中餵母乳可能會為嬰兒帶來的好處兩相比較[40]。（還有，讓餵母乳變得更加艱難的是，她當然不能在公共場合哺乳，以免她不受控制的身體引起他人的噁心和羞恥感。）

於是，一日母親，終身母親——除了在照顧自己的子女上承擔過多工作外，她也透過各種方式被要求扛下不成比例的責任，必須滿足周遭人們的情緒、物質和道德需求。她也得要擔任其他人的母親，成為救濟與安慰的給予者，養育、愛與注意力的付出者。相較之下，如我們在上一章所見，她幾乎不會被賦予權力好為自己要求這一類的道德商品。同時，我們也將在下一章提到，如果她和男性伴侶生兒育女，那麼，相對之下，

注 38 當然，這並非否認這些好處確實存在，但是它們必須被理性地權衡思考，
釋 　 和陰道生產對許多病人造成的風險、困難與不可能性進行比較。可參見婦
　 　 產科醫師艾咪・圖特尤（Amy Tuteur）的著作：*Push Back: Guilt in the Age of
　 　 Natural Parenting (New York: Dey Street, 2016)，其中精采地說明了自然生產
　 　 以外的其他所有可能性如何對親生父母造成強烈、不必要的內疚感。也可參
　 　 見葵爾・庫克拉（Quill R. Kukla）以蘿貝卡・庫克拉（Rebecca Kukla）為筆
　 　 名所撰寫的著作 *Mass Hysteria: Medicine, Culture, and Mothers' Bodies* (Lanham,
　 　 MD: Rowman & Littlefield, 2005)，該書針對懷孕期間的監管有著更令人信

他這一方將不會有什麼必須公平分擔共同照護責任的壓力。

　　有鑑於母親職責的永存不朽，這就不難解釋，為何會有人熱切主張母職，想要愈早愈好地把孕期中的女人變成概念上的母親。我們也不難預測，如果她試圖推辭，或預先避免自己進入這個角色，將可能發生什麼事：她會被看作是一個壞女人，而她將遭遇到以威脅、懲罰和人格抨擊等形式所展現出來的厭女情結。藉由把一小群發育中的人類細胞重新打造成一個成長完全的人類（如果用一個愈來愈受歡迎的法律用語來說，就是一個「自然人」），早在女人一能夠被想像成母親的那一刻起，她就被指派了母親的角色[i]，一旦這個概念上被視為成長完全的人類進入了討論範圍，中止懷孕就變成殺人、變成謀殺——懷孕的人就成了殺人犯。對抱持這類信仰的人來說，例如《國家評論》（*National Review*）的雜誌特派員凱文．威廉森（Kevin Williamson），墮胎者甚至應該被判處死刑。威廉森近日在播客（podcast）節目中這麼說道：

服、更一般性的說明。

39 Emily Oster, *Cribsheet: A Data-Driven Guide to Better, More Relaxed Parenting, from Birth to Preschool* (New York: Penguin, 2019), chapter 4.

40 跨性別男性雙親的「胸餵」（chestfeeding）所需要的成本，以及此事所帶來的好處，也同樣遭到了忽略，而恐跨情結和排他性的觀點可能聯手使得胸餵這個主題充斥著更多的身體控制、定罪、羞辱等現象。

i 譯註：此處作者的意思是，從女人受孕那一刻開始，女人就已經被賦予了母親這個身分。

　　我完全贊成，把〔墮胎〕當成跟其他最高可處絞刑的犯罪一樣的罪行——這有點，我說過，整體而言我對死刑有點遲疑，但我偏好絞刑作為死刑的一種形式。我傾向於認為，以注射藥物的方式執行死刑有點太冷淡了。

　　對此，部落客查爾斯・強森（Charles Johnson）在推特上給出了很恰當的回應：「你不只想要這些女人死，你還想要她們受苦而死[41]。」

　　我們亦不難解釋，為什麼許多女人——尤其是白人女人——內化了這套道德規則，且如今將會因為選擇墮胎而認為自己是壞女人。某些女人可以藉由遵守好女人規範，也就是遵守我們這個白人至上的父權體系裡的價值觀來獲得許多好處。對她們來說，選擇這樣的立場很有可能特別誘人，特別是當我們在本章裡目睹了包括凱・艾維、珍娜・波特、喬琪・博爾曼，

41 Kirsten Powers, "Kevin Williamson Is Wrong. Hanging Women Who Have an Abortion Is Not Pro-Life," *USA Today*, 2018/04/06, https://www.usatoday.com/story/opinion/2018/04/06/kevin-williamson-atlantic-fired-hanging-women-who-have-abortion-column/491590002/
　　也可參考《不只是厭女》（英文版，頁96-98），對這些看法有進一步討論。
42 Ronald Brownstein, "White Women Are Helping States Pass Abortion Restrictions," *The Atlantic*, 2019/05/23, https://www.theatlantic.com/politics/archive/2019/05/white-women-and-support-restrictive-abortion-laws/590101/
43 除此之外：
　　懷孕提供了一個「要不是」的條件，也就是說，要不是因為女人懷孕了，

和菲利斯・斯拉夫萊在內那些**享有特權**的白人女性擁有怎樣的聲望時，更是如此。研究顯示，這些女人並非特例，在某些州內，白人女性甚至比她們的白人男性同伴更有可能反對墮胎[42]。

　　雖然這些女人的看法可以預期，但是當然，這仍舊不能讓她們在反墮胎運動裡所扮演的角色免於道德譴責，因為當墮胎受到監管時，主要會是貧窮的非白人女性為此付出代價——而代價不只牽涉到能否取得墮胎服務而已。有一項研究以被稱為「生殖壓迫」的現象為主題，審視了超過四百件發生於一九七三至二〇〇五年間的這類案例，在此其中，懷孕者的生理自由遭到法律和公共政策等手段的限制。在州政府的支持下，懷孕者遭到逮捕、監禁，她們的刑期被延長；她們被扣留在醫院、精神醫療機構和各種治療方案中；她們遭受到包括手術在內的強制醫療干預，例如在想要以陰道分娩的情況下卻仍舊被施行剖腹手術[43]。這些手段中的大多數，都是為了回應這些懷孕者

これらの針對她們採取的行動根本不會發生。在七個案例中，企圖否決女人自由的手段也包括了在女人已經生產完、不再懷孕後，仍對她們的行為提起訴訟。

出處：Lynne M. Paltrow and Jeanne Flavin. "Arrests of and Forced Interventions on Pregnant Women in the United States, 1973–2005: Implications for Women's Legal Status and Public Health," *Journal of Health Politics, Policy and Law* 38: 2(2013), p.301.

另一個殘忍卻尋常的方式是，強迫被監禁的懷孕者在生產時仍帶著腳鐐手銬。見："Shackling Pregnant Inmates Is Still a Practice in Many States," *CBS News*, 2019/03/13, https://www.cbsnews.com/news/shackling-pregnant-

可能對胎兒造成的假想威脅，同時，與其他形式的厭女社會控制一樣，某些女人會被認定比起另一些女人造成了更多威脅。研究者琳奈‧派特羅（Lynne M. Paltrow）和金妮‧佛萊文（Jeanne Flavin）發現：

> 在我們的研究裡，不分種族，有百分之七十一壓倒性比例的女性有資格因為無資力而申請指定公設辯護人（indigent defense），這點反映出她們絕大多數都屬於經濟弱勢。在三百六十八名可取得種族身分資訊的女性中，百分之五十九的人是有色人種，包括非裔美國人、西班牙裔美國人／拉丁裔、美國原住民，以及亞洲／太平洋群島裔；其中百分之五十二的人是非裔美國人。非裔美國女性在我們的研究中占據了特別高的比例，這格外反應

注釋

inmates-is-still-a-practice-in-many-states/。
還有許多其他對生育正義的傷害，包括強迫結紮、強迫墮胎，以及將兒童從父母身邊「移除」（或更正確地形容：偷走）。貧窮、非白人、原住民和有身心障礙的女孩與女人特別不成比例地會被這些犯罪所傷。這是極為重要的議題，但繼續討論會偏離本章的範疇。針對此一主題的入門討論和相關資源，可參考：Amanda Manes, "Reproductive Justice and Violence Against Women: Understanding the Intersections," *VAWnet*, 2017/02/28, https://vawnet.org/sc/reproductive-justice-violence-against-women-understanding-intersections。

44 Paltrow and Flavin, "*Arrests of and Forced Interventions on Pregnant Women in the United States,*" p. 311.

45 派特羅和佛萊文解釋：

出了南方的真實情況……在非裔美國人作為被告的案子中，有將近四分之三來自於南方，相比之下，只有一半的案例涉及白人女性[44]。

　　案例之一是來自南卡羅萊納州的非裔美國女子蕾吉娜・麥可奈特（Regina McKnight）。麥克奈特在二十一歲時無預期產下死胎，而後續的證據將顯示那是感染造成的結果，然而，州政府把這件事怪罪於麥可奈特使用古柯鹼。陪審團只花了十五分鐘商議就宣告她的殺人罪名成立，麥可奈特被判處十二年徒刑；她的罪名在二○○八年時被撤銷，但到了那時，她已經被監禁了約莫八年之久[45]。

女孩和女人的身體經由許多方式受到規範、監管，以及愈來愈

> 二○○八年時，麥可奈特求助於定罪後的救濟程序，結果南卡羅萊納州的最高法院在程序中一致同意推翻她的有罪判決，斷定她在審判期間未能獲得有效的辯護。法院說，州政府援引的研究「已過時」，而且麥可奈特的辯護律師並未傳喚專家出庭。如果律師有這麼做的話，專家就會作證指出，「近期研究顯示，比起使用尼古丁、營養不良、缺乏產前照護，以及其他時常和都市貧窮相關的情況，古柯鹼並不會對胎兒造成更多傷害。」為了避免重新審判與被判處更長的刑期，麥可奈特承認過失殺人的罪名，進而獲得釋放。
> 出處：Paltrow and Flavin, p. 306.
> 請留意，這樣一來，麥可奈特仍然被列為重罪犯。

常見的支配與打壓，控制她們的懷孕身體只是其中之一。一個特別有趣卻經常被忽略的平行情境是反跨性別運動，以及該運動如何執迷於監管跨性別女孩和女人的身體，包括透過法律手段進行監控管理。以「廁所法案」為例，該法案提議，根據個人出生時的生理性別來規定他們能否進入多人廁所、更衣室，以及其他傳統上依照性別來區隔空間的場所。在書寫本章的此刻，美國已經有十六個州在考慮此一類型的法案，其中北卡羅萊納州則於二〇一七年通過提案，不過該案隨後即遭到聯邦法院否決[46]。這類立法強迫跨性別者使用不符合他們性別身分認同的廁所，使他們承受潛在的社會羞辱、較高的肢體攻擊風險，他們也可能因此產生性別焦慮的情況。近期一項研究針對將近兩萬八千名跨性別者進行調查，結果顯示，並不令人意外的，即使不以法律為基礎，日常性地監管人們使用廁所也會帶來負面的影響：在過去一年間，有將近百分之六十的人至少有過一次因為擔心遭到攻擊或質問而避免使用公共廁所的經驗[47]。

　　廁所法案和反墮胎法規一樣，都仰賴於打造一個不道德

注釋

46 見："'Bathroom Bill' Legislative Tracking," http://www.ncsl.org/research/education/-bathroom-bill-legislative-tracking635951130.aspx。

47 Brian Barnett, "Anti-Trans 'Bathroom Bills' Are Based on Lies. Here's the Research to Show It," *HuffPost*, 2019/09/11, https://www.huffpost.com/entry/opinion-transgender-bathroom-crime_n_5b96c5b0e4b0511db3e52825

48 另一個和反墮胎運動平行的情境則是順性別白人女性在這類道德監管中經常扮演的角色，這個角色有時會受到所謂的基進女性主義支持。相關入門討論

（或根本就該受到譴責）的人物形象。在墮胎的情境中，這個人物是冷漠無情的順性別女人，意圖殺死她「未出世的孩子」；而在廁所法案裡，則是意圖掠奪的跨性別女人──或者說，是一個僅僅為了取得廁所使用權而**假裝**自己是跨性別女人的順性別男人。廁所法案也和反墮胎法規一樣，仰賴於打造一個名義上的受害者。在墮胎的情境裡，受害者是令人揪心的、脆弱的胎兒，這個胎兒未嘗沒有可能成為下一個愛因斯坦；而在廁所法案中，受害者則是被虎視眈眈的順性別女孩或女人。於是，這些名義上的受害者被當成理由，用於在事後合理化那些企圖監管假想道德罪犯的欲望，但這些欲望事前就已經存在[48]。

真實情況是，曾經對**任何**廁所使用者造成過傷害的跨性別女人，或自稱為跨性別的順性別男人，數量微乎其微。近期研究指出，自二〇〇四年以來，美國國內每年大約只有一起這類犯罪被通報。與此同時，並未費心假裝成跨性別人士的順性別男人在廁所裡攻擊女人的頻率卻是遠遠高上許多：同一組研究者發現，在同一段時間內發生了超過一百五十起這種事件[49]。

可見：Katelyn Burns, "The Rise of Anti-Trans 'Radical' Feminists, Explained," *Vox*, 2019/09/05, https://www.vox.com/identities/2019/9/5/20840101/terfs-radical-feminists-gender-critical

49 Barnett, "Anti-Trans 'Bathroom Bills' Are Based on Lies," *Huffpost*, https://www.huffpost.com/entry/opinion-transgender-bathroom-crime_n_5b96c5b0e4b0511db3e52825

所以，為什麼我們從某些人的口中聽到這麼多關於跨性別女人
（或者，讓我再次重複，假裝成跨性別的順性別男人）的假想
威脅，卻鮮少聽聞毫無偽裝的順性別男人對所有女人所造成的
真實威脅？答案無庸置疑，是恐跨情結（transphobia）──尤其
是厭跨女情結，它代表了許多跨性別女孩和女人所要面對的，
一種厭女情結加上恐跨情結後，危險而有毒的交織[50]。

　　固著於想像跨性別女人或假裝成女人的男人具有掠奪性
的意圖，此觀點並非偶然。這樣的區分掩蓋了某個事實，亦即
這兩個分離的詞組──在上句陳述中「或」字的前後部分──
經常被沉溺於恐跨情結的人當成同一件事，而當他們這麼認為
時，針對跨性別女人的暴力就成了一個太有可能發生且稀鬆平
常的結果。

　　哲學家塔莉亞・美伊・貝特契（Talia Mae Bettcher）在一系
列重要的文章中指出，恐跨偏執情結的深層中心想法在於認

注
釋

50 接下來，我將簡短討論到貝特契的著作。除了貝特契以外，其他和跨性別
身分與恐跨情結相關的女性主義討論亦發人深省，它們包括羅蘋・丹布洛
夫（Robin Dembroff）、小山繪美（Emi Koyama）、蕾秋・麥金儂（Rachel V.
McKinnon），與茱莉亞・塞拉諾（Julia Serano）等人的作品：

Robin Dembroff, "Real Talk on the Metaphysics of Gender," in *Gendered Oppression and its Intersections,* a special issue of *Philosophical Topics,* edited by Bianka Takaoka and Kate Manne, forthcoming.

Robin Dembroff, "Trans Women Are Victims of Misogyny, Too—and All Feminists Must Recognize This," *The Guardian,* 2019/05/19, https://www.theguardian.com/commentisfree/2019/may/19/valerie-jackson-trans-

為，性別表現即為**生殖器**表現的代碼，並以自然和道德之名，堅持這兩者必須「一致」。她提到，在一個順性別性主義（cissexist）的社會裡：

> 陰莖和陰道〔被〕看作⋯⋯男性和女性分別享有道德資格、得以理所當然主張的「合法所有物」。事實上，針對性的形上學所抱持的自然態度，也是一種關於道德秩序的看法。此概念有助於我們理解一種完全充斥著道德和形上學考量的恐跨情結。跨性別人士被描繪成「骨子裡是如此和如此，但表面上卻假裝成這樣和那樣」，此事並不罕見。舉例來說，一個跨性別女人可能會被描述成是在進行某種「性欺騙[51]」。

具體而言，跨性別女人要不可能被視為「邪惡的欺騙者」、

women-misogyny-feminism

Emi Koyama, "The Transfeminist Manifesto," in *Catching a Wave: Reclaiming Feminism for the 21st Century*, edited by Rory Dicker and Alison Piepmeier (Boston: Northeastern University Press, 2003), pp. 244–59.

Rachel V. McKinnon, "Stereotype Threat and Attributional Ambiguity for Trans Women," *Hypatia* 29:4 (2014), p. 857–72.

Rachel V. McKinnon, "Trans*formative Experiences," *Res Philosophica* 92:2 (2015), p. 419–40.

Julia Serano, *Whipping Girl: A Transsexual Woman on Sexism and the Scapegoating of Femininity*, 2nd ed. (2007; repr., Berkeley, Calif.: Seal Press, 2016).

假裝成某種並非她本身樣貌的狀態，要不就是被看作純粹的偽
裝者、一個陰柔氣質的不完美模擬[52]。因為，如貝特契所說：

> 　　跨性別女人的身體在私密層面上仍被當作是男性身體。
> 於是她的陰道被視為是不合法的，一部分是因為，那並沒
> 有完滿實現她身體的道德結構。如此一來，跨性別女人不
> 只「扭曲」了她的身體結構，更「扭曲」了她有資格擁有，
> 且在道德上可以完滿前述結構的生殖器官[53]。

　　在貝特契所指出的動力之下，有一個重要的必然結果，
亦即一種資格感的認定。也就是說，這讓我們認為，當我們在
接觸性別表現為女人的對象時，即使她衣著整齊，我們也仍然
可以在第一眼時就清楚知曉她的生殖器如何安排運作，不存在

注
釋

51 Talia Mae Bettcher, "Full-Frontal Morality: The Naked Truth About Gender," *Hypatia* 27:2 (2012), p. 320。在此她援引了哈洛德・葛芬柯（Harold Garfinkel）的作品。

52 Talia Mae Bettcher, "Evil Deceivers and Make-Believers: On Transphobic Violence and the Politics of Illusion," *Hypatia* 22:3 (2007), p. 43–65.

53 Bettcher, "*Full-Frontal Morality*," p. 332.

54 儘管如此，法律卻在許多州內保障了另一個相近的、駭人聽聞的、錯誤的偽善義務，那就是認可強暴犯的親權。見：Analyn Megison, "My Rapist Fought for Custody of My Daughter. States Can't Keep Survivors Tied to Rapists," *USA Today*, 2019/06/19, https://www.usatoday.com/story/opinion/voices/2019/06/19/abortion-laws-bans-rape-parental-rights-column/1432450001/。

任何懷疑或模稜兩可。由此出發，看似合理的延伸觀點即為一種資格感，認為我們能夠一眼得知女人的生育能力——這暗示了，假如她無法將異性戀霸權核准之下的性和親生子女「給予」順性別男人，那麼，她便有義務不得將自己**表現**成女人。我希望我無需補充這點：這份被想像出來的義務並非真實的義務[54]。

如我們所見，反墮胎運動對生命的假意關注掩蓋了一個事實，亦即它損害了順性別女孩和女人，以及其他也有可能懷孕之人的健康與生命。同樣的，反跨性別運動對性安全的假意關注則是掩蓋了另一個事實：它損害一群格外弱勢之人的安全與生命，亦即跨性別女孩和女人，她們不成比例地容易遭遇到攻擊、侵害和謀殺，這類事件出現的頻率之高，讓美國醫學會於近期將此現象宣告為流行病[55]。

貝特契在一篇文章中討論到知名的關・阿勞霍（Gwen

---

55 Julie Euber, "American Medical Association: Transgender Deaths Are an Epidemic," *Non-Profit Quarterly,* October 2, 2019/10/02, https://nonprofitquarterly.org/american-medical-association-transgender-deaths-are-an-epidemic/
若想取得可靠的估算，瞭解近期美國國內跨性別女人和順性別男人遭到殺害的數據，可參考數據科學家艾蜜莉・高森斯基（Emily Gorcenski）的文章：Emily Gorcenski's "Transgender Murders: By the Numbers," 2019/01/13, https://emilygorcenski.com/post/transgender-murders-by-the-numbers/
請留意，在這裡，非白人跨性別女孩和女人所面對的風險特別高。見：Rick Rojas and Vanessa Swales, "18 Transgender Killings This Year Raise Fears of an 'Epidemic,' " *The New York Times,* 2019/09/27, https://www.nytimes.com/2019/09/27/us/transgender-women-deaths.html。

Araujo）[ii]一案，這名來自加州的十七歲跨性別女孩在二〇〇二年時被惡意毆打並殺害[56]。在阿勞霍遭到謀殺前，她參加了一場派對，由於派對上的人們對她的生殖器表示猜疑，便藉由強迫她露出自己的生殖器官，使她以這種公開且暴力的方式「被出櫃」。貝特契指出，人們隨後聲稱「他其實是個男人」，而這句話顯然猛地促使了四名順性別年輕男子——他們分別是傑森‧卡薩爾茲（Jason Cazares）、麥可‧麥吉森（Michael Magidson）、加隆‧奈伯爾（Jaron Nabors）和荷西‧梅羅（Jose Merel）——對阿勞霍的攻擊，這四人最後以一級謀殺罪遭起訴[57]。值得留意的是，其中兩名男子（梅羅和麥吉森）在派對發生的幾天前曾經與阿勞霍有過性接觸，他們在那之後生起的暴力狂怒很有可能根植於一種對資格感的認定——認定自己有資格因為阿勞霍的性別表現和他們對她所產生的性欲，進而要求阿勞霍的生殖器官和她出生時的生理性別必須符合他們的期待[58]。

許多人對這幾名年輕男人表達了同理和支持，而非要求他們為謀殺阿勞霍的行為負責——在殺害她後，他們將她遭到毆打的屍體埋在相隔一百五十英里的謝拉縣野地裡，接著去了麥

<hr />

注釋

ii　編註：此案後來改編為電影《女孩不哭，女孩別哭》（*A Girl Like Me: The Gwen Araujo Story*）。

56 Bettcher, "*Evil Deceivers and Make-Believers*," pp. 43–45.

57 在一次無效審判後，麥吉森和梅羅最終被判處二級殺人罪，但並未因為仇恨犯罪而增加刑度。奈伯爾在第一場審判中承認故意殺人的罪名，而卡薩爾茲

當勞[59]。一如貝特契所指出的，他們為加害者找藉口，並同時擁抱著責怪受害者的邏輯。其中一人的母親說，「如果你發現和你在一起的美麗女人其實是男人，任何男人都會因此而抓狂的。」「他沒有對他們誠實，如果他有這麼做的話，這一切就不會發生了。」學生記者柴克・卡列夫（Zach Calef）這麼認為，他同時也用錯誤的代名詞稱呼阿勞霍，在道德傷害之上又額外對她增添一筆重大羞辱。而儘管這幾名年輕男子在殺害阿勞霍的幾天前就已經對她的生殖器官有所揣測，但根據其中一位辯護律師的說詞，他們的行為只是「一時衝動」，源自於「極度的震驚、詫異與困惑」。事實上，他們是受到激怒才會犯下謀殺之罪，「他們的憤怒如此深層，幾乎是原始衝動」——而那是源自於阿勞霍的「性騙局、欺瞞和背叛」。這些主張反映出一種想法，也就是這些男人不只有資格知道阿勞霍衣著下的生殖器狀態，他們還有資格在獲取性付出的資格感遭到挑戰時「抓狂」，甚至殺死她。

儘管這個例子相當戲劇化，但部分享有特權的男人之間確實存在一種普遍的資格感，認定自己得以規範、控制，並統治

最後並未回應故意殺人的罪名。

58 針對恐跨情結與恐同情結之間的相關性，可以參考貝特契的精妙討論：
Bettcher, *"Evil Deceivers and Make-Believers,"* p. 47.

59 因此，這是一個典型的「同理他心」範例，我曾於稍早的章節中說明並探索這個概念。

女孩和女人的身體，不論順性別或跨性別女人皆然。而這所導致的直接結果，便是那些遭受厭女情結監管的人往往被當作道德怪獸來抨擊，儘管她們自身才是被迫遭遇了重大痛苦的一方。

（7）

不獲支持的女人——
男人享有家務勞動的資格感
Insupportable – On the Entitlement to Domestic Labor

　　「男人就覺得他們有資格享受我們的勞動。」《所有的憤怒：母親、父親，及平等伴侶關係的神話》（*All the Rage: Mothers, Fathers, and the Myth of Equal Partnership*）一書的作者達西・洛克曼（Darcy Lockman）寫道，「這種資格感的光芒如此耀眼[1]」，它也對許多異性戀家庭投下了綿長的陰影：擁有男性伴侶的母親承擔了遠超出合理範圍的育兒和家務工作。女人的「第二輪班」（second shift）數十年來不曾略為動搖；社會學家亞莉・羅素・霍希爾德（Arile Russell Hochschild）於一九八〇年代晚期提出這個概念，描述女人每年多花了一個月的時間，進行「家庭」工作。

　　這幅家庭內家務不平等的慘澹圖像可能令人驚訝。在描繪當代異性戀伴侶關係時，這種為家庭付出的現代父親形象隨處

1　Darcy Lockman, *All the Rage: Mothers, Fathers, and the Myth of Equal Partnership* (New York: HarperCollins, 2019), p. 205.

可見，但，很不幸，它卻是誤導人的。儘管從一九八○年到二
○○○年間，美國男人分擔育兒責任的程度確實有所增加（伴
隨著女人的勞動參與率大幅提升），但在二○○○年後卻陷入
了停滯。在一份針對今日國內情況的代表性研究中，社會學
家吉兒・亞佛斯奇（Jill Yavorsky）、克萊兒・坎普・達許（Claire
Kamp Dush），與莎拉・薛普－蘇利文（Sarah Schoppe-Sullivan）發
現，當雙方都有全職工作（每週工時大約為四十小時）的男女
伴侶成為新手爸媽時，男人在家中的工作量大約增加十小時，
但與此同時，女人的工作量則增加了約二十小時，因此，母親
角色必須承擔比父親角色加倍的工作量。除此之外，父親們在
這些情境裡真正承擔的新工作中，有許多是與孩子互動這類相
對「有趣」的任務——例如和嬰兒玩；父親平均每週花四個小
時做這件事，但同時，也就減少了五個小時的做家事時間。母
親每週做家事的時間只有減少一個小時，卻增加了大約二十一
小時的育兒勞動時間，其中包括十五個小時的身體照護——例
如換尿布和為嬰兒洗澡。而在與嬰兒的互動方面，母親也依舊
做得更多，每週平均六小時[2]。

注
釋

2　Jill E. Yavorsky, Claire M. Kamp Dush, and Sarah J. Schoppe-Sullivan, "The Pro-
duction of Inequality: The Gender Division of Labor Across the Transition to
Parenthood," *Journal of Marriage and Family* 77:3 (2015), p. 662–79.

3　"Time Spent in Primary Activities by Married Mothers and Fathers by Employ-
ment Status of Self and Spouse... 2011–15," Bureau of Labor Statistics, https://

　　皮尤研究中心（Pew Research）和美國勞動統計局（U.S. Bureau of Labor）所蒐集的時間使用日記統計資料也呈現出類似的情況。在二〇〇〇年時，他們發現，全職母親承擔了家中三分之二的育兒責任，而男性伴侶則負責餘下的三分之一；再一次，女人做了雙倍的工作，且令人困擾的是，在過去二十年間，這些數字一直保持穩定不變[3]。

　　樂施會（Oxfam）於二〇一八年發表的報告顯示，就全球整體情況來看，女人從事無償照護工作和家務勞動多出男性一倍，而這在統計數字上仍處於低端。在世界各地，女人平均承擔了比起男性伴侶多出二到十倍這類工作，而這些工作的每年全球產值估計約為十兆美金[4]。根據現況，男人和女人若要在育兒工作上達到平等，需要花費的時間預計介於七十五年（由父職倡議團體「男人在乎」〔MenCare〕估算）和兩百年這個更令人憂鬱的數字之間（由聯合國國際勞工組織提出[5]）。不過，研究顯示，在某種情境之下，男人和女人間的家務分工仍有可能趨近平等，那就是當她擁有全職工作，但他卻處於待業中時。然而，就算如此，此處的關鍵字仍是趨近，她還是會做得多一

www.bls.gov/tus/tables/a7_1115.pdf

4　"Why the Majority of the World's Poor Are Women," *Oxfam International*, https://www.oxfam.org/en/even-it/why-majority-worlds-poor-are-women（資料擷取於二〇一九年七月十五日）

些。即使在據稱眾人皆平等的美國社會脈絡之下，平等仍難以企及[6]。

但真要說的話，時間使用研究裡所描繪出來的男性家事參與情況，可能還太過美好。「我對我們從時間使用日記中得到的資料抱持懷疑，」坎普對洛克曼說，「當我們檢視一對伴侶在同一天內的情況時，發現了不同的結果模型，顯示出男人甚至做得更少[7]。」與此一致的現象是，男人看來會高估自己對共同家務工作的貢獻程度。《經濟學人》（Economist）近期針對八個西方國家的父母進行調查，結果顯示，百分之四十六的父親認為自己是付出等量的家長，但只有百分之三十二的母親同意他們對自己的評價[8]。當然，這或許是女人在時間使用日記裡少報了伴侶的貢獻，而不是男人多報，但社會科學家認為這不太可能。社會學家史考特・柯川（Scott Coltrane）指出：

注釋

5　參見："Men Taking on 50 Percent of the World's Childcare and Domestic Work Requires Global Goal and Immediate Action, Reveals State of the World's Fathers Report," https://men-care.org/2017/06/09/men-taking-on-50-percent-of-the-worlds-childcare-and-domestic-work-requires-global-goal-and-immediate-action-reveals-state-of-the-worlds-fathers-report/，以及 International Labour Organization, *A Quantum Leap for Gender Equality: For a Better Future of Work for All* (Geneva, Switzerland: International Labour Office, 2019), https://www.ilo.org/wcmsp5/groups/public/---dgreports/---dcomm/---publ/documents/publication/wcms_674831.pdf。

　　基於共享家庭工作所擁有的潛在好處、女人的勞動參與快速增加，以及婚姻中的平等理念獲得愈來愈多大眾支持，許多人……預測家務勞動的分工會變得愈來愈性別中立。但儘管如此，研究……卻似乎不太支持這個說法。這為研究者迎來一個重大的、尚未有答覆的問題：「為什麼男人不多做一點[9]？」

　　男人為什麼沒有多做，原因之一很有可能是不以為意——一種存心的，且相對幸福的無知狀態。坎普・達許在評論她自身研究時寫道：

　　有趣的是，新手爸爸似乎沒有覺察到他們並未跟上伴侶增加的工作量。當我們提問時，男人和女人都認為，在成為父母後，他們每週都各自多出超過三十個小時的

6　Sara Raley, Suzanne M. Bianchi, and Wendy Wang, "When Do Fathers Care? Mothers' Economic Contribution and Fathers' Involvement in Childcare," *American Journal of Sociology* 117:5 (2005), p.1422–59.

7　Lockman, *All the Rage*, p. 16.

8　"Sharing Chores at Home: Houses Divided," *Economist,* 2017/10/05, https://www.economist.com/international/2017/10/05/houses-divided

9　Scott Coltrane, "Research on Household Labor: Modeling and Measuring the Social Embeddedness of Routine Family Work," *Journal of Marriage and Family* 62: 4 (2000), p. 1210.

總工作時數。但我們手上那份更精確的時間日記則說出了一個不同的故事，亦即親職為女人增加的工作量比男人多出許多[10]。

在如此情況下，另一個男人不多做的原因則是，去要求他們盡到本分，此事本身便已是某種形式的勞動。

在《所有的憤怒》一書開頭，達西・洛克曼回憶了一樁事件，那是促使她撰寫本書的原因之一。她向丈夫喬治要求在母親節當天有個短暫的休假，請他帶兩個女兒去看他的母親，給洛克曼一個罕有的機會，可以有一些屬於自己的時間。這個心照不宣的約定包括了喬治要負責幫孩子打包行李，而這是他打從他倆的長女出生以來的六年半間，第一次做這件事。洛克曼回想起當他詢問她自己有沒有可能忘記了什麼時，她感到多麼沮喪，並且難以平和鎮靜地回覆。但很快，內疚感就生效了。她寫道：

> 我肩上的惡魔——那是一陣已經被內化了幾十年的白噪音，一個關於女人、女人的責任，和她們相對地位的聲音——慫恿著我：你這樣對他不公平。他畢竟已經要帶她們

10 Claire Kamp Dush, "Men Share Housework Equally—Until the First Baby," *Newsweek,* 2015/05/10, https://www.news week.com/men-share-housework-

出去了，你只要隨便丟幾樣東西進去行李箱就好。這只是
個在外面過一晚的旅行，這只會花你三十秒，有什麼該死
的大不了？我拿了iPad和幾樣玩具，把它們放到行李袋
裡，作為對魔鬼的奉獻，也是我對丈夫的奉獻。對於他，
我尤其只希望能以公平相待，再無其他[11]。

　　這段內心對話刻劃出情緒勞動經常造成的複雜代價。情緒
勞動有許多內涵，尤其包括了那些太常落在女人頭上的**追蹤**和
預期工作：知道哪樣東西在哪兒、誰需要什麼、購物清單、家
庭預算、家人的行事曆等等，更別提還有打包無盡的行李，從
尿布包到行李箱都是。（在洛克曼拒絕提供更進一步的協助之
後，她的丈夫忘記帶女兒們的睡衣，她們最後穿著泳衣睡覺。）

　　如今所有這些形式的工作都被含括在情緒勞動的標題之
下，已經算是相當標準的作法；在近期一份提供給男性聽眾的
情緒勞動指南中，這個概念獲得了以下定義：

　　女人為了掌握生活中的小事而從事的免費、隱形工作，
　　這些小事綜合起來後則構成生活中的大事：它們是膠水，
　　凝聚了家家戶戶，並藉此進一步凝聚了一個運作得宜的社
　　會[12]。

equally-until-first-baby-330347
11 Lockman, *All the Rage,* p. 3.

我們必須承認，該詞的創始者亞莉‧羅素‧霍希爾德並不贊成對它作出這樣的延伸解釋，她最初使用該詞，是用來指涉那些為了維持特定情緒效果而必要的**有償**工作——例如空服員要展現出令人愉快的風度舉止[13]。但對我而言，這正是一個令人印象深刻的例子，顯示一個詞語如何自然演變，好跟上語言使用者的需求。情緒勞動的概念自然而然地被理解成涵蓋許多情況，如同《拒絕失衡的「情緒勞動」》（*Fed Up: Emotional Labor, Women and the Way Forward*）一書的作者潔瑪‧哈特莉（Gemma Hartley）所說：

> 家務並不是唯一一件令人感到厭倦的事。我也是行程管理人，負責安排預約並隨時隨地知道行事曆上寫了什麼。我是那個擁有所有答案的人，從我丈夫把鑰匙放在哪裡、那場婚禮是幾點，還有當天的服裝規定是什麼、家裡還有沒有柳橙汁、那件綠色的毛衣在哪裡、那個誰誰誰的生日

12 Tracy Moore, "The Stupid-Easy Guide to Emotional Labor," *Mel Magazine,* 2018, https://melmagazine.com/en-us/story/the-stupid-easy-guide-to-emotional-labor

13 在近日一場訪談中，霍希爾德說：
> 我最初在《情緒管理的探索》（*The Managed Heart*）一書裡提出情緒勞動一詞時，指的是你必須付出費用的工作，主要涉及了試圖為工作本身打造正確的感覺，包括喚醒和壓抑一些感受。某些工作仰賴大量的情緒勞動，某些則很少。從空服員的工作要求她們比一般人更和善，到收帳員的工作要求他們在必要時刻比一般人更苛刻，有各式各樣的工作都會

是什麼時候，到我們晚餐要吃什麼。我心裡揣著一張包山包海的列表，不是因為我想這麼做，而是因為我知道沒有其他人會做[14]。

情緒勞動也包括處理**環繞**著這類事務而生的情緒：例如，不要指出男性伴侶哪件事情做得很糟，以免使他惱怒，也要避免太常在家中尋求他的「幫助」和「支持」。如此一來，許多女人陷入了一個強而有力、進退兩難的局面：你若不開口求助，就必須承擔許多的物質、家務和情緒勞動，程度遠遠超出你原本應該負責的份量；當你**真**的開口時，你則會破壞一套隱晦的社會規範，亦即女人得維持秩序、照顧他人，並且不要要求太多。哈特莉：

> 開口求助，而且是用正確的方式求助，是一層額外的勞動。在許多情境裡，個人為了要把工作委託給他人，必須

仰賴情緒勞動，例如教師、看護中心的服務員，與兒童托育工作者都是。重點是，儘管你可能也從事著身體和心靈勞動，但你主要是因為你管理和製造某種感受的能力而受到雇用與監管。
出處：Julie Beck, "The Concept Creep of 'Emotional Labor,' " *The Atlantic*, 2018/11/26, https://www.theatlantic.com/family/archive/2018/11/arlie-hochschild-housework-isnt-emotional-labor/576637/
14 Gemma Hartley, *Fed Up: Emotional Labor, Women, and the Way Forward* (New York: HarperCollins, 2018), pp. 3–4.

反覆地提出要求，而這經常被看成是嘮叨。有時這實在就是不值得費力去一而再再而三地提出要求，而且是持續用正確的語氣提出要求（但依舊有可能被說成是一個嘮叨的人），所以我乾脆自己動手做[15]。

哈特莉的書以一樁事件開場，它和洛克曼的開篇小故事明顯相似：作為母親節禮物，她要求雇用家事清潔服務員，為她與丈夫子女一起住的公寓打掃浴室和地板。她解釋：

> 對我來說，這個禮物的重點不是打掃本身，而是總算有那麼一次，我不用負責家裡的辦公工作。我不必打電話聯絡、詢問好幾家的報價、做功課研究每間清潔公司、處理付款，然後預約打掃時間。我真正想要的禮物是擺脫這件任務所帶來的情緒勞動，而它已經在我心中困擾我許久，打掃房子只不過是加分而已[16]。

然而，唉，事情未能如願。哈特莉的先生選擇省錢，然後

注釋

15 出處同上，頁4。
16 出處同上，頁1。
17 出處同上，頁5。
18 例如可參見：Eyal Abraham, Talma Hendler, Irit Shapira-Lichter, Yaniv Kanat-Maymon, Orna Zagoory-Sharon, and Ruth Feldman, "Father's Brain Is Sensitive

自己動手徹底清掃浴室；在此同時，她則被交付獨自照顧孩子的任務，而整間屋子除了浴室的其他部分在她周遭陷入一片混亂。她描述自己隨之而來的憤怒乃是「年復一年，緩緩接下了扮演家中唯一在乎所有事情的角色，最後綜合起來的結果[17]。」

　　把這樁事件輕易地打發成已開發第一世界的煩惱、進而不予理會，是一件簡單的事，也是一道障眼法。在此，將這些女人和她們那些享有較少特權的同儕兩相比較，並不是有意義的作法；後者無疑確實面對許多獨特的問題，其中某些主題我們已經討論過，也會在後續討論到更多。真正有意義的比較，是針對女人與其未能公平負擔家庭照護之重擔的男性同伴，比較兩者之間的差異，而在這件事情上，並沒有好理由可以解釋男人的失職。男人和女人「天生」有著不同的育兒傾向或偏好，這個太過便宜行事、性主義的假設已經被破解了，一部分是因為研究顯示，當男人是主要照顧者時，他們的大腦（大腦是可塑的）會變得和那些擔任主要照顧者的女人相似[18]。但縱然如此，男人卻還是未能適當地投入家務和育兒勞動，而此事看來影響了各種人口統計背景下的每一個女人[19]。當然了，這並不

to Childcare Experiences," *Proceedings of the National Academy of Sciences* 111; 27 (2014), p. 9792–97.
讀者可以在我的著作《不只是厭女》的第三章中找到和這類性主義假設有關的一般性討論，這類假設合理化並自然化父權的社會秩序。見：《不只是厭女》，第三章。

是在說富有和貧窮的女人受到影響的方式一模一樣；當高收入、占優勢地位的白人男性不在乎，而與他們同樣富有（且還是一樣，通常是白人）的女性伴侶變得精疲力盡且感到絕望時，她們最後經常就會「俯身取用」（lean down），仰賴非白人和貧窮女性的勞力。因此，當享有特權的白人男性失職時，這不只會對他們的妻子造成傷害，傷害也會延伸到更弱勢的女人身上，她們最終可能會遭到剝削，必須從事這些相對享有特權的女人原本應該要做、但不應該由她們獨自處理的工作事務[20]。

男人未能在乎或拒絕在乎照護工作，此事不只出現在家庭脈絡中，就連有償的照護工作也極度不受男人歡迎。經濟學者觀察到，比起從事護理（如助理護理人員）、老人照護員，或擔任居家照護助理，男人往往寧願失業。然而，隨著傳統的男性藍領工作逐漸在美國經濟體系裡消失，前述這類工作卻愈來愈常見，並且需要有人去做。一篇二〇一七年六月時刊登於《紐約時報》上的文章直言不諱地指出：「解方看來很簡單，傳統的

注
釋

19 參見：Arlie Russell Hochschild (with Anne Machung), *The Second Shift*: *Working Families and the Revolution at Home* (London: Penguin, 1989), pp. 5–6，及 Lockman, *All the Rage,* p. 17.

20 同樣值得注意的是，即使享有特權的白人女性確實在家事和育兒責任上取得了付費協助，她們還是經常承受額外的情緒負擔，必須要獨自管理那些雇來協助自己的人和自身之間的關係。

21 Susan Chira, "Men Don't Want to Be Nurses. Their Wives Agree," *The New York*

男性工廠工作慢慢枯竭，美國經濟裡成長最快速的職位空缺則是那些經常由女人從事的工作，為什麼不讓男人去做那些工作呢[21]？」

無庸置疑，阻止男性參與有償照護工作的障礙之一在於男人認定了自身有資格被授予更多傳統的陽剛職缺，換句話說，工廠或爆破類的工作，且對白人男人而言，這種資格感尤其強烈。但另一個障礙則可能是他們的女性伴侶先入為主地認定哪類工作和男性伴侶的尊嚴相稱。社會學家歐佛・夏隆內（Ofer Sharone）發現，當曾經從事專業工作的男人中年失業，就算他們願意從事傳統上屬於柔性產業的較低薪工作，他們的妻子往往也會鼓勵他們繼續求職[22]。同時，完全脫離勞動市場（相對於就業中，或失業中但積極求職）的男人比例已加倍成長——從一九五〇年的百分之十五成長到二〇一八年的百分之三十[23]。

許多論述已經分析了當代美國（主要是白人）的陽剛氣概面臨到何種危機。在許多社區裡，尤其是在鄉村地區，沒工作的白人男性愈來愈多，他們也處於愈來愈高的憂鬱、藥物依

Times, June 24, 2017/06/24, https://www.nytimes.com/2017/06/24/opinion/sunday/men-dont-want-to-be-nurses-their-wives-agree.html

22 出處同上。必須承認的是，這項研究並沒有回答一個問題，亦即這些男人的妻子是否本來就不贊同這類工作，並認定這類工作配不上丈夫的尊嚴；還是，她們預期到，如果丈夫真的接受了這些比起他們過往習慣的工作而言較為低階、低薪的工作，他們可能會遭遇到哪些不寬容的情緒後果。

賴（尤其是鴉片），甚至有自殺風險。對此現象可能有許多解讀，其中主要之一是，這是**意義**面臨危機的結果：這些社會環境裡缺少男人可以取得並給予其滿足感的角色。然而，照護工作不只需要有人做，它們也是有意義的工作，不必然帶有剝削性質，而且和其他傳統的陽剛藍領勞動形式相比，它們有著其他優勢，因為一般說來，它們對身體和環境造成的損害較少。由此看來，男人對資格感的認定不只傷害到其他弱勢群體，更傷害到男人自己，並阻礙他們找到方法去解決角色供需間的落差，而這個落差迫切地需要被填補。

伴隨著男人經常覺得自己有資格從事某類有償工作，他們同樣也覺得，自己比起女性伴侶有資格享受多上更多的閒暇時間。如達西・洛克曼所言，多項研究發現，「工時長的父親擁有負責更多育兒照護工作的妻子，但工時長的母親則有著睡眠時間

23 N. Gregory Mankiw, "Why Aren't More Men Working?" *The New York Times,* 2018/06/15, https://www.nytimes.com/2018/06/15/business/men-unemploy-ment-jobs.html

請留意，在同個時期內，女人脫離勞動市場的比例則大幅降低，從一九五〇年時的將近三分之二，到今日為百分之四十三。

24 本段引言出自洛克曼刊登於《大西洋雜誌》上的文章："Don't Be Grateful That Dad Does His Share," 2019/05/07, https://www.theatlantic.com/ideas/archive/2019/05/mothers-shouldnt-be-grateful-their-husbands-help/588787/。

針對洛克曼在此引述的研究，可以參考包括以下在內的著作：Suzanne

較長且花很多時間看電視的丈夫[24]。」

　　針對男人在有償工作以外如何運用時間這個問題，此為答案之一。但一個先有雞還是先有蛋的提問卻仍未解決：是因為男人比女性伴侶從事更多的休閒活動，所以他們家事才做得這麼少嗎？還是說，他們從事更多休閒活動，好讓自己可以只做這麼少的家事？

　　當潔瑪‧哈特莉的丈夫羅伯被解雇時，兩人約定他將會接手例行的早晨工作，好讓她可以寫完自己的書。她記錄了該項安排生效一個月後的某個下午：

> 我從家裡書房走出來時，兩歲大的那隻還沒吃午餐，我倉促地幫他煮了泡麵然後讓他睡午覺，此時羅伯則換上了他的騎車服……四散的著色本、蠟筆、馬克筆、列印紙……鉛筆屑，還有一本從圖書館借來的書鋪蓋著〔餐桌桌面〕，

M. Bianchi, John P. Robinson, and Melissa A. Milkie, *Changing Rhythms of American Life* (New York: Russell Sage Foundation, 2006), pp. 121–22; Andrea Doucet, "Can Parenting Be Equal? Rethinking Equality and Gender Differences in Parenting," in *What Is Parenthood?*, edited by Linda C. McClain and Daniel Cere (New York: NYU Press, 2013), pp. 251–75; and Claire M. Kamp Dush, Jill E. Yavorsky, and Sarah J. Schoppe-Sullivan, "What Are Men Doing While Women Perform Extra Unpaid Labor? Leisure and Specialization at the Transitions to Parenthood," *Sex Roles* 78: 11–12 (2018), p. 715–30.

我都不敢看它的內頁變成什麼樣子。有兩種顏色的動力沙（kinetic sand）[i]，小塊小塊地散落在它們專屬的盒子外，布滿整片地板。有早餐吃完後的髒碗盤，吃了一半的食物從盤子上被掃下來，還有木質桌面上慢慢變硬的牛奶……整間屋子不是只有一點點亂而已，而是一場災難[25]。

當哈特莉著手處理這些混亂時，她的丈夫出門騎登山車去了。《拒絕失衡的「情緒勞動」》書裡說得很清楚，這類事件一點也不稀奇。

珍西・唐恩（Jancee Dunn）的丈夫湯姆也很喜歡騎單車，他在兩人的女兒希薇亞還是嬰孩時養成了騎長途自行車的習慣。唐恩的著作有著稍嫌不吉利的名稱《我如何忍住不踹孩子的爸》（原譯為：我如何在有小孩後不恨孩子的父親。*How Not to Hate Your Husband After Kids*），而和洛克曼或哈特莉的作品相比，這本書沒那麼學術，也是針對一群比較特定的受眾：不是那些行為舉止令人討厭、不公平的男人，而是他們的女性伴侶，她們必須以某種方式找到一個不厭惡男性伴侶的方法。在唐恩和丈夫的情況裡，儘管兩個人都是獨立記者，有著差不多的工作時程，但他卻負責了僅僅百分之十的家事。唐恩寫道：

注釋　i　譯註：Kinetic Sand 是美國公司斯平馬斯特（Spin Master）的註冊玩具品牌，這項玩具由沙和疏水性液體組成，類似玩具黏土，外觀如一般沙子，但有各種顏色，觸感如濕沙但不會完全乾燥，可以被塑造成各種形狀。

我真希望他負擔百分之十就夠了，但那不夠。我覺得
他像是客人，住在我負責經營的旅館裡。我總是保持著沉
默的女性主義立場，想看看他會不會挺身而出、幫我一
把。這個計分過程從來沒有盡頭。在我的怨懟上更加一筆
的是，每逢週末，湯姆不知道怎麼地，總有辦法在一個快
樂的單身漢泡泡裡四處兜來轉去。對他來說，一個典型的
週六從一場和友人的足球賽或長達五小時的自行車之旅開
始（似乎約莫從孩子臍帶被剪斷那一刻起，他開始迷上耐
力運動，彷彿那聲喀擦聲是躲避球賽裡的起步槍響，叫他
快逃），緊接著是花二十分鐘從容地沖澡、晚一點吃的早
餐、一場長長的午覺，然後再閒散地瀏覽各式期刊。與此
同時，我則忙著送女兒去生日派對和玩伴家。週末晚間，
湯姆在出門和朋友喝酒前不會先跟我說一聲，他就這樣漫
不經心地走出家門，一副預設我會負責孩子們的洗澡和就
寢時間的樣子[26]。

唐恩思索著，對於最終的這副局面，她所感受到的憤怒是
否公平，畢竟是她「允許這個模式持續發展」。在我看來，答
案是肯定的，因為她的丈夫才是那個真正做出不當行為的人。

25 Hartley, *Fed Up*, pp. 27–28
26 Jancee Dunn, *How Not to Hate Your Husband After Kids* (New York: Little,
Brown, 2017), p. 8.

唐恩和先生在這個時期諮詢了一位婚姻諮商師——波士頓地區知名的治療師泰瑞・瑞爾（Terry Real），他每個小時索價八百美金，為客戶提供他的洞見——他就兩人的情況也提出了同樣明確的判斷。瑞爾要求他們描述兩人間一次典型的爭吵過程，唐恩隨後解說，某次湯姆為了幫一份雜誌撰寫相關的旅行文章，剛從一趟橫越義大利鄉間的自行車旅行回到家裡，他返家後受時差所苦，因此睡了兩天。與此同時，唐恩則持續扮演著單親家長，當湯姆終於清醒時，唐恩很憤怒並對他吼叫。「我要告訴你一個消息，」瑞爾對唐恩說，「我站在你這一邊[27]。」

這位治療師並不為唐恩找藉口，以合理化她在回應丈夫的「自私和講究」（這是瑞爾的用詞）時所做出的某些舉止；事實上，他甚至直言不諱地說出唐恩的行為屬於「言語虐待」（因為她經常罵湯姆是「渾球」和「蠢貨」）。然而，瑞爾在他的評估中也明確表示，儘管唐恩表達憤怒的方式可能令人無法接

注釋

27 出處同上，頁58。

28 出處同上，頁60。

29 Claire Cain Miller, "Why Women, but Not Men, Are Judged for a Messy House," *The New York Times*, 2019/06/11, https://www.nytimes.com/2019/06/11/upshot/why-women-but-not-men-are-judged-for-a-messy-house.html

儘管這篇文章的標題如此，但研究發現本身卻有點模稜兩可：
當研究參與者被告知乾淨的房間為女人所有時，和房間為男人所有的情況相比，該間房間會被判定為比較不乾淨，她也會被認定訪客比較不會正面看待她，她和訪客相處時也會比較不自在。
男人和女人都會因為房間髒亂而受到懲罰。當受試者被告知房間為男人

受，她的憤怒本身卻是合理的，「脾氣衝動的女人通常就是覺得自己沒有被傾聽。」瑞爾指出[28]。

近期研究顯示，男人之所以可以成功在家庭中少有貢獻卻不受責怪、安全下莊，一部分的原因可能是，在異性戀伴侶關係內的女人受制於比伴侶更高的標準[29]，也就是說，女人更有可能因為髒亂的住家、穿著打扮奇特的子女，或因為自己沒有在每個上學日為孩子準備完美的午餐餐盒而遭到羞辱或責怪[30]。另一部分的原因則可能是，就算男人的付出少得可悲，相對來說，他們仍算是好男人。正如洛克曼所言：

> 雙親家庭中的父親在近幾十年間提升了他們的參與程度，但與此同時，有父親的家庭數卻也減少了。很顯然地，那些留下來關愛並守護後代的父親不應該只受到中傷[31]。

所有時，他們比較傾向於指出房間急需被打掃，同時，和髒亂的女人相比，男人更容易被認定為比較不負責、比較不努力。研究指出，髒亂似乎符合了男人作為懶惰蟲的刻板印象。
但其中有個關鍵差異：和女人的情況不同之處在於，受試者認為髒亂的男人比較不會被訪客批評，或因為有訪客而感到不自在。

30 但請留意，認為女人比男人更容易留意到家中凌亂，或是女人比較善於同時從事多項工作，或在不同任務間轉換，這個假設已被徹底推翻。見：Leah Ruppanner, "Women Are Not Better at Multitasking. They Just Do More Work, Studies Show," *Science Alert,* 2019/08/15, https://www.sciencealert.com/women-aren-t-better-multitaskers-than-men-they-re-just-doing-more-work。

　　當為男人設定的整體標準如此之低時，我們便會忍不住想拿一個都有出席的男性伴侶和父親，與他那缺席的男性同儕比較一番，並得出他在道德上是令人欽佩，而非有所不足的結論。另一個不公平的比較則指向某個事實：當代的父親做得遠比他們的父親多。平均來說，和前人相比，現代父親的參與程度的確高出許多，然而，再一次，最重要的是我們得搞清楚，此處在道德上最有意義的比較乃是介於男性和女性伴侶雙方的比較。而從這個角度看來，女人的負擔仍舊太過沉重，而男人仍然經常沒有盡到本分。有鑑於男人的女性伴侶如今更有可能為家庭帶來相當的收入，並投入相當時數的有償勞動，上述所言更是格外真實[32]。因此，在兩人其他條件都相等的情況下，為什麼她在家裡就應該做比他多出許多的工作？答案當然是，她不應該。

　　但儘管如此，像珍西・唐恩這樣的女人仍然難以承認這點。在長達五小時的馬拉松諮商中，瑞爾問她和丈夫，既然他們的專業角色和義務相當，為什麼他們不平均分攤家事；他指出，除了五五對分以外，其他安排都不公平。有趣的是，這時唐恩

31 Lockman, *All the Rage*, p. 25.
32 根據近日報導，在美國，超過百分之四十的母親是家庭內唯一或主要的養家者，同時略少於四分之一的母親是「共同養家者」，該詞的定義為「薪資構成了家戶總收入至少百分之二十五」的已婚人士。除此之外，家裡有小孩的美國家庭中，超過三分之二的母親從事家庭外的有償工作。見：Sarah

開始為丈夫找藉口，「但我以為男人不贊成平分。」她大膽提出，
「我們不是在討論男人，我們在討論湯姆。」瑞爾回應。接著：

> 〔瑞爾〕問湯姆他贊不贊成平分，湯姆開始說，「這個嘛，
> 有時候情況會變得混亂，然後我……」「聽著，我知道你
> 的意思，」瑞爾打斷他，「惰性、懶散嘛。但這也是一種
> 資格感。而這很愚蠢[33]。」

這段交換意見指出了另一個原因，為什麼男人經常能夠
不因為這種不平衡而受罰：當男性伴侶不公正地認定自己有
資格獲得她們付出的勞動，並享受著自身的閒暇時間，許多
女人不自覺地附和並肯定了他們的資格感。儘管女人感到沮
喪，但她接下來卻傳遞給他混雜的訊息，也不願意堅持取得
一個更公平的安排。在此情境中，即使她自己本人就是受害
者，她仍展現出同理他心——亦即當男人以厭女或（我如今
會再加上）自以為理所當然的方式來對待他們的女性受害者
時——仍對他們展現出不合比例或不合宜的同情心。唐恩寫

Jane Glynn, "Breadwinning Mothers Continue to Be the U.S. Norm," *Centre for American Progress,* 2019/05/10, https://www.americanprogress.org/issues/women/reports/2019/05/10/469739/breadwinning-mothers-continue-u-s-norm/。
33 Dunn, *How Not to Hate Your Husband*, p. 64.

到，在這次諮商開始時：

> 我突然淚流滿面，這讓我感到非常不自在。「我想要對湯姆好一點，」我帶著鼻音這麼說，「但我也想要他做更多家事，不要把一切都丟給我。」我揉著雙眼，「我擦了睫毛膏，我是有多蠢？」瑞爾把一盒面紙推到我面前[34]。

同樣地，唐恩回憶起當瑞爾訓斥她的丈夫時，自己的情緒狀態：她想要保護他，甚至憐憫他，進而「加入到對話裡，補充說，當他和希薇亞在一起時，他是徹底地無私、仁慈，又體貼。」沒錯，這類美德都為他加分，但檯面上的問題，一如瑞爾所指出的，是湯姆怎麼對待唐恩，而不是他怎麼對待兩人的女兒。因此，考量到這方面的苦澀現實，她的憐憫絕對是放錯了地方。但這同樣可以理解——也可以想像。當女人內化了自身被認定的義務，認為必須犧牲自己照顧他人時，就會產生情感和行為上的後果。她有可能會因為對男性伴侶究責而感到內疚與羞恥，且便如洛克曼所說，就算她離公平還很遠，她也會對他抱持著超量的感激[35]。

於是，此處的問題之一，可能是女人對自身資格的認定——或

34 出處同上，頁58。
35 Lockman, "Don't Be Grateful," *The Atlantic*.

者說，是女人缺少對自身資格的認定。某些女人可能不覺得自己有資格獲得公平的家務工作安排，並給予自己和丈夫等量的閒暇時間。抑或，她們可能覺得自己理論上有資格，但在現實中卻無法堅持，因為周遭的社會力量告訴她們**不要**堅持，還要她們永遠「犧牲小我、完成大我」。珍西‧唐恩在《我如何忍住不踹孩子的爸》書中甚至寫到，她不覺得自己有資格從盒子裡拿出一整塊完整的餅乾吃掉，相反的，她會吃那些碎掉的，把完好的餅乾留給丈夫和女兒。在本書的結論裡，其中一件她所學到的事情如下：

> **你不必每次都吃碎掉的餅乾**。我必須克服的最困難的問題之一，是培養一點點我自己的資格感，然後同意我需要人幫忙家事這件事，還有我需要休息和閒暇時間。要擺脫隨侍在側的內疚感，以及我不知為何認定自己應該要有辦法處理所有事情的想法，是困難的……〔但〕當我讓自己休息，等我回來時，我更能成為自己想要成為的母親；藉著照顧自己，我得以成為一個更好的照顧者[36]。

儘管這可能已經是種進步，但此處的表達方式卻有些令人感傷。一個女人有資格獲得的，不僅只男性伴侶的「協助」或

---

36 Lockman, "Don't Be Grateful," *The Atlantic*.

「支持」。她也有資格為了自己而獲得等量的休息和閒暇時間，而非只是為了成為一個更好的照顧者才能得到[37]。

在唐恩的例子裡，在她正同時忙著寫書和挽救婚姻的十四個月中，直到最後，她丈夫的參與程度仍舊少得令人沮喪。她在結論裡列出了一些好主意給面臨同樣狀況的女人參考，包括接受伴侶諮商（唐恩寫下：「特別是，如果你可以找到一個諮商師，會對著你的丈夫大罵：『收起你那理所當然的態度！移動你的尊駕！幫她幹活[38]！』」）。但裡面也包含了另一些點子，在整本書裡，這些點子似乎在回應一些不同的、比較不急迫的問題，而不是處理對男性資格感的認定，雖然後者顯然如影隨形地困擾著他們的婚姻。這樣的結果是，她針對伴侶關係給出了一種葛瑞琴・魯賓（Gretchen Rubin）式的快樂提案（Happiness Project）[ii]，卻不是基於平等主義的徹底重整。唐恩和丈夫投入到各種練習活動中——從「性實驗」（連續十天發生性行為，這背後的理論是，做得愈多，你愈想要），到丟棄公寓裡多餘的東西，再到讓女兒參與家事等都包括在內，她甚至鼓勵湯姆

注釋　37 同時，如前所述，一件整體而言很重要的事情在於，我們要瞭解到，「俯身取用」更弱勢的女人會帶來什麼危險，尤其當我們是相對富有的白人女性時；富有的白人女性最後經常得以剝削非白人和貧窮女性以獲得照護勞動，而不是堅持男性伴侶必須參與。

38 Dunn, *How Not to Hate Your Husband*, p. 257.

ii 譯註：葛瑞琴・魯賓是美國部落客和作家，著有多本勵志書籍，其中包括《過

採取聯邦調查局幹員的官方「辯駁」術，來安撫她的憤怒。但，再一次，不管唐恩的表達方式是否為人所接受，她的憤怒在我看來有理有據。她回憶，最後，湯姆開始每週負責一天的晚餐，他有時候會帶女兒去公園玩四十五分鐘，而且他首次出席了家長會，並帶女兒去看醫生。唐恩這麼寫道：

> 我不在乎這平不平等，我覺得自己獲得了支持，而這份感受很重要。我感到很吃驚（有時候有點不悅），湯姆所做的大部分都是象徵性的表示，卻可以穿越多少距離讓我有所共鳴。他並不需要艱苦地和我肩並肩同行[39]。

與此同時，唐恩繼續擔任「不情願的家事管理人，而且情況可能永遠都會是這樣，我還是得安靜但堅定地繼續堅持，要湯姆為這個家盡他的本分[40]。」根據她的說法，他仍舊沒有做到，但儘管如此，唐恩在書的尾聲對湯姆表達了深刻的感激：「最重要的是，我永遠感激我的丈夫湯姆，當我思考著你對我的意義時，我無法不流淚[41]。」

得還不錯的一年：我的快樂生活提案》（*My Happiness Project*）。在本書中，她記錄自己如何花費十二個月，嘗試各種讓人更快樂的建議。

39 出處同上，頁256。
40 出處同上，頁247。
41 出處同上，頁272。

CHAPTER
（8）

不出風頭的女人──男人享有知識的資格感
Unassuming – On the Entitlement to Knowledge

　　英國《衛報》的推特帳戶在二〇一九年二月九日主打了一篇文章，名為〈我和我的陰戶：一百個女人揭露一切〉（Me and My Vulva: 100 Women Reveal All）[1]，文章裡介紹了由蘿拉・道斯沃斯（Laura Dodsworth）所拍攝的一系列私密照片。照片的目的在於去除和女人（順性別與跨性別的）陰部以及非常規性別者（gender-nonconforming）相應的身體器官之相關污名，並教育人們。一名男子隨即決定要對文章標題發表意見：「正確的說法是陰道（vagina）才對。」名為「保羅・布林醫師」的用戶在推特上這麼說道。很快的，指正蜂擁而至：針對照片裡出現的人體外部構造，「陰戶」當然是正確的稱呼；陰道則是連通到子宮的內部器官，相對而言不太容易被拍攝下來。也有來

1　麗芙・立特（Liv Little）訪談蘿拉・道斯沃斯，見："Me and My Vulva: 100 Women Reveal All," *The Guardian,* 2019/02/09, https://www.theguardian.com/lifeandstyle/2019/feb/09/me-and-my-vulva-100-women-reveal-all-photographs.

自權威人士的指正，例如婦產科醫師[2]。甚至連線上字典網站 Dictionary.com 都加入了，它在推特發文裡寫下「嗯，其實呢」，然後附上「陰戶」一詞的線上解釋網址連結[3]。

　　但是保羅·布林並不洩氣，他不可思議地持續加碼，推文堅持事實上自己的用詞才正確，他（在一則隨後遭到刪除的推特發文裡）寫道：「近來人們試圖用陰戶一詞取代陰道，我認為這是裝腔作勢[4]。」其他人順勢回應並貼切地指出，這是一起格外過分的「男人說教」事件，但布林還是一樣頑強不遜，他插話說：「這是對男人說教一詞的誤用。不是我想合理化這個詞，而是從定義上來說，光是一個男人在解釋一件事情，並不能就把它算成男人說教，就算某些聽眾是女人也一樣。」

　　布林認為「男人說教」並非僅僅意指男人在解釋某件事情，在這一點上，他其實是對的。但他的推特發文確實符合了進一步的相關條件。要構成典型的男人說教行為，須由一名男人擅

注釋

2　例如可以參考珍·崗特醫師的回應：https://twitter.com/DrJenGunter/status/1094831250945191936（內容擷取於二〇一九年七月五日）。

3　Julie Scagell, "Guy Mansplains 'Vulva' vs. 'Vagina' to Women and It Goes About as Well as Expected," *Scary Mommy*, 2019/02/12, https://www.scarymommy.com/vulva-versus-vagina-twitter/

4　他的某些後續評論進入了語無倫次的局面：「你的論點錯誤地假設了我以為這是簡化的說法，但我並不支持這個假設。我要對你那樣的論點提出異議。」這句話是在回應其中一條留言（一個當時就旁人看來可能會受到歡迎的解釋），對方指出他（布林）的誤用乃肇因於一種常見的作法，也就是把正確

自對另一位或一群更專精的女性說話者「解釋」某件事情但解釋錯誤——並採用一種過度自信、傲慢或專橫的姿態，而這經常導致其他人在以可靠的權威方式指出其謬誤後，他仍舊不願意讓步或承認自己有錯。因此，在男人說教這件事上，保羅布林的推特發文是一個完美的範例。（事實上，他事後的詭辯只會強化這件事。）

　　我們可以論證的是，當一項行動某種程度上偏離了這個典型範例時，它是否仍然還算是男人說教。就和自然語言裡的大部分詞彙所表達的概念一樣，男人說教一詞的延伸有可能隨著時間而變得模糊，並發生變化。（在此情況下，我會傾向如此理解關鍵的問題：我們應該如何理解該詞彙？要如何才能最有效地定義並理解該詞彙[5]？）但就此處討論的目的來說，我更有興趣的是，哪類態度構成並延續了男人說教的行為[6]。簡而言之，我的答案是**資格感**：獲得知識類型（epistemic variety）的

的解剖學名詞予以簡化，才會導致他錯誤地以「陰道」取代「陰戶」一詞。

5　可參考我的著作《不只是厭女》的第一與第二章，我在其中說明了這類「改良式」解釋的好處。改良式解釋的概念乃由莎莉・哈斯藍爾（Sally Has-langer）提出，針對哈斯藍爾最初的開創性分析，可以參考她的文章〈性別與種族：它們是（什麼）？我們希望它們是（什麼）？〉，見："Gender and Race: (What) Are They? (What) Do We Want Them to Be?" *Noûs* 34:1 (2000), p. 31–55，該文於二〇一二年重新收錄於哈斯藍爾的著作《抗拒現實》中，見：*Resisting Reality: Social Construction and Social Critique* (New York: Oxford University Press, 2012)。

資格感，在此其中，它涉及的是知識、信仰和資訊的擁有。

我特別相信，典型的男人說教行為源自於男人說教者（man-splainer）毫無根據地認定自己享有一種資格，使其得以自動自發地在對話中占據認知者的位置：也就是說，自己是作為分配資訊、提出糾正，並以權威身分給予解釋的人。有些時候，當他並不具有這個資格，並且某種程度上也因為他沒有資格，他的說教行為便使人不悅了：其他人，亦即女人，碰巧比他知道得更多——而他應該要預期會有這種可能性，而非從一開始就主動假設自己擁有知識上的優勢。舉例來說，保羅・布林醫師本該要能預期到，拍攝了這一系列照片並隨後接受〈我和我的陰戶〉一文訪問的這名女人，蘿拉・道斯沃斯，她會知道哪個詞彙才能正確地描述自己的作品主題——更別提那還是她自己的身體構造[7]。

注釋

6　一如以往，當我使用「態度」一詞時，我指的並不是某種內心深層的感受，只能由個人主體和心理諮商師一起探索。我感興趣的是，像「你這是什麼態度？」這類常見提問中所指涉的態度，例如在此處是一個常見的不當行為，它究竟反應和鞏固了哪些一般性的社會期待或假設？

7　這不是第一次一個男人試圖在推特上糾正女人，和她身體部位相關的知識，儘管他自己沒有那個器官。唐納・川普在一段無心被錄下的對話中，吹噓他如何「抓住女人的陰部」（grabbing women "by the pussy"），二〇一六年十月，在該段錄音被公開後，一位名為@DaveBussone的男性用戶錯誤地挪用了資訊，指出陰道其實是內在器官，個人不可能因為被暴力地觸碰或「抓

我曾於本書前段介紹過米蘭達·弗里克提出了知識不正義的概念──特別是證言不正義，指的是言說者因為屬於特定社會團體，而該團體成員（例如身為黑人女性）遭遇的偏見，使得該名言說者的說詞在相關的知識領域裡（如她的身體經驗、疼痛、疾病等等）不被賦予應得的可信度。因此，她在該主題上作為認知者的地位被不公平地否定或漠視了。在此處，我則要提出知識資格感的概念，這個概念顯然和證言不正義的主張有密切的相關性，但兩者有所不同，且互為補充。證言不正義牽涉到不公平地蔑視一個享有較少特權的言說者──通常是在她們試圖做出貢獻之後──而知識資格感則是讓享受較多特權的言說者不容置辯地假定了自己有更高的發言權威[8]。根據這樣的理解，我們可以看到，知識資格感是證言不正義常見的先決條件與肇因[9]。

在其他情境裡，知識資格感的展現可能會導致享有較少

住」這個部位，而遭到性侵害。他在推特上對報導這起事件的政治評論者克絲汀·鮑爾斯（Kirsten Powers）發文指出：「通常我會放你一馬，但這次不行。去查閱解剖課本，陰道位於人體內部，沒有辦法被抓住。#MAGA」克絲汀·鮑爾斯在推特上回覆：「我知道我的陰道在哪裡。」見：https://www.facebook.com/kirstenpowers10/posts/1070957156354394/。

8 我在此隱隱把「知識資格感」打造成一個帶有貶意的詞語，藉此指涉一種「未經核准且過度」理所當然的資格感。我後續將會針對這類態度和另一種經過認可或合理的知識資格感做出區分，例如聲明自己的觀點、主張知識，或以權威身分傳遞資訊等行為。

特權的言說者決定不要在對話時做出她原本計畫的或相稱的貢獻。這又時常會構成哲學家克莉絲蒂‧道森稱之為「證詞壓制」的現象，在此情境下，言說者預期到自身說詞不但不會被正確地理解，反而有可能會置自己於「不安全或有風險」的情況中，因此她自我消音[10]。此事之所以發生，有可能是因為她的證詞中有特定的**內容**，而對於她這樣的言說者而言，說出這些內容並不安全，或是會帶來風險。或者，她自我消音是因為對她這樣的言說者而言，膽敢提出任何意見，或在男人不間斷、意氣風發地發表言論時打斷他們，就可能會造成不安全與風險。男人說教者可能幾乎是無法被打斷的。

雷貝嘉‧索爾尼特（Rebecca Solnit）在她經典並激勵人心的論文〈男人愛說教〉（Men Explain Things to Me）中敘述了一起事件，具體地呈現此一論點。（索爾尼特自己並沒有想出「男人說教」一詞，她對該詞也抱持著有些矛盾的態度，但縱然如此，她的論文為這個新詞及後續論述提供了靈感。）索爾尼特和一位女友人一同前往參加一場晚餐派對，在派對上，一名較

注釋

9 此處另一個重要差異是它們的道德本質，也就是證言不正義涉及主體未能實踐傾聽他者的知識義務，而知識資格感指的則是主體不正當且過度的、理所當然的資格認定與行為；換句話說，他們太過度地假設別人**有義務傾聽**他們。見本章註釋20。

10 道森針對證詞壓制的完整定義如下：

說到底，證詞壓制指的是，一個人刪節自身證詞，以確保證詞中只包含了他的聽眾能夠理解的特定內容……證詞壓制的情境通常會包含三

為年長、「卓越不凡」的男主人說服她在晚餐後留下來談論她的寫作。「我聽說你寫了幾本書。」他親切地指出,「其實是好多本。」她大膽地回答。「主題是什麼?」他以一種紆尊降貴的口吻詢問——很像是「你鼓勵朋友的七歲小孩去描述直笛練習的方式」,索爾尼特這麼形容。饒是如此,她還是回應了提問,開始描述她當時最新出版的著作,該書以英裔美國攝影師和電影先驅埃德沃德·邁布里奇(Eadweard Muybridge)為題材,但她卻沒能說太多。索爾尼特回憶:

> 我提到邁布里奇後,他馬上打斷我,「那你聽說過今年問世的那本關於邁布里奇的重磅作品嗎?」因為我太過投入地扮演著一個指派給我的天真少女角色,導致我完全願意接受可能有另一本同樣主題的書和我的作品同時問世,但我卻不知怎麼地錯過了。他已經開始對我介紹那本重磅作品,那是一個滔滔不絕的男人,臉上帶著我熟悉的得意神情,他的雙眼則聚焦於遠方模糊的地平線

個條件……(1)證詞內容必定不安全且帶有風險;(2)針對該證詞內容,聽眾自身必定展現出缺乏理解發言者的能力(testimonial incompetence);以及(3)對該證詞的無能力理解必須來自於,或看似來自於惡性無知(pernicious ignorance)。
出處:"Tracking Epistemic Violence, Tracking Practices of Silencing," *Hypatia* 26:2 (2011), p.244

上，他自己的權威[11]。

索爾尼特的女友人很快地察覺那本重磅巨作就是索爾尼特的書，該友人三番兩次試圖指出這一點，但不知怎麼地，這位說教者卻沒聽見她說的話。最後當他終於注意到這件事時，他垮下臉來，臉色變得「灰白」。索爾尼特寫下：

> 我確實是那本重磅作品的作者，那本他原來並沒讀過、只是幾個月前在《紐約時報》書評上讀到的書，這件事情徹底混淆了他所處世界內的分類法則，導致他驚愕無語了一會兒，才能夠繼續滔滔不絕。

在此，索爾尼特對於男人說教一事的本質向我們提供了諸多洞見，其中最驚人的一點是，在這場對話中，言說者雙方如何被指派角色，並進而難以從中逃脫。邀請索爾尼特的主人當然是權威的一方，索爾尼特則被賦予天真的角色，「一個等著被〔他的〕智慧與知識灌注的空洞容器，」她寫道，「用某種猥褻的受精比喻來說的話。」這個運行中的社會動力讓改變對話的軌道變得非常困難，就連索爾尼特的女友人都只能以十分

注釋

11 Rebecca Solnit, "Men Explain Things to Me," 重新刊登於 *Guernica* magazine, 2012/08/20, https://www.guernicamag.com/rebecca-solnit-men-explain-things-to-me/。

有限的力量進行干預。而且我們不禁好奇，假如沒有這樣一個主動的旁觀者，這個糾正是不是根本就不會被提出。某種程度而言，這會取決於索爾尼特有沒有自信堅持那本書確實是她的作品——正如她所說，身為一位知名且多產的作者（還要加上白人女性這個身分），她是相對有能力可以做到這件事情的。但對我們之中的許多人而言，這不是一件易事，包括對我而言亦同。而同樣重要（甚至可能更重要）的是，這也會取決於索爾尼特是否願意在此主張自己的權利，進而在這個過程中，做出一個在社交場合上令人不愉快、有可能被視為粗魯無禮的行為。毫無疑問，她絕對有權利——且完全有資格——這麼做，然而對知識資格感的扭曲認定打造了這場對話，並使得這位宴會主人終於認知到自己的錯誤時，變得一臉「灰白」。她正冒著羞辱他的風險，然而，他只是短暫地洩了氣：當他被無禮地剝奪了那個新生的知識支配領地，他開始接著解釋其他事情。

這類事件強而有力地提醒著女人，「真理並不是〔我們的〕所有物，現在不是，自始至終都不是。」它們讓我們安分守己。的確，就像索爾尼特所坦然承認的，女人也有可能傲慢，並偶爾不正確地對更專業的他人「解釋」事情。但此處的重點在於男人說教是系統性的現象，它隸屬於一個更廣大（許多）的體系。索爾尼特精妙地把這個體系解釋為男性的「自負群島」（archipelago of arrogance），而我會補充，還有資格感。

如果真理不是我們的所有物，那權威也不會是。除非個人

是基於工具性的理由而聽女人說話——僅僅以此作為表演、好用來使對方安靜、或可能用於外顯自身美德（virtue-signal），否則這件事並無必要。當然，問題的嚴重性遠勝於此，而且對受制於多重複合壓迫的女人來說，問題有時也自成一格。崔西·麥克米蘭·卡頓在她精采的論文〈六號女孩〉（Girl 6）中——清點了大衛·布魯克（David Brooks）和強納森·柴特（Jonathan Chait）[i] 兩人當時在推特上分別追蹤了幾位黑人女性，結果是六人，在他們各自所追蹤的三百二十二人和三百七十人中，分別都只包含了六位黑人女性。麥克米蘭·卡頓：

> 一個聰明的專業人士可以從來沒有閱讀過黑人女性的作品、從來沒有訪談過黑人女性、從來沒有（在社群網站上）追蹤過黑人女性，或甚至從來沒有思考過黑人女性的存在，但他們仍舊是聰明的專業人士[12]。

因此，黑人女性不只受到輕視，她們從一開始就不被許多享有過多知識特權的人留意。

注釋　i　譯註：兩人都是美國知名的白人男評論家，大衛·布魯克為《紐約時報》撰寫政治和文化評論，強納森·柴特則分別為《洛杉磯時報》和《紐約》雜誌寫作評論。

12 Tressie McMillan Cottom, *Thick: And Other Essays* (New York: New Press,

如我們所見，個人可以藉著極致（且不勞而獲）的自信，維持對知識資格感的認定。它也可以藉由強烈的占有欲來守衛並保護——有時還是透過恐怖、控制，甚至暴力的行為來這麼做。於此脈絡之下，知識資格感最黑暗的表現形式之一便是煤氣燈操縱（gaslighting）。

「煤氣燈操縱」一詞出自派翠克・漢米爾頓（Patrick Hamilton）於一九三八年所作之劇本，原名為《天使街》（*Angel Street*），後來則以《煤氣燈下》（*Gas Light*）之名登上舞臺[13]。該劇本以後者之名被改編為兩部沉重的電影——分別是英國與美國版本——兩者都比原作更為出名，但在我看來，原舞臺劇本比兩部電影都更為豐富，因此我也以它作為此處討論的基礎。

在《煤氣燈下》（我將會這麼稱呼這齣劇作）裡，傑克・曼寧漢（Jack Manningham）似乎一心想把妻子貝拉逼瘋。促使他這麼做的原始動機要一直等到劇本的第二幕才會變得清晰，但重要的是，他的行為從一開始就十分機智，為這齣劇作帶來令人感到幽閉、甚至窒息的氛圍。第一幕生動地描繪了家庭內的恐懼，曼寧漢處處貶抑妻子、和她作對，在僕人面前羞辱她、不斷糾正她，甚至，在她因此被自己灌輸了焦慮感後，他卻質疑

2019), p. 219.

13 Patrick Hamilton, *Angel Street: A Victorian Thriller in Three Acts*) (New York: Samuel French, 1939)。版權名稱為《煤氣燈下》（*Gas Light*）。

她不理性且沒有根據。（曼寧漢先生：「貝拉，你為什麼總是如此恐懼呢？我並沒有要指責你的意思。」曼寧漢太太：〔緊張地……〕「是的，親愛的，我知道你沒有14。」隨後，他就開始指責她，甚至可以說是怒斥了她一頓。）

在一系列長期且格外殘酷的心理操縱過程之中，曼寧漢先生藉著規律地把兩人的物品藏起來，然後把物品遺失的責任推到妻子身上，好讓她相信自己要瘋了，也失去了理性思考的能力。同時，他不只在因果關係上對她究責，也在道德上這麼做：他把她描述得淘氣又邪惡，同時神智不清又充滿妄想。（最令人痛苦的是，他也指控她故意傷害兩人飼養的狗，藉此把她描繪成一個殘忍又暴力的人。）沒錯，這些指控綜合起來並不合邏輯，貝拉‧曼寧漢也不斷試著對丈夫指出這點：假如她真的神智不清又充滿妄想，且無法控制自身行為，那麼他理當要和善地對待自己，並試圖提供協助，而不是為此憤怒15。但曼寧漢先生無視這點，就如同他無視妻子為了喚起他的善意而嘗試的各種舉措。她在自己的家中毫無權力，完全受制於丈夫的控制。並且由於丈夫刻意地隔離她和所有友人與親人，她在家庭

注釋 14 出處同上，頁5。
15 此處牽涉到的是，煤氣燈操縱行為裡包含了一部分的健全主義思維，亦即心理疾患是一件必須被羞辱和污名化的事，而不該以人道、有效和不帶價值判斷的方式處置。特別感謝巴比‧康（Bobbi Cohn）和尼可拉斯‧提姆斯（Nicholas Tilmes），以及我二〇一九年春季在康乃爾大學人文學會社開設的

外也是無名之輩[16]。因此，她除了聽從丈夫以外，別無其他選擇，但甚至就連這樣，也難以緩和他火爆的脾氣。

曼寧漢先生的行為造成了效果——勾勒出了一個可被辨認且傷害重大的暴力虐待模式，這個模式後來被稱為煤氣燈操縱，而我們很快就會知道這個名稱的來由。這剝奪了貝拉對自身資格感的認定，讓她甚至無法陳述最基本的現實。第一幕接近尾聲時，發生了一樁可說是令人失望的解危事件。一名警探前來拜訪貝拉，並終於告訴她一個儘管令人感到解脫但卻可怕的事實：她的丈夫是邪惡的席尼・鮑爾（Sydney Power），他殺害了兩人房屋的前任所有者愛麗絲・巴洛（Alice Barlow），好竊取她的紅寶石。大約十五年前，他割斷愛麗絲的喉嚨，讓她永遠安靜，隨後再勸說貝拉用她繼承到的遺產買下房子。不過，警探魯夫告訴貝拉，鮑爾可能始終未能找到那些紅寶石，他也懷疑鮑爾有可能還在兩人家中的頂樓尋找那些寶石——那裡被鎖上了，貝拉或甚至僕人都無法進入。貝拉意識到，他確實可能這麼做：

「（解）追蹤」課程上的其他同學針對這個主題提出的討論。

16 如哲學家凱特・亞布蘭森（Kate Abramson）所說，孤立是煤氣燈操縱者使用的一個關鍵技巧，如此一來，受害者或操縱目標就沒有可以輕易諮詢的對象，無法藉此肯定或至少支持自身觀點。見：Kate Abramson, "Turning Up the Lights on Gaslighting," *Philosophical Perspectives* 28 (2014), p. 2.

曼寧漢太太：這一切聽來都太不可置信了，〔但〕每當我
一個人在夜晚獨處時，我總覺得，有人在上頭走動〔抬
頭看〕。在樓上，在晚上，當我先生不在時，我在我的
房間裡聽到聲響，但我太害怕了，不敢上樓查看……

魯夫：你有跟丈夫說過這件事嗎？

曼寧漢太太：沒有，我不敢這麼做，他會生氣，他會說我
在想像一些根本不存在的事情。

魯夫：你從來沒有想過，有可能是你的丈夫在樓上走動
嗎？

曼寧漢太太：有，我**就**是那麼想的，但我以為一定是我瘋
了。告訴我你是怎麼知道的。

魯夫：曼寧漢太太，不如**你**先告訴我，你是怎麼知道的。

曼寧漢太太：這麼說來，這是真的了！是真的！我就知
道，我就知道[17]！

在貝拉·曼寧漢內心深處，她確實知道，她的丈夫在樓上
鬼鬼祟祟，因為，她接著解釋，每晚丈夫表面上離家（在他實
際上悄悄地從天窗爬進閣樓前）十分鐘後，煤氣燈的光線就會
變得微弱，然後在他再次從前門走進來的十分鐘前，煤氣燈又
會重新恢復光亮。這就表示，家中某處的另一盞燈必定被打開

---

17 Hamilton, *Gas Light,* pp. 34–35.

了，然後再次被關上，因為另一盞燈會分走瓦斯壓力，使得其他每一盞燈的亮度變弱。但貝拉·曼寧漢被迫否決自己知道的事情——而她也幾乎無法對自己承認那些事。她的丈夫在知識上對她的支配是如此地鋪天蓋地，使得她不敢質問他的行動，更別提他的動機；他對自身知識資格感的認定——也就是，他可以維持這樣的支配、決定她的現實條件——是如此地強烈，導致她如果膽敢對下流並滿口謊言的丈夫表現出絲毫懷疑，她就會因此感到內疚。在劇本剛開始時，以下這般的對話就已展現出她多麼沒有餘裕可以去質疑丈夫的看法是否正確，或是他行為背後的善意。在第一幕裡，她大膽地希望著：

> 曼寧漢太太：親愛的傑克，你最近變得和善許多，有沒有
>   可能，你開始同意我的觀點了？
> 曼寧漢先生：我以為我從來就沒有反對過，不是嗎？貝拉。
> 曼寧漢太太：喔傑克，沒錯，沒錯[18]。

　　在劇作的整體脈絡中，有一事十分清楚，亦即她不被允許質疑他的和善，而這便是一種特別殘酷的行為。

　　因此，煤氣燈操縱具有一個獨特的道德面向，以及一個知識面

---

18 出處同上，頁10-11。

向：透過不同技巧，受害者基本上可能被有效禁止質疑操縱者
所持有的事件版本、敘事，以及他那一面的故事[19]；當她質疑
他的權威、挑戰他對知識的主張，或甚至在某些主題上不同意
他時，她便是在關係的脈絡裡犯下了一起重大罪行[20]。針對煤
氣燈操縱，哲學家凱特・亞布蘭森在她談及煤氣燈操縱深具開
創性的著作中指出，「無視或藐視證據者〔……〕與那些施行
煤氣燈操縱的人，兩者之間的不同在於，後者無法容忍任何被
挑戰的可能性[21]。」

現實生活裡，和前述虛構事件同樣極端的煤氣燈操縱案例
並不少，它們也凸顯了煤氣燈操縱的現象常見於家庭內部與親
密關係之中。以凱爾・史黛芬（Kyle Stephans）為例，她是遭到

19 此處值得留意的是，儘管煤氣燈操縱並不一定是性別化（gendered）的過程，
但它卻經常以凱特・亞布蘭森闡明的方式濫用和延續性別化的動力。正如她
所指出的：

　　首先，（1）女人比男人更常成為煤氣燈操縱的目標，且（2）男人更常
進行煤氣燈操縱，更重要的是，再一次，儘管煤氣燈操縱並非總是基於
性主義，但它卻經常透過下列方式展現出性主義：（3）當女人對性主義
（或以其他方式造成歧視）的舉止提出抗議，這往往就是煤氣燈操縱發
生的脈絡，且煤氣燈操縱也是對女人抗議的回應；（4）煤氣燈操縱的過
程會採用某些形式的情緒操弄，它們經常仰賴被操縱者對性主義規範的
內化；（5）當煤氣燈操縱成功了——也就是它確實以預計的方式貶低了
被操縱者時，它有可能強化特定的性主義規範，而這些規範正是被操縱
者所試圖抗拒的事物，且／或也是煤氣燈操縱者在操弄目標時所仰賴的
事物；而（6）有時，它是特定性主義規範中的某些子集合，煤氣燈操
縱者試圖透過此種操縱行為來保存它。

密西根州立大學體操隊醫師賴瑞・納薩（Larry Nassar）侵害的眾多女孩之一，她因為將納薩的暴力行為告知父母，被認為損害了他的好名聲，而被迫向他道歉。是誰強迫她道歉的？她的父母。她的父母。他們不僅不相信她（在此脈絡之下，光是這點就已經夠糟糕了），他們還因為她挺身而出而懲罰她，並認定她錯待了這個好醫師——後者對於事件的說詞基本上變得不可質疑。史黛芬和許多這類煤氣燈操縱的受害者一樣，隨後也開始懷疑自己的記憶，「我開始覺得被洗腦了，」她於二〇一八年一月時，在賴瑞・納薩的審判上作證指出，「彷彿我從未指控過他，我覺得我正在失去對現實的掌控，我開始懷疑這起侵害是否真的發生過。」她會在腦海中一遍又一遍地重複播放那

出自：Kate Abramson, "Turning Up the Lights," p. 3.

20 我先前曾強調過，證言不正義和（不正當地假定的）知識資格感之間有哪些差異，在此，我可以指出介於證言不正義和煤氣燈操縱（我認為它經常源自於一種極端的知識資格感）之間另一個值得強調的不同之處。證言不正義事關行為人未能履行他們真正的道德義務，好把對話者視為認知者或潛在的認知者；煤氣燈操縱則是有關行為人——煤氣燈操縱者——把一種偽造的道德義務加諸於對話者身上，要求他們要把煤氣燈操縱者視為認知者，不論對話者自身的知識地位是不是有可能更加優越。因此，儘管蕾秋・麥金儂（Rachel V. McKinnon）很有說服力地指出，煤氣燈操縱可能是證言不正義的一種形式——但它也不僅止於此，它是格外令人毛骨悚然的。見：Rachel V. McKinnon, "Allies Behaving Badly: Gaslighting as Epistemic Injustice," in *The Routledge Handbook of Epistemic Injustice,* edited by Gaile Polhaus, Jr., Ian James Kidd, and José Medina (New York: Routledge, 2017), pp. 167–75.

21 Abramson, "Turning up the Lights," p. 9.

些帶來重大創傷的事件，好確保自己固守真相——如此一來，
她才不會忘記，她不是說謊的那個人[22]。

最近大受歡迎的播客節目《髒鬼約翰》（*Dirty John*）則深入
探討另一起真實的煤氣燈操縱案件，同名主角約翰的受害者黛
博拉・紐威爾（Debra Newell）是五十多歲的離婚婦女，她在前
一段親密關係結束後重新開始約會，在網路上結識約翰・米漢
（John Meehan）。最初，他使她傾心，他浪漫、殷勤，而且她以
為他的職業是麻醉科醫師，收入不菲。兩人同居並結婚後，黛
博拉發現新婚丈夫幾乎徹頭徹尾杜撰了自身背景（她的子女對
此則是懷疑已久[23]）。他並非如他宣稱的，是一名麻醉科醫師，
他甚至根本不是醫師，而是一名麻醉護理師——如今也不再是
了，他偷走開給病人的藥物（其中某些病人當下正躺在手術檯
上，被他丟在龐大的痛苦中），因此被吊銷執照。黛博拉和約
翰相遇時，他正服完竊盜罪的刑期——但她直到很久以後才知
道此事。他長期對處方止痛藥上癮，同時和不同女人有著漫長
的破裂關係歷史，包括之前的一次婚姻，那段婚姻最後是以女
方對他申請禁制令作結。他是詐騙犯，但卻不僅止於此。許多
見過他的人都表示他的存在令人感到極度不安，暴力的威脅總

注釋

22 Kyle Swenson, "Abuse Survivor Confronts Gymnastics Doctor: 'I Have Been
Coming for You for a Long Time,'" *The Washington Post*, 2018/01/17, https://
www.washingtonpost.com/news/morning-mix/wp/2018/01/17/ive-been-com-
ing-for-you-for-a-long-time-abuse-survivor-confronts-gymnastics-doctor/

在表面底下潛伏著伺機而動。以下，便是他之所以獲得他的綽號（髒鬼約翰）的部分原因：

> 約翰在約會網站上搭訕女人，他通常使用 match.com 或 Plenty of Fish 這兩個網站；他會在赴約時穿著手術服，假裝自己是醫師；他引誘女人寄自己的私密照片給他，然後用這些照片來勒索她們，他會把這些照片寄給她們的家人、寄給她們子女就讀的學校校方。來自加州爾灣市（Irvine）的一名女子告訴我，約翰剪貼她在 match.com 網站上的照片，製作傳單寄給她的鄰居，在傳單裡稱她為蕩婦和小三。一名法官核發給他長達五年的禁制令，而約翰則反過來申請對她的禁制令作為報復。另一名來自波特牧場（Potter Ranch）的女子則告訴警方，約翰寫了一封匿名信，信中暗指他曾趁她意識不清時強暴她，並持有相關照片。「你是我接下來幾年的計畫，」他在信中說，「我跟你保證。你以為我在說笑嗎？我每一次呼吸，都會致力於毀掉你用手術植入的人生。多謝你的照片啦[24]。」

---

23 約翰‧米漢也試圖隔離黛博拉‧紐威爾和她的子女與其他親戚。又一次的，如凱特‧亞布蘭森所說，這是煤氣燈操縱者常用的伎倆（見本章註釋16）。

24 這句話和接下來所引用的內容都出自於播客節目《髒鬼約翰》，見：https://www.latimes.com/projects/la-me-dirty-john/。

「他就是我見過最最狡詐的人……最狡詐、最危險、最會騙人的人。」一位在職員警如此形容約翰‧米漢。

黛博拉發現了約翰的隨身文件，文件中揭露了他大部分的過去（警方報告、禁制令，以及服刑紀錄），在那之後，她搬出兩人位於加州新港灘（Newport Beach）的豪華住所。她躲在旅館裡，並尋求了一位警探的協助，根據對方的建議，每隔幾天就變換地址，以免約翰找到自己。與此同時，約翰入院接受背部手術，並因為腸阻塞而無法行動。《洛杉磯時報》記者、也是《髒鬼約翰》節目的主持人克里斯多夫‧高法（Christopher Goffard）回憶：

〔約翰〕開始傳簡訊〔給黛博拉〕，內容是一些她無法理解的指控，例如她打他、她從他皮夾裡偷了一萬元美金，他威脅要打電話報警。他變得讓她認不出來……他曾經大方而無止盡地誇讚她的美貌，如今他卻詆毀她的長相、嘲笑她的年紀、揶揄她在五十九歲之齡還試圖讓自己保持吸引力的行為。「五段婚姻，還有恨你的家人，你想看看這最後會怎麼收場嗎？我肯定是想看的。你想要看看最後的結局會多慘嗎？你打我、你威脅我。」她回覆：「夠了。你真邪惡。」

儘管黛博拉一開始很有魄力，而那些指控也完全不是事

實，但約翰持續把自己描繪成她的受害者。最終，儘管發生了
這一切，但她還是不知怎麼地就原諒了他；黛博拉如此解釋此
事的發生始末：

> 黛博拉：經過了二十三天〔此時約翰在住院〕，我想要面
> 　　　　對面看著他、問他為什麼這麼做，所以我去了醫院。然
> 　　　　後他說那些事情都是假的，他被設計了，有好幾次他都
> 　　　　想要告訴我，他被設計了，並因此坐過牢。他請我原諒
> 　　　　他，他知道除非他拿出全部的證據，不然我不會相信他。
> 高法：一切都只是誤會？
> 黛博拉：一切都是誤會，而且他解釋了每一件事，他聽起
> 　　　　來這麼有說服力，於是我想，「好。」他當時真的說服
> 　　　　了我，那個當下，讓我覺得他不是那樣的人。
> 高法：儘管有那些文件？
> 黛博拉：對，所有的事實都在我眼前，然後他這麼有說服
> 　　　　力……我當時也還是愛他。當你深陷愛河時，傾聽很
> 　　　　難，你只傾聽你的內心，而不是你的腦袋。
> 高法：你有問過他，他的綽號是不是「髒鬼約翰」嗎？
> 黛博拉：他說那不是真的；他說：「我不知道你從哪裡聽
> 　　　　來的。」就彷彿……他什麼事情都可以說服我，他好擅
> 　　　　長這件事，就算天氣很冷，他還是有辦法說服我外頭有
> 　　　　華氏九十五度（攝氏三十五度）。他就是這麼厲害，厲

害到你會懷疑自己。

高法：這幾乎像是，他成功說服了你，所有和他人生有關的事實，都是你的某種幻想？

黛博拉：對，他把我打造成那一方……他的說詞是，他是個大好人，其他所有人都錯待他……他總是，一再的，他總是有一套解釋。他告訴我，他之所以說謊是因為他害怕失去我，他覺得他如此幸運，因為我是一個這麼寬容的人，我──見鬼了──是他今生至愛，我讓他成為更好的人，就這一類的東西……我感到有點內疚，因為我嫁給了他，然後他人在醫院裡，但與此同時，我覺得害怕……

高法：跟我解釋一下，為什麼要內疚？

黛博拉：因為我許下了承諾，無論好壞，我都對婚姻許下了承諾。

---

25 和凱特・亞布蘭森的說法相比，我此處提出的煤氣燈操縱概念較為廣泛。亞布蘭森寫道：

用以辨認〔煤氣燈操縱一詞〕的現象是一種情緒操弄的形式，煤氣燈操縱者試圖（有意識或無意識地）促使某個人認定自己的反應、觀點、記憶與／或信念不只是錯誤的，更是完全沒有道理的，典型地毫無根據到了可說是瘋狂的程度……煤氣燈操縱的目標在於讓另一個人不去認真看待自己作為對話者的身分。

她之後寫下：

這段對話顯示，讓某個人質疑自己的理智，或以為自己肯定是瘋了，只是其中一個我認為煤氣燈操縱所致力達到知識支配地位的手段[25]。（但儘管如此，黛博拉受到的對待，大有可能造成這樣的連鎖反應，畢竟，雖然黛博拉沒有質疑自己的神智，但她卻確實懷疑過自己的判斷。）就像在此案例裡，有時候煤氣燈操縱者可以成功地打造受害者的道德責任，讓自己的故事被對方相信並原諒自己的現有罪行[26]；他可能把自己描寫成是其他人的受害者，或是他自己的受害者之下的受害者，且他在各方面都是弱勢——在此，約翰聲稱自己患有多發性硬化症（但沒有證據顯示他確實患有此病），還有自殺傾向，而不是一個有殺人傾向的瘋子（儘管現實確實如此）。

藉由呼籲某人拿出忠誠或同情心，好說服她歸順——如此一來，不論他為自己打造的故事有多麼不可信，她也會出於一種錯置的內疚感而不予質疑——這樣的作法就與讓她懷疑自身的理性思考能力一般，幾乎有相同的效果。它企圖達到的效應

> 煤氣燈操縱者指控他們的攻擊對象是瘋狂、過度敏感、偏執的。在煤氣燈操縱的情境脈絡裡，這些詞語的共通之處在於它們都被用來指控：某個人不只犯了**錯**或**被誤導**，更完全沒有能力可以判斷自己犯了錯或被誤導。這些指控涉及該對象的基本理性能力——她辨認正確事實和思考的能力、基本的評估能力，與做出適當反應的能力，也就是她作為一個思考者和道德主體的獨立地位。當煤氣燈操縱成功發揮作用時，它能使目標對象發瘋，因為它徹底地在這些方面侵蝕一個人的獨立地位。
>
> 出處："Turning Up the Lights," p. 2 and p. 8.

是，假如她質疑他，那就代表她有某些根本的缺陷——若不是知識上（她「瘋狂」、妄想、偏執），就是道德上（她是個冷血的婊子、無法信任他人、殘忍不寬容，諸如此類）的問題。這兩者的結果也將是十分類似的，亦即：某個不會，也沒有能力挑戰他的人[27]。

於是，煤氣燈操縱使受害者感受到一種錯誤的義務，認為她必須要採信他的故事，而不是自己的。她在知識上受支配——甚至被殖民。我們不難理解此事何其邪惡，這比傷害某人更加嚴重。當煤氣燈操縱成功時，受害者的能力會遭到剝奪，無法**指認**自己遭遇到什麼樣的傷害——以及，同樣的，誰是那個造成傷害的人。

26 黛博拉·紐威爾的過去裡潛伏著一個灰暗的理由，讓她有可能願意原諒丈夫並放棄自己的觀點：數十年前，她的姊姊辛蒂遭丈夫比利·維克（Billy Vickers）謀殺；在辛蒂訴請離婚後，他於極近的距離對她的後腦勺開槍。但辛蒂和黛博拉的母親，阿蓮恩·哈特（Arlane Hart）原諒了比利的所作所為，她甚至願意在謀殺審判中為他出庭作證。她做到了一種極端形式的原諒，但至少對某些目睹她行為的人來說，如此的作法傷害了人們對她女兒的記憶。克里斯多夫·高法寫道：

> 她的證詞震驚了檢察官湯瑪斯·艾維迪夫（Thomas Avdeef），他認為這是冷血的作為。根據他的解讀，這位母親的證詞裡……描述了辛蒂如何錯待丈夫。
>
> 「他們犧牲了她。」艾維迪夫說，「我不知道這個家庭的動力為何，我永遠都沒有辦法理解為什麼要說受害者的壞話。」
>
> 出處：https://www.latimes.com/projects/la-me-dirty-john/。

有種普遍的趨勢是讓人同理男性行為人，而非女性受害者，就算是如此這般

　　約翰·米漢施展了某些伎倆贏回黛博拉·紐威爾的心，他讓她相信自己勉強遮掩的謊言與藉口，而這些伎倆絕非特例。他一而再再而三地使用它們，甚至是在她訴請離婚後仍照做不誤。（他接著聲稱自己即將死於癌症，「我就要死了，黛比，慢慢地死去，拜託你，告訴我你要什麼，讓我們可以重修舊好。」他傳簡訊給她。「黛比，我過得不好，沒有你我過得糟透了，我需要你。」）根據克里斯多夫·高法的說詞，這些憂傷的自我描繪完全符合「約翰描述自己人生的標準方式，在這裡，他是永恆的受害者。」現實中，當約翰初出茅廬時，在加州拉古納海灘市（Laguna Beach）就至少有其他八位女性受害者，用的手段有很多都與用在黛博拉·紐威爾身上的相同。顯然，她們

　　的案例，當受害者是你自己的女兒時，情況還是相同。我希望隨著我在此探究為何這樣的趨勢會存在，本書能夠有助於回答這個好問題。一言以蔽之：同理他心，這必須負很大的責任。

27 某些人可能會堅持主張，煤氣燈操縱涉及了操縱者想要把受害者逼瘋的動機，但在我看來，這會使得煤氣燈操縱的現象太過仰賴心理學因素，進而催生出一種太過心理主義的定義。與此同時，這也使得行為人必須是刻意為之，才能符合煤氣燈操縱的定義。我偏好設想另一種概念，根據煤氣燈操縱的行為試圖達成什麼目標（也就是其目的或「終極目標」）來為它下定義，而不去考慮煤氣燈操縱者是否有意識地致力於達成這個目標，也不考慮他是否採用了令人發瘋的或教化的策略（或結合兩者，或者也許是另一種完全不同的技巧，例如威脅）。不過我當然不否認，此處這些簡短的意見只是一些聯想，如何最恰當地理解和定義煤氣燈操縱是一個龐大得多的哲學主題，有興趣的讀者最好還是閱讀先前註釋中提到的精采著作，包括凱特·亞布蘭森、蕾秋·麥金儂與其他學者的作品。

的錢是他的目標之一。高法訪問了律師麥可‧歐尼爾（Michael R. O'Neil），歐尼爾試圖協助黛博拉‧紐威爾脫離這個恐怖的處境：

> 高法：他（約翰）的目標是滲入別人的生活、和她們結婚，
> 然後拿走一半的財產，對嗎？
> 歐尼爾：不，是拿走她們所有的財產……畢竟他相信自己
> 理所當然有資格取得這一切。他有資格取得這一切。

但如我們所見，約翰‧米漢認定他不只有資格獲得財物，他還有資格享有更多。事實上，詐欺女性受害者可能只是手段——為了讓他達成在金錢上支配女人的目的，在這點上，他有貪得無厭的胃口，這是他為何如此嚇人又如此危險的原因。高法：

> 〔在約翰‧米漢對女人的傷害中〕一連串殘忍和執著的
> 報復心態貫穿了這些故事，這些故事顯示一個男人如何以
> 他所精通的陰險技巧為樂。這似乎不僅超出了〔勒索她們

28 克里斯多夫‧高法評論道，約翰‧米漢「同意犯罪集團做生意的方式，當對象是敵人時更是如此。他一次又一次地對一個冷血觀念表達了贊同之意：死去的敵人無法受苦，所以你要鎖定他們所愛之人，你要鎖定他們的家人。」這很有可能解釋了他為何在某晚帶著被警方稱為「綁架工具箱」的物品（包括膠帶、束帶、一組廚房用刀、一小瓶睪固酮，以及自己的護照）前往泰拉‧紐威爾的公寓。他先用刀攻擊她，泰拉試圖反擊，最後泰拉成功奪下了他的

的〕錢財，他看來耽溺於羞辱所有違背他意願的人。

先不論髒鬼約翰偏愛使用哪些煤氣燈操縱的伎倆，從許多角度來看，他顯然都是真實世界裡的曼寧漢先生，同時，在某些方面，至少他的動機更為明確清晰。儘管他也想要錢，「他最終的計畫，是遊戲本身。」麥可‧歐尼爾如此說道。約翰決心要贏得（回）這些女人的芳心，而且他無法忍受自己在這場關於引誘、欺騙和支配的心理遊戲中落敗。有鑑於他自身的扭曲觀點，因此，煤氣燈操縱代表著一個獨特的解決方案，解決他會面臨的問題，也就是：如何讓這些女人──這些有著獨立觀點的人──維持一種錯覺，以為自己擁有伴侶與談話對象，但同時又摧毀她們反對他的能力。在播客節目的最後一集內容出現了一段詳細描述，說明他如何試圖綁架黛博拉的女兒泰拉，且十之八九打算殺害她，這透露了他對於實實在在地摧毀受害者並藉此抹煞其觀點一事，是完全無動於衷的[28]。但是，他並未訴諸更殘酷的方式，而是藉著在大多數受害者身上運用煤氣燈操縱的策略來消抹她們的存在，在這麼做的同時，他也

武器，並在自衛過程中多次以刀刺傷他；四天後，他在醫院死亡。高法寫道，「警探告訴檢察官麥特‧墨菲（Matt Murphy），這看來是很明確的自衛情境，在此情境中，通常殺人者最後會逃跑，受害者會死亡，並被丟棄在高速公路旁或沙漠裡。」
泰拉沒有被逮捕，也沒有被起訴。出處：https://www.latimes.com/projects/la-me-dirty-john-terra/。

能感覺自己吸引、迷住且說服了她們,更杜絕了自己受到挑戰的可能性。

一如凱特·亞布蘭森所論證的,對某人施行煤氣燈操縱通常是一個長期工程。要打造出一種讓對方必須同意操縱者說詞的知識義務,這段過程耗費時間,而且通常也需要不少努力(不過這些努力並不一定是有意識地企圖在最終達到煤氣燈操縱的目標,亦即知識上的支配[29])。但知識資格感也可能促成一種錯誤的感受,認為他人沒有資格提出對立或具有威脅性的觀點,即使她們實際上絕對有權這麼做。這可能導致男人系統性地試圖讓女人永遠閉嘴,或因為她表達了自身意見而展現暫時性的狂怒。但即使是在後者這樣的情境中,狂怒的那些時刻,也經常展示出一種暴力或帶有威脅的暗流。如雷貝嘉·索爾尼特所觀察到的,她以男人說教為主題的經典論文之所以用一個看似相對無害的事件開始,但卻以強暴和謀殺(一個女人試圖作證

29 Abramson, "Turning Up the Lights," pp. 8–12.

30 Solnit, "Men Explain Things to Me," *Guernica*.

31 當然,任何人都有可能在網路上成為憤怒攻擊的目標,但根據我的分析,此處的重點在於,有很明顯不成比例的情況會鎖定女人作為目標(和她們的男性同伴相比),同時這些情況也經常涉及特別性別化的威脅與侮辱。這也是為什麼這個現象是厭女情結的表現。針對第一點,可以參見:"The Dark Side of Internet Comments," *The Guardian*, 2016/04/12, https://www.theguard-ian.com/technology/2016/apr/12/the-dark-side-of-guardian-comments。

指控性侵害事件，結果被永久消音）收尾，是有原因的[30]。

　　婉轉地說，關於男人因為女人在網路上表達意見而被激怒的各種案例並不少見。我自己就在許多場合經驗過那樣的憤怒，而且逐漸學習到如何預料這類的厭女情結，並與之共存。儘管如此，男人針對我還有其他女孩和女人的尖銳言語仍時不時令我嘆為觀止[31]。在我書寫本章內容時，一位長期發表厭女評論的澳洲右派電臺主持人艾倫・瓊斯（Allen Jones）[32]，就因為紐西蘭女總理傑辛達・阿爾登（Jacinda Ardern）針對氣候變遷提出她的主張而表示異議。在全球領導人共同與會的太平洋島國論壇（Pacific Islands Forum）上，阿爾登正確地指出，澳洲「必須對太平洋〔群島〕負責」，由於澳洲目前對氣候變遷毫無作為，這些地區將會因為海平面上升而遭受毀滅性的影響。她也重申自身決心，紐西蘭將盡其本分，在二〇五〇年前達到零排碳量[33]。不令人意外的，這段評論引發艾倫・瓊斯的不滿：研究顯示，在談到氣候變遷這個主題時，保守的白人男性會覺得

---

32 例如，瓊斯在二〇一二年時說過，澳洲首位女總理茱莉亞・吉拉德（Julia Gillard）應該要「被塞進麻袋」，然後被丟到海底。當吉拉德的父親於該年稍後去世時，瓊斯說，想必是他對自身女兒的羞恥感殺了他。

33 阿爾登隨後履行了這份承諾，紐西蘭將此目標正式納入法律。見："New Zealand 'On the Right Side of History' with 2050 Carbon Emissions Target, Jacinda Ardern Says," *ABC News*, 2019/11/07, https://www.abc.net.au/news/2019-11-07/new-zealand-passes-leading-carbon-emissions-law/11683910。

自己格外有資格對這個主題發表意見，無論這個意見是多麼地不正確，他們會聲稱正在發生的這件事情並沒有發生[34]。（某種程度上，這類對基本現實的否定可以說是企圖對地球進行煤氣燈操縱了。）

因此，瓊斯的憤怒可能是可預期的[35]，但即使如此，他選擇的表達方式卻登上了頭條新聞。「她在這裡宣導全球暖化，然後說我們得對氣候變遷採取行動，」瓊斯在他的電臺節目上憤怒地說，「我只是好奇，〔澳洲總理〕史考特·莫里森（Scott Morrison）會不會收到完整的指令，要往她嘴裡塞下一隻襪子[36]。」這段威脅言論是不折不扣地陶醉在阿爾登被消音的可能性裡，而且是被一個和她地位相當的男人消音，因此，他受到了廣泛譴責——但艾倫·瓊斯最初拒絕為此道歉。他僅僅試著以一種最不合情理的方式轉移話題：他說批評者刻意誤解了他的意思，

注釋

34 Aaron M. McCright and Riley E. Dunlap, "Cool Dudes: The Denial of Climate Change Among Conservative White Males in the United States," *Global Environmental Change* 21:4 (2011), p. 1163–72.

35 可以和環境運動者格蕾塔·桑伯格（Greta Thunberg）遇到的許多貶低進行比較。有自閉症傾向的桑柏格也受制於健全主義的刻板印象與相關修辭，例如可參考澳洲專欄作者安德魯·博爾特（Andrew Bolt）對她的低劣攻擊：「我從來沒有見過一個這麼年輕卻有這麼多精神疾病的女孩，被這麼多大人當成一名大師對待。」他在一篇名為〈格蕾塔·桑柏格邪教裡的惱人祕密〉的文章中這麼寫道，參見："The Disturbing Secret to the Cult of Greta Thunberg," *The Herald Sun*, 2019/08/01, https://www.heraldsun.com.au/blogs/andrew-bolt/the-disturbing-secret-to-the-cult-of-greta-thunberg/news-story/55822063e3589

他的原意其實是，阿爾登應該要把她自己的襪子塞進她自己的喉嚨裡。這個說法稍微好一點，但就是沒什麼可信度[37]。

有某一類男人是這樣的，當別人表達的意見威脅到他們如何理解已經發生或理當要發生之事時，他們沒有能力或意願應對這種情況。這類男人特別無法容許女孩和女人表現出她們有正當的知識資格感，去陳述世上正在發生或在未來需要改變的事。他們的回應方式不只是頑強地反對身處於這個位置的女孩或女人，事實上，他們往往看似缺乏能力──或再一次的，意願──用任何理由反對她。相反的，他們想讓她閉嘴，藉由否認她的言語有任何意義或優點（她瘋了，或她很邪惡──如此一來，不論是哪種情況，她所說的任何事情都不值得被採納）來攔截任何異議出現的可能性。又或者，這類男人會反過來想像出一個世界，在那個世界裡，他和他的同類有權力可以讓她

e02707fbb5a9a75d4cc

36 Kate Lyons, Naaman Zhou, and Adam Morton, "Scott Morrison Condemns Alan Jones's Call to 'Shove Sock Down Throat' of Jacinda Ardern," *The Guardian,* 2019/08/15, https://www.theguardian.com/media/2019/aug/15/alan-jones-scott-morrison-shove-sock-throat-jacinda-ardern

37 面對（來自於撤銷廣告的企業，以及不悅的電臺本身）巨大壓力的瓊斯隨後確實發表了一道不認真的道歉聲明，他在同一天稱傑辛達・阿爾登「笨頭笨腦」，而且是一個「偽善的人」。見："Alan Jones Writes to Jacinda Ardern to Apologise After Companies Pull Ads," *The Guardian,* 2019/08/16, https://www.theguardian.com/media/2019/aug/16/alan-jones-writes-to-jacinda-ardern-to-apologise-after-companies-pull-ads

收回自己的話——在此情境裡，就是藉著把某樣東西塞進她的喉嚨裡，讓她永久消音。令人吃驚的是，他有可能在這整個過程中都覺得自己是合理的，或甚至是受到委屈的那一方。

根據《衛報》報導，反家暴團體「我們的守衛」（Our Watch）的執行長派蒂·金尼斯利（Patty Kinnersly）表示，她對瓊斯的「言語暴力威脅」感到擔憂——她指出，「語言的力量〔可以〕創造一個環境，讓對女人的暴力看來可以被接受，或可以被合理化。」「你可以不同意某人，無須透過想要讓他們消音的方式。」金尼斯利明智地補充[38]。

好吧，親愛的讀者，我假設你可以。但並非每一個人都如此有能力。

38 Lyons, Zhou, and Morton, "Scott Morrison Condemns Alan Jones's Call to 'Shove Sock Down Throat' of Jacinda Ardern," *The Guardian*.

（ **9** ）

選不上的女人——男人享有權力的資格感
Unelectable – On the Entitlement to Power

　　在二〇一六年的美國總統大選中，希拉蕊·柯林頓（Hillary Clinton）出人意料地輸給了唐納·川普，在那之後，不令人意外的，關於「女人在這個國家裡選不選得上」的這類問題，在廣大群眾眼中變得迫切需要解答[1]。大量研究顯示，這些問題完全不是蠢問題——儘管，我們最後會在本章發現，這些問題的答案很容易受到操弄，並被錯誤地詮釋。不過，當問題是誰被認定有掌握權力的資格時，女人在許多（儘管不是全部）情境裡受制於明顯的劣勢。而既然對我們許多人來說，在二〇二〇大選擊敗川普是最急迫的政治任務，那麼，倘若我們無視女人在競選過程中遇到困難（至少在跟享有特權的男性同胞互相比較之下）的證據，這便會是很魯莽的作法。我們需要確認這些證據的可信度有多高，並追問這些困難是否可能會難以克服。我們也應該質問，這個「當選可能性」（electability）的框架通常對誰有利，但關於這個問題，我們稍後再談。

　　麥德琳‧海曼（Madeline Heilman）與其同僚完成了一項劃時代的研究，他們請實驗參與者依據兩份虛構人物檔案裡提供的資訊，分別針對名為「詹姆士」（James）的男子和名為「安德莉亞」（Andrea）的女子兩人的表現進行評量[2]。根據描述，詹姆士和安德莉亞皆擁有同樣具有男性屬性的領導人職位，兩人都在一間飛機製造公司內擔任助理副總。研究者輪流調換兩份個人檔案上的姓名（因此，每兩名參與者就有一人會收到調換過姓名的檔案），藉此可確認實驗參與者所收到的資訊裡，這兩位將被評量的人之間平均而言並無任何重大的根本差異。然而，實驗參與者卻對男性領導人表現出明顯且一致的偏愛，

注釋

1　在寫作本章的此刻（二〇一九年九月一日，距離大選仍有一年多），已有超過一萬七千則新聞報導提到當選可能性一詞，以及最受歡迎的女總統候選人伊莉莎白‧華倫。確實，理論上，其中某些報導可能更著重於男候選人的當選可能性，或是綜合性地討論這件事，但檢視相關標題後則會發現，在大多數的例子中，事情並非如此。比方說，二〇一九年八月時，單單一週內就出現了以下標題：

艾倫‧布萊克，〈伊莉莎白‧華倫人氣上升，但這個巨大疑問〔當選可能性〕壟罩著她〉，《華盛頓郵報》（二〇一九年八月八日）。見：Aaron Blake, "Elizabeth Warren Is Surging, but This One Big Question [Electability] Looms Over Her," *The Washington Post*, 2019/08/08, https://www.washingtonpost.com/politics/2019/08/08/elizabeth-warren-all-important-electability-question/。

強納森‧馬汀，〈許多民主黨人喜愛伊莉莎白‧華倫，但他們也擔心她〔的當選可能性〕〉，《紐約時報》（二〇一九年八月十五日）。見：Jonathan Martin, "Many Democrats Love Elizabeth Warren. They Also Worry

特別是當沒有明確資訊說明兩人的能力時，大約有百分之八十六的實驗參與者會判定「詹姆士」比「安德莉亞」有能力——儘管在兩人受喜愛的程度方面，實驗參與者評價他們的方式並沒有表現出重大差異。不過，當檔案中的資訊明確指出兩人能力優異之程度時（藉由指出兩人和其他身處相同位階的員工相比，表現都屬於前百分之五），結果便改變了。這一次，有百分之八十三的實驗參與者判定「詹姆士」比「安德莉亞」更討人喜歡（但兩人相對能力的排名則沒有差異）。有趣的是，把實驗結果依照參與者的性別分開來看，並不會使得上述發現有任何改變：男人和女人都展現出了同樣的偏愛傾向[3]。

About Her [Electability]," *The New York Times,* 2019/0815, https://www.ny-times.com/2019/08/15/us/politics/elizabeth-warren-2020-campaign.html。妮可·古德金，〈民主黨人擔憂女性候選人無法擊敗川普〉，《新聞周刊》（二〇一九年八月十五日）。見：Nicole Goodkind, "Democrats Worry That a Female Candidate Can't Beat Trump," *Newsweek,* 2019/08/15, https://www.newsweek.com/2020-candidates-women-vote-trump-electability-1454622。

2　Madeline E. Heilman, Aaron S. Wallen, Daniella Fuchs, and Melinda M. Tamkins, "Penalties for Success: Reactions to Women Who Succeed at Male Gender-Typed Tasks," *Journal of Applied Psychology* 89:3 (2004), p. 416–27.

3　有一位實驗參與者並未說明自身性別，可能是單純遺漏，或是認同自己屬於非二元性別者。
也請留意，海曼等人的研究發表於二〇〇四年，但本章將會陸續指出，該研究後來被大量複製。此外，實驗參與者當時是大學部學生，平均年齡為二十歲半，因此屬於千禧年世代，這使我們不能輕率地視這些實驗結果為歷史殘餘而予以輕視。

　　結論是，人們不論自身的性別為何，都會傾向於假定在歷史中由男性主導的權力位置上，男人比女人更有能力，除非這項假設與更進一步的資訊明確地有所牴觸。當這項假設確實被反駁了，女人則有可能會受人討厭，尤其可能會被視為「在人際互動上帶有敵意」，而在此研究中，這項指標包含了被看作是不懷好意、強勢、自私、不顧他人、操縱人心，而且不值得信賴。研究者說這個效應很「有戲劇性」──其實他們也可以再加上「令人憂鬱」這個形容。考慮到這些偏見的普及程度，女人怎麼有可能贏得選舉呢？

　　這個難題的進一步證據來自於一項研究，該研究在二〇〇八年總統大選的前兩年針對潛在選民進行調查。研究者大衛・保羅（David Paul）和潔西・史密斯（Jessi Smith）讓實驗參與者考慮三名共和黨候選人──魯迪・朱利安尼（Rudy Giuliani）、約翰・麥肯（John McCain）和伊莉莎白・多爾（Elizabeth Dole）──以及兩名民主黨候選人──約翰・艾德華（John Edwards）和希

注釋

4　David Paul and Jessi L. Smith, "Subtle Sexism? Examining Vote Preferences When Women Run Against Men for the Presidency," *Journal of Women, Politics, and Policy* 29: 4 (2008), p. 451–76.
　再一次，將實驗結果依照性別分組在這裡並不會造成任何不同。我在我刊登於《政客》上的〈笨蛋，是性主義啊〉一文中更詳盡地討論了這項研究，以及本章註釋2中提到的實驗。見："It's the Sexism, Stupid," *Politico*, 2019/04/11, https://www.politico.com/magazine/story/2019/04/11/its-the-sexism-stupid-226620。

拉蕊・柯林頓。在每一場單一對決（包括跨黨派和同黨人士間的競爭）中，女候選人都輸給了男性。可能最令人驚訝的是，有大量選民叛逃到另一黨候選人的陣營中，藉此避免把選票投給和自身同黨的女人──例如，民主黨選民會選擇共和黨的男候選人，而非希拉蕊・柯林頓。若我們考量到近幾十年來美國人民把選票投給自身政黨候選人的強烈傾向，那麼，這項研究確實為「女人贏不了」的這個假設提供了某種寫實的支持，至少在女人競選總統時的情況是如此[4]。近期的調查發現為此一假設提供了更多（且同樣令人憂鬱）的證據，該調查顯示，許多美國人（包括略微占了多數的美國男人）仍然對於女總統這個想法，感到不「太自在[5]」。

當然，我們也有充分的證據指出，女人可以贏得選戰，在面對男性對手時亦然：二〇一八年的美國期中選舉有史上最多的女性政治人物當選國會議員[6]，而這只是例子之一。但社會心理學家猜測，當女人追求最高的權力位置及屬性最為陽剛的

5　Emily Peck, "Half the Men in the U.S. Are Uncomfortable with Female Political Leaders," *HuffPost,* 2019/11/21, https://www.huffpost.com/entry/half-us-men-uncomfortable-with-female-political-leaders_n_5dd30b73e4b0263fbc993674

6　該次選舉的結果中，共有一百一十七位女候選人當選第一百一十六屆眾議院議員，對比之下，二〇一六年大選中只有八十九位女議員當選。見：Li Zhou, "A Historic New Congress Will Be Sworn in Today," *Vox,* 2019/01/03, https://www.vox.com/2018/12/6/18119733/congress-diversity-women-election-good-news

權威位置時，人們仍舊會覺得她們有哪裡令人倒胃口。在一項研究中，當虛構的女政治人物們被描述成即將競選參議員的狀態時，她們幾乎沒有遭遇到性別偏見，直到她們被明確地刻畫成渴求權力之人——於此狀態之下，性別化的反撲效應變得十分驚人。進一步來看，正如研究者留意到的，並不需要做很多事，就能使他人認定她們渴求權力：單單是競選總統可能便已足夠。他們指出：「在比較需要指揮、決斷，和權威風格的政治角色上（如美國總統、眾議院發言人），反撲可能更常出現[7]。」他們猜想，類似懲罰可能也適用於女人追求比較單調乏味的權力位置時（例如擔任老闆或經理），這些位置也同樣被視為具有強烈的陽剛屬性。

所以，我們不能只因為有許多女人當選了國會或甚至參議院議員就感到滿足，我們必須質問：如果可能，要有哪些條件，才能讓女性權力中最讓人如鯁在喉的那種形式變得比較容易吞下？

海曼在進一步的研究中提出了重要的洞見，解釋了女人的權力有時為何能夠被好好容忍，又是如何被容忍的。海曼與其同僚泰勒・沖本（Tyler Okimoto）著手調查，當女人占據了歷史上由

注釋

7　Tyler G. Okimoto and Victoria L. Brescoll, "The Price of Power: Power Seeking and Backlash Against Female Politicians," *Personality and Social Psychology Bulletin* 36:7 (2010), p. 933.

男性主導的權力位置時，她們所面臨的偏見奠基於什麼樣的基礎上。他們想要瞭解為什麼「就算有明確證據顯示出，一個女人在性別屬性為男性的工作上十分成功，她仍會在工作環境裡遇到阻礙職涯的問題——包括不被喜歡，以及在人際關係上遭到毀謗[8]。」研究者假設這類的問題源自於一個觀念，也就是在這類位置上成功的女人勢必缺少「合群性格」（communality）：亦即滋養關懷與支持社會的品質。缺少此種品質的女人往往會遭到嚴厲的懲罰。這是因為，如海曼和沖本所指出的，有一些廣泛流傳的指令，「規定女人應該合群，展現出關懷和具有社會敏感度、為他人著想的特質，例如表現得和善、有同情心，並且通情達理[9]。」而且，就如同我貫穿本書的論點，比起男性同伴，如此這般的社會規範往往在女人身上執行得更加嚴格許多。研究者也留意到，就算女人沒有**主動**展現出不關心的特質，她們還是有可能被看成是不合群的，並進而遭到懲罰。光是因為女人在男性屬性的領導角色上獲得成功，人們就有可能推論或假設出這樣的缺失。海曼和沖本寫道：

> 好幾項調查發現，當實驗參與者僅僅被告知女性經理人的成功（而沒有獲得其他額外的行為相關資訊）時，他們

8　Madeline Heilman and Tyler Okimoto, "Why Are Women Penalized for Success at Male Tasks?" *Journal of Applied Psychology* 92:1 (2007), p. 81.

9　出處同上。

會把這些經理人描述為缺少與合群性格相關的、一般常規
下討人喜歡的人際關係特質；相反的，這些女人會具有例
如自私、不誠實、狡詐、冷漠和心機重等特徵……於是，
除了知道女人在男性屬性的工作上取得成功以外，似乎不
需要知道什麼額外原因，便可引發他人對她產生負面的人
際觀感[10]。

然而，這樣的推論是否可能被擋下？這類的假設是否可以
被撤銷？

可以。海曼和沖本決定採用和本章開頭提到的研究類似的
實驗設計，好探究上述問題，但他們加入一個關鍵的差異：在
實驗組中，他們納入了新資訊，暗示「詹姆士」和「安德莉亞」
都具備合群的心態（控制組則沒有提到兩人的心態，但他們都
被描述成相當有能力之人）。實驗結果為何？在控制組中，對
安德莉亞的偏見和對詹姆士的偏好完全維持了原本的力道（亦
即重複了前述研究的結果），但倘若實驗參與者被明確告知，
安德莉亞的下屬把她描述成一個「通情達理且關心他人」的人，

注
釋

10 出處同上，頁82。
11 當實驗者以上述方式描述安德莉亞時，詹姆士同樣會被描述成「一個投入的
經理人，關心並敏銳地體察下屬需求」，他「強調支持性工作環境的重要性」，
並曾經「致力於推動一個正向的工作社群，且因此受到讚揚」。出處同上，
頁83。一如以往，這兩則關於合群性格的敘述會被交替提供給實驗參與者。
請留意，研究者也增加了另一個情境，在此其中，兩位受評量者的說明裡增

她「鼓勵合作和助人行為」，且「致力於提升員工的『歸屬感』」，這個模式就會遭到反轉：實驗參與者明顯地更有可能把安德莉亞選為比較理想的老闆，認為她是兩人中比較討人喜歡的那一方，也不再認定她在人際關係上比詹姆士來得更不友善。而別忘了，在此情境中，詹姆士同樣被描述成具有合群的特質，但結果不變[11]。被認為性格合群，為女性當事人帶來了巨大的不同，但對男性當事人則否。表現得和善可親對有權力的女人而言是必須履行的義務，但對她們的男性對手來說，卻似乎是無足輕重之事[12]。

因此，如果我們假設，就算女性候選人同樣符合資格或甚至更能夠勝任，但男性總統候選人勢必仍可以更為輕鬆地獲得支持，這樣的假設會是一個錯誤[13]。前述研究顯示，在特定情境下，女人也可能被認定和她們的男對手一樣有資格在這類男性主導的領域中掌握權力——甚至可能被看成是更有資格的。這是好消息。那壞消息呢？壞消息是這些特定的情境經常無法成形；對許多女性候選人而言，要在總統選戰中被看成合群的人，這件事情竟是一場艱難的戰役。

加了正面但並非合群的資訊。他們想藉此確認，是不是只是因為加入了讚賞的敘述，才對女人的評量結果造成了差異，但男人的結果卻不受影響（而情況並不是如此）。

12 然而再一次的，實驗參與者的性別不會使研究發現有任何不同，這表示個人自身的性別並不會左右他們的偏見，也不會影響這些偏見可以如何被改變。出處同上，頁84。

「沙拉狂艾美‧克羅布查（Amy Klobuchar）曾為了忘記叉子而大力斥責助理」，某則新聞標題如此寫著，語氣激動[14]。《紐約時報》則以一篇標題為「艾美‧克羅布查如何對待員工」的新聞較為嚴肅地報導這起事件，該篇報導藉著遊走在意淫邊緣的軼事，結合了針對這位明尼蘇達州參議員（她甫於不到兩週前宣告參選總統）的合理疑慮，其中最值得注意的是這一則：

> 參議員艾美‧克羅布查餓了，她沒叉子也沒耐心。
>
> 二〇〇八年時，一位和她共同前往南卡羅萊納州的助理一邊拖著兩人的行李穿越航空站，一邊在途中為老闆買了一份沙拉。然而，一上飛機他便宣布了這個殘忍的消息：他在登機門前弄丟了塑膠餐具，而在這類的短程班機上，空服人員又沒有任何叉子。
>
> 接下來發生的事很典型──克羅布查立刻因為這個錯誤狠狠地責罵助理，但再接下來的事情就不這麼典型了。根據四名熟悉這起事件的人士表示，她從包包裡拿出一把梳

13 在此，我有必要提醒讀者，柯林頓確實贏得了多數的普選票（popular vote），但這件事的影響只局限於辯證上。對於柯林頓會不會是一個好總統一事，我相信明理之人可能有著極為不同的意見，但在我看來，她會是一個比川普好的總統，此事無庸置疑。因此，她作為一個更加合格得多的候選人，卻在二〇一六年大選中落敗，這點為女人普遍的當選可能性提供了一個雖令人煩惱但──如我們將會看到的──絕非決定性的數據。

14 Tina Nguyen, "Salad Fiend Amy Klobuchar Once Berated an Aide for Forget-

子，接著用它吃沙拉。

　　然後她把梳子遞給員工，並下達指令：把它洗乾淨[15]。

　　這篇文章以該起（距今已逾十年的）事件當作開頭，從助理的角度回憶事件，且寫法看來就是要盡可能地讓參議員難堪──而不是先討論其他作者後續會詳細描述的，克羅布查的行為（在我看來，那些行為才更令人擔憂：包括對助理丟東西，並指派他們一些不恰當的任務，像是固定幫她洗碗）──此事說明了一些背後的問題。克羅布查對待員工的方式是否粗魯暴力，此項疑慮絕對值得被認真看待，但不可否認，這則故事也惹惱了另一些人，這些人不管女老闆的怒氣是不是可以理解或符合人性，就是無法容忍她發怒。或許更關鍵的重點是，即使有人認為這些和布羅克查有關的事件都和社會大眾直接相關，並且報導得恰如其分，但針對男政治人物的類似報導所接收到的關注卻是相對少。以一篇報導為例：

---

ting a Fork," *Vanity Fair,* 2019/02/22, https://www.vanityfair.com/news/2019/02/amy-klobuchar-comb-fork-salad

持平而論，文章本身的口吻較為慎重，而作者往往是無法自行決定標題的。

15 Matt Flegenheimer and Sydney Ember, "How Amy Klobuchar Treats Her Staff," *The New York Times,* 2019/02/22, https://www.nytimes.com/2019/02/22/us/politics/amy-klobuchar-staff.html

　　喬・拜登（Joe Biden）表面上的和藹可親與好心情遮掩了
他私底下的兇猛脾氣，一則新的報導指出，這位前副總統
經常痛罵員工……「每個為他工作的人都被他吼過。」一
位前任顧問告訴本雜誌……

　　這起關於拜登的爆料，呼應了身為明尼蘇達州參議員、
同時也是他二〇二〇年競選對手的艾美・克羅布查在二月
宣告參選不久前才被報導的事件[16]。

　　呼應之處可能確實存在，但迴響卻非常不同。在拜登身
上，這件事基本上只有挑起一片尷尬的沉默。

　　伯尼・桑德斯（Bernie Sanders）的前任下屬也說他的「言語
侮辱令人難以置信」。在二〇一六年他競選總統期間，保羅・
漢茲（Paul Heinz）於一篇題為「憤怒管理：桑德斯為受雇者爭
取權益，但他自己的員工除外」的文章中，對桑德斯祖父般的
形象提出質疑：

注
釋

16 Joseph Simonson, "Biden Aide: 'Everyone Who Has Worked for Him Has Been Screamed At,'" *Washington Examiner,* 2019/07/01, https://www.washingtonexaminer.com/news/biden-aide-everyone-who-has-worked-for-him-has-been-screamed-at

17 Paul Heintz, "Anger Management: Sanders Fights for Employees, Except His Own," *Seven Days,* 2015/08/26, https://www.sevendaysvt.com/vermont/anger-management-sanders-fights-for-employees-except-his-own/
　　也可參考：
　　Harry Jaffe, "Bernie Sanders Is Cold as Ice," *Boston Magazine,* 2015/09/29,

　　一些過去幾年來和桑德斯密切共事的人說,「暴躁的爺爺」一詞根本無法描繪事情的九牛一毛。他們描述這位參議員的性格,說他粗魯無禮、脾氣暴躁,而且有時徹底充滿敵意。儘管桑德斯一生中投入了許多時間為佛蒙特州的工人爭取權益,但他們說,他並未善待為他工作的下屬。

　　一位前任競選團隊員工表示,「作為主管,他的言語侮辱粗暴到令人難以置信」,他聲稱自己經常必須忍受言語上的攻擊。這裡的雙重標準一清二楚:「他所做的事情是,如果他發現另一位主管在職場上這麼做,他會對他們窮追猛打。你不能這樣對待員工。」……其他人也響應該名前員工的說法,指出參議員本人很常發脾氣。「伯尼是個渾球,」一位曾於競選活動中與桑德斯共事的民主黨內部人士說,「他沒來由地就是個渾球[17]。」

還有另一位想要登上總統大位的男性,貝托·歐洛克(Beto

https://www.bostonmagazine.com/news/2015/09/29/bernie-sanders/; Mickey Hirten, "The Trouble with Bernie," *Lansing City Pulse*, 2015/10/07, https://www.lansingcitypulse.com/stories/the-trouble-with-bernie,4622; and Graham Vyse, "10 Things Biographer Harry Jaffe Learned About Bernie Sanders," *InsideSources*, 2015/12/23, https://www.insidesources.com/10-things-biographer-harry-jaffe-learned-about-bernie-sanders/
不可否認,和報導克羅布查事件的媒體相比,這裡某些資料的來源小眾得多,也比較不具知名度,但某種程度上,這正是我的論點:和女性參議員有關的這類謠言,從一開始就被認為更具有新聞性。

O'Rourke）也以「渾球」的行為對待員工，他自己就這麼承認。在歐洛克未能成功當選德州參議員後，一部名為《為貝托而跑》（*Running for Beto*）的紀錄片拍下他「口出髒字……抱怨自己必須在媒體前『跳舞』，並突然對員工發火……『我知道有時我是個大渾蛋，和我相處很不愉快。』歐洛克在紀錄片中一度對首席助理承認，對方當下並沒有反駁。」一則新聞報導寫道，該報導發表於歐洛克宣布要競選總統之前[18]。

　　和布羅查如何對待員工的報導相比，這些有關拜登、桑德斯和歐洛克的消息幾乎沒有讓誰感興趣，更沒有引發什麼驚愕之情。這與研究的發現一致，亦即當有權力的女人被認定了缺乏合群性格時，她們經常會受到嚴厲的懲罰，但當同樣的特質出現在男性同伴身上時，則是一件相對無傷大雅的事。無論

注釋

18 Alex Seitz-Wald, "Beto O'Rourke Drops F-Bombs, Snaps at Staff, Stresses Out in Revealing New Documentary," *NBC News*, 2019/03/09, https://www.nbcnews.com/politics/2020-election/beto-o-rourke-drops-f-bombs-snaps-staff-stresses-out-n981421

19 《政客》雜誌從二〇一九年二月三日起開始記錄民調數據。二月十日到三月十日的幾週之間，克羅布查最初的民調支持率介於百分之三到四，但在二〇一九年剩餘的期間內則落在百分之一到二之間，一度跌出支持率最高的前十名候選人之外。見：https://www.politico.com/2020-election/democratic-presidential-candidates/polls/（資料擷取於二〇一九年十二月二十日）。儘管克羅布查在新罕布夏州初選中出人意料地獲得了第三名的好成績，她仍在超級星期二來臨之前退出了選戰。

20 儘管人們普遍認為陸天娜確實有機會角逐總統大位，但她的民調數字卻甚至比克羅布查還要慘淡。她一開始的民調數字維持在百分之一，僅有一次突

我們覺得我們**應該**多麼嚴肅看待總統候選人所展現出來的這類道德失誤，在這裡，我們顯然沒有藉口可以解釋性別化的雙重標準。

假如這些事情沒有流傳，關於布羅克查在選戰中會獲得多少吸引力，明理之人大概也可能各有觀點分歧之處[19]，但另一位女總統候選人的當選可能性就絕對是因為人們認為她缺少合群性格而受到了阻礙，她就是紐約州的參議員陸天娜（Kirsten Gillibrand）[20]。陸天娜為了和克羅布查相當不同的罪行而被認定為不合群，但它們引起了同樣多的狂怒。在陸天娜對明尼蘇達州參議員艾爾‧佛蘭肯（Al Franken）提出不當性舉止的指控之後，人們普遍認為她「為一己之利出賣了艾爾‧佛蘭肯」——因而顯示出她的不忠誠、不牢靠、自私，與投機[21]。儘管陸天

破百分之二（在以四月七日收尾的那一週）。在七月和八月之間，她從未進入過《政客》雜誌統計裡的前十名。她未能進入民主黨第三輪辯論，並接著於八月二十八日週三退出選戰。見：https://www.politico.com/2020-election/democratic-presidential-candidates/polls/。

21 陸天娜宣布自己將退出總統選戰後，以下是幾則推特上的代表性回應：
「我很滿意十位中選的候選人，但還是覺得很苦澀……艾爾‧佛蘭肯（@ alfranken）可能是一位可以擊敗〔川普〕的強大對手，但我們永遠無法見證了……但你心知肚明……對吧？」https://twitter.com/criteria681/status/1166879516951797762；
「本黨謝謝你。我們也永遠不會忘記全國步槍協會和艾爾‧佛蘭肯。」https://twitter.com/rmayemsinger/status/1166845231448256518；
以及「再見了女孩……署名：艾爾‧佛蘭肯。」https://twitter.com/DCRobMan/status/1166827567040598018.

娜只是大約三十位要求佛蘭肯辭職的民主黨員其中之一,此舉
使得佛蘭肯於二〇一八年年初自願提出辭呈,但她卻是首位發
難者,而這件事對許多人來說不可饒恕[22]。陸天娜於二〇一九
年八月宣告退出總統選戰,一篇隨後刊登於《政客》(*Politico*)
上的文章恰如其分地總結了整個情況:·

> 陸天娜一度看來是一位正統的候選人,甚至是令人生
> 畏的候選人。她有缺點,但她也有完美的選舉成績及明確
> 的女性主義訊息為她加分,後者看來是對唐納·川普的有
> 力反擊。然而,陸天娜因為要求參議員艾爾·佛蘭肯辭職
> 而飽受批評糾纏,始終未能擺脫⋯⋯陸天娜在週三晚間宣
> 布退選,數小時後,她和佛蘭肯一起成為推特上的熱門話
> 題,其中關聯看來密不可分。
>
> 「佛蘭肯絕對是募款上遇到的問題之一,」一位熟悉陸
> 天娜競選活動的知情人士說,「他就是會不斷被提到,一
> 而再再而三。」希拉蕊·柯林頓的前任通訊主任珍妮佛·
> 帕爾米耶里(Jen Palmieri)說,「毫無疑問,」這場佛蘭肯的

---

22 我也要提醒讀者,從道德層面上來說,只有佛蘭肯本人需要為他的辭職負責
而已。除此之外,他也要為他一開始的不當行為(針對此事,我相信指控所
言)負責。
我在另一篇文章中,進一步討論了這個主題,可見:"Gillibrand's Al Franken
Problem Won't Die," *The Cut*, 2019/01/17, https://www.thecut.com/2019/01/
kirsten-gillibrands-al-franken-problem-wont-die.html。

嚴峻考驗「對她有嚴重、特別巨大的影響。」「人們不公平地把佛蘭肯的辭職歸咎於她，那是她整體候選資格下的暗潮。」帕爾米耶里說，「這戰場很擁擠，對所有候選人而言都很艱難，但那件事著實拖累了她[23]。」

對某些人來說，當一位女性領導人阻撓了一名被心照不宣地認為有資格獲得權力的男人，沒有什麼罪惡比這更加嚴重，就算許多可信的說詞指出他有不當的性舉止、他好色、他毛手毛腳，也是一樣。

海曼和沖本在他們針對有權力的女人會面對哪些偏見的調查中，又進一步操作了兩項實驗。在其中一項實驗裡，他們再次提供了資訊，指出「安德莉亞」和「詹姆士」表現都很合群。但這一次，他們並不清楚說明這些行為的動機，而是隱約暗示這是更廣大的部門或整體公司計畫中的一部分，因此兩人「可能〔只〕是為了履行工作職責才這麼做[24]」。在兩則類似的敘述中（兩則敘述再次被交替運用到「詹姆士」或「安德莉亞」身

23 Elena Schneider, "Why Gillibrand Crashed and Burned," *Politico*, 2019/08/29, https://www.politico.com/story/2019/08/29/kirsten-gillibrand-drops-out-2020-race-1477845
24 Heilman and Okimoto, "Why Are Women Penalized for Success at Male Tasks?" p. 86.

上），實驗參與者讀到的其中一條內容是：「在他／她任職於〔未提及公司名稱〕的最後一年間，詹姆士／安德莉亞的主管以高度重視員工關係聞名。」而針對另一項評估目標，實驗參與者則讀到：「近年來，〔未提及公司名稱〕更新了公司願景，對於理解員工的顧慮更為重視。作為這項公司整體計畫的一分子，詹姆士／安德莉亞……」實驗參與者先讀完和兩位當事人的合群表現有關的敘述，接著再像之前一樣往下進行，完成對兩人的評量。

如此一來，安德莉亞曾對下屬展現出的關心和體貼，還足以克服人們不喜歡她，並判定她在人際關係上較不友善的傾向嗎？答案是否定的。當實驗參與者無法得知安德莉亞的合群表現是來自個人特質時，他們再一次地顯示出曾在之前的實驗裡展現過的顯著性別偏見（因而，再一次重複了同樣的實驗發現結果[25]）；合群表現似乎只有在它能夠被歸因於穩固的人格特質，或女人個人的真實本色時，才會對女人有利。

這並不特別令人驚訝，但卻在政治場域造成惱人的後果，

注釋

25 研究者展示了另一個方法，可以克服這類性別偏見：他們加入資訊，指出兩名被評量者已為人父母。當女人是母親時，她們會顯得更討人喜歡，但在男人方面，這件事看來依然不會造成任何不同。也就是說，和沒有小孩的情況相比，父親身分不會為男人帶來明顯的「加分」，讓他們更受人喜愛，或成為更受歡迎的上司。不過，海曼和沖本指出這項結果的適用程度有限，因為許多研究已經顯示，女人會遭遇一種強力的母職偏見，亦即和沒有小孩的同儕相比，母親往往被視為比較沒有能力，並且比較不盡忠職守。因此，另一

在政治場域裡，重要的女性政治人物很難被認為具有任何真實的一面。很「假」、不真誠，以及只想要取得權力的指控糾纏著多位知名的女性政治人物——不只是希拉蕊·柯林頓，還有澳洲第一位女總理茱莉亞·吉拉德[26]。希拉蕊·柯林頓的支持率在擔任國務卿時原本非常高，但當她開始爭取總統大位時，支持率卻受到重創；與此同時，發生了另一樁事件，而某種程度上那樁事件也解釋了她下滑的支持率——也就是媒體對她的報導方式。它們把她描繪成一個對身處於利比亞班加西的美國人民的命運，以及對國家安全事務（因為她的電子郵件而出現的偽造醜聞）都極端漠不關心的人。茱莉亞·吉拉德則一直是澳洲相對受歡迎的政治人物，直到她成為總理之後，此事有所改變；從那時開始，媒體普遍把她描繪成虛偽、自私、投機、憤世嫉俗的人，還說她會在背後中傷他人（因為她在黨內競爭時推翻了前任領導人凱文·魯德〔Kavin Rudd〕）[27]。

　　既然在大眾視線所及之處，任何人的相關資訊都取之不竭，我們也就不難找到某種方式，得以描寫某位知名女人曾在

道不公平的雙面刃又在地平線上苦澀地閃爍光芒。

26 我懷疑這可能是一個特殊的性別化動力，並進而從網站 ratemyprofessor.com 上學生的集體評價中發現，學生也明顯更常使用這些詞語來形容女教授。這個發現提供了適切的證據，證明了一個假設：女性權威人物的某些特質常會被詮釋為不真誠，至少當她們身處於男性主導的位置上時是如此。可參考敝人著作《不只是厭女》的第八章（特別是「假裝」一節）。

27 見《不只是厭女》第八章。

某個時間點上不夠關心、體貼或留意他人。我們不只該警惕那些針對女人的公然人格謀殺和污衊，甚至也該提防那些認為她被賦予了太高的重要性而產生的憂慮，那些憂慮較為隱微，卻可能有所根據。

　　要正確地理解上述論點是一件有點微妙的事。合群是一種重要的美德，但我們會期待領導者擁有許多美德，而期許每一個身處權力位置的人都要超乎常人地合群（相對於在合理程度上展現出仁慈、同理、體貼等特質），這既不符合現實、也並不公平。另一個簡單明瞭的觀點則是，就算我們要求女人表現合群時，這份要求的程度確實合理，但我們若要用同樣被認可的道德標準來要求男人，卻往往還有很長一段路要走。

　　另一個值得我們停下腳步討論的複雜問題則是人們對合群的看法可能因為個人的政治價值而有極端差異。舉例而言，政治傾向偏左的人普遍認為眾議員亞莉珊卓・歐加修－寇提茲（Alexandria Ocasio-Cortez）特別合群（而我相信，這看法相當正確），但從她在《福斯新聞》和其他保守媒體平台上所吸引到的那種驚恐來看，在右傾的人眼裡，她可是不合群到家了。對

28 "Transcript: Greta Thunberg's Speech at the U.N. Climate Action Summit," *NPR*, 2019/09/23, https://www.npr.org/2019/09/23/763452863/transcript-greta-thunbergs-speech-at-the-u-n-climate-action-summit

29 可以和紐西蘭女總理傑辛達・阿爾登所得到的回應相比，二〇一九年三月，紐西蘭基督城的一間清真寺內發生槍擊案，在那之後，她深具同理心的表現受到廣泛的讚賞。不過也可以參考本書第八章〈不出風頭的女人〉的討論，

其他投身於環境改革和各種社會正義議題中的知名女性而言，情況亦同。我們可以目睹，環保倡議者格蕾塔・桑柏格（Greta Thunberg）在聯合國的演說招來兩極的反應；她在演說中拒絕承擔具有陰柔屬性的偽義務，亦即給予聽眾希望，取而代之的，是正義凜然並動人地撻伐他們：

> 你們用空洞的語言奪走了我的夢想和童年。然而我還算幸運的一群。人們正在受苦。人們正在死去。整個生態體系正在崩壞。我們正處於大型物種滅絕的開端，而你們談論的卻只有金錢和永恆經濟成長的神話。你們怎麼敢這麼做 [28]！

本章所探討的權力動態有助於解釋歐加修－寇提茲和桑柏格所遭遇到的、程度不成比例的厭女情結，就算採取的是女性公眾人物適用的嚴苛標準，也是如此 [29]。左派愈愛她們（一部分是因為她們在為下一代奮鬥的過程中非凡的合群表現），右派就愈發怨懟——尤其是就他們的觀點來看，這兩名女子事實

阿爾登因為提及環境議題而在某些圈子裡引起驚愕與不悅。
馬汀・哲林（Martin Gelin）在他的文章中更廣泛且精采地分析了厭女情結和環境變遷否定論者之間有何關聯。見：Martin Gelin, "The Misogyny of Climate Deniers," *The New Republic,* 2019/08/28, https://newrepublic.com/article/154879/misogyny-climate-deniers。

上正在損害人們（也就是他們自己）的利益，並抨擊他們的善
良人格[30]。

關於對合群的看法可能如何與各種形式的邊緣化和性別偏
見彼此互動，此處也有微妙複雜的問題。舉例而言，一個有著
非典型神經發育症狀[i]或特別內向的人，可能無法很自在地透
過長期或廣泛的人際互動來表現出自己的關心，但儘管如此，
他們可能還是深刻地重視道德議題，並堅定地支持社會正義。
我們必須要讓人們可以用不同的方式來表現合群的道德美德。

我們也絕不能讓我們對合群領導人的想像被一種溫和的
濫好人取代。正如哲學家米依沙・切利（Myisha Cherry）和阿米
亞・斯里尼瓦桑（Amia Srinivasan）、政治理論家布萊特妮・庫
柏（Brittney Cooper）和政治評論者兼作家索拉雅・切梅利（Soraya
Chemaly）與雷貝嘉・崔斯特（Rebecca Traister）一直以來極有說
服力地指出的，某些情況下，有種名副其實的資格確實存在，

---

30 政治傾向偏右者可能比偏左者更容易被認為是合群的，因為他們可以藉此將
自身打造成維護傳統家庭價值之人。這符合我在《不只是厭女》一書中的預
測，也就是在其他條件都相等的情況下，保守派的女性政治人物會遭受到比
左派和中間派女性來得較少的厭女情結。見第四章，頁114-115。

i 譯註：Neuro-atypical指的是在神經發育上有著某些特異表現，例如自閉症、
閱讀障礙、發展性協調障礙、雙向情感障礙，和注意力缺陷過動症等，其對
應詞為neuro-typical，也就是沒有任何特異神經發育情況。

31 見：Myisha Cherry, "Love, Anger, and Racial Injustice," in *The Routledge Hand-
book of Love in Philosophy*, edited by Adrienne Martin (New York: Routledge,

它允許人們展現氣憤，或甚至暴怒[31]。基於對合群的細緻理解，應該可以讓這類情緒自由地表達——尤其當它們代表的是那些遭到錯待、壓迫或邊緣化的人們。「我很氣憤，而且我承認。」伊莉莎白・華倫（Elizabeth Warren）在近日一封給支持者的電子郵件主旨欄裡這麼寫著，以此回應喬・拜登（Joe Biden）對於她太強烈反對某些事的影射。她寫道，基於這個世界上最富有的國家裡發生的不正義，我們應該要被激怒，然而，「我們一而再再而三地被告知，女人憤怒是不被允許的。」她指出，「在那些希望我們安靜的有權男人眼中，憤怒讓我們變得沒有吸引力[32]。」

　　所以，有諸多理由解釋為什麼一個鼓舞人心的女政治領導人可能還是很難改善大眾對她的觀感——就算她確實是一個會關心、仁慈、體貼的人，一個根據海曼和沖本研究的發現，理論上應該是要能從這樣的合群加分得利的人。而另一個重點在

2019），第十三章；Amia Srinivasan, "The Aptness of Anger," *Journal of Political Philosophy* 26:2 (2018), p. 123–44；Brittney Cooper, *Eloquent Rage: A Black Feminist Discovers Her Superpower* (New York: St. Martin's, 2018)；Soraya Chemaly, *Rage Becomes Her: The Power of Women's Anger* (New York: Atria, 2018)；以及 Rebecca Traister, *Good and Mad: The Revolutionary Power of Women's Anger* (New York: Simon & Schuster, 2018).

32 Shannon Carlin, "Elizabeth Warren Doesn't Care If Joe Biden Thinks She's Angry," *Refinery 29*, 2019/11/10, https://www.refinery29.com/en-us/2019/11/8752565/elizabeth-warren-angry-joe-biden-email-response

於，要如何展現出自己是真正的合群，此事幾乎對每個人都有可能帶來某些特定的困難，不論個人的性別是什麼。你要如何表現出你真的關心，而不只是為了有機會被拍攝下來才親吻嬰兒？針對此事而言，去期待一個人親吻嬰孩的原因無論何時都不只是為了拍照而已，這是合理的嗎？政治人物會面對各種時間和精力上的要求，有鑒於此，期待她和每一個在競選活動中遇到的人都有深刻的人際互動，就可能等同於期待她當一個社交上的超人——某種女性獨角獸。

伊莉莎白・華倫在此出場。她因為親自致電給小額捐款人而聲名大噪，且截至二〇二〇年年初，她和個別選民拍了約莫十萬張的自拍照[33]。喜劇演員艾希莉・妮可・布萊克（Ashley Nicole Black）在推特上開玩笑地問華倫，是否有辦法補救她的感情生

注
釋

33 Benjamin Fearnow, "Elizabeth Warren Celebrates Taking 100,000 'Selfies' with Supporters During 2020 Campaign," *Newsweek,* 2020/01/05, https://www.newsweek.com/elizabeth-warren-celebrates-taking-100000-selfies-supporters-during-2020-campaign-1480473

34 Lauren Strapagiel, "Elizabeth Warren Followed Through on Giving This Woman Advice on Her Love Life," *BuzzFeed News*, 2019/05/19, https://www.buzzfeed-news.com /article/laurenstrapagiel/elizabeth-warren-followed-through-on-giving-this-woman-love

35 Aris Folley, "Warren's Campaign Team Sends Dinner, Cookies to Sanders Staffers After Heart Procedure," *The Hill*, 2019/10/03, https://thehill.com/homenews/campaign/464253-warrens-campaign-team-sends-dinner-cookies-to-sanders-

活，「私訊我，我們來搞定這件事。」華倫回覆，她在那之後安排了一次顯然非常有幫助的通話[34]。

當華倫在左傾選民中的主要競爭對手伯尼‧桑德斯於競選期間心臟病發時，華倫不只傳送親切的訊息祝他康復（許多總統候選人都這麼做），她甚至做了更多：桑德斯在醫院休養時，她送了晚餐和餅乾給桑德斯的團隊成員[35]。

「伊莉莎白‧華倫站在星巴克櫃檯前面時，她總是知道自己要點什麼，從來不會耽誤到後面排隊的人[36]。」「伊莉莎白‧華倫從來不問酒保，『你們有什麼威士忌？』因為她已經自己去看架上有什麼[37]。」「伊莉莎白‧華倫從來不會在人行道或地鐵上占據太多空間，她會檢視自己的特權並與他人共享公共空間[38]。」

這類的推特發文很快地成為推特上受人歡迎的迷因

---

staffers-after-heart

36 這則推特發文被轉發了一萬八千次，並收到二十二萬八千個「讚」。（內容擷取於二〇一九年八月十一日）：https://twitter.com/AlishaGrauso/status/1144073941922832385

37 這則推特發文被轉發了三萬一千次，並收到三十二萬五千個「讚」。（內容擷取於二〇一九年八月十一日）：https://twitter.com/MerrillBarr/status/1144074388993499136

38 這則推特發文被轉發了三萬八千次，並收到四十一萬六千個「讚」。（內容擷取於二〇一九年八月十一日）：https://twitter.com/ashleyn1cole/status/1144125555438018560

（meme），它們反映出一個普遍的看法：伊莉莎白・華倫是一個格外合群的人，她仁慈、關心他人、有同情心、照顧他人的需求，諸如此類。根據本章所蒐集的實際經驗證據，這類看法有助於解釋為什麼華倫在爭取總統提名期間一度相當受歡迎，讓她在二〇一九年十月前於選戰中領先[39]。這也解釋了她快速又戲劇化的沒落——華倫在早期的黨內初選中未曾取得比第三名更好的成績，包括在她的家鄉麻州也沒有[40]。

除了她的合群美德以外，華倫無疑是民主黨候選人中最有經驗、準備最充足、最沉著，也最聰明的人。她以完備周詳的計畫聞名，從應對氣候變遷到新冠肺炎疫情都涵蓋在內，而當她犯錯，例如接受基因檢測以確認自己（無關緊要的）原住民血統時，她不只道了歉，更從錯誤中學習[41]。如金柏利・克倫肖在推特上所說：

我今天票投華倫，〔因為〕她傾聽黑人女性、瞭解「經

39 見：Steve Peoples, "Analysis: Elizabeth Warren Growing into Front-Runner Status," *AP News*, 2019/10/16, https://apnews.com/43a868c4b91746f5a5a74df75 1a08df3

40 超級星期二後，截至二〇二〇年三月四日下午一點，華倫（在民主黨黨內初選）只取得了四十七張代表人票，拜登則有五百三十一張代表人票，桑德斯四百六十一張（而布塔朱吉、彭博、克羅布查等人在宣告退出選戰前，則分別獲得了二十六張、二十四張，和七張的代表人票，圖茜・加巴德〔Tulsi Gabbard〕也獲得了一張代表人票）。https://twitter.com/NBCNews/status/1235264711136071680

濟正義從來不足以保證種族正義」、承認錯誤、是個不屈
不撓的女子漢，也〔因為〕我們如今已經見證，我們如何
因為一個沒有計畫的領導人而犧牲了許多生命[42]。

對此，我實在太贊同不過了。同時，為了立場充分披露起
見，我以華倫忠實支持者的身分寫下以下內容；她從一開始就
拿下了我這一票[43]，我認為她會成為一位傑出的總統，而她在
我寫作本章的這天終止了競選活動，我感到非常傷心。

儘管對於華倫是否值得贏得提名資格有各種不同意見，
但令人相當意外與驚愕的是，她沒有表現出比眼下**更好**的成績
──她輸給了多位白人男候選人，包括伯尼・桑德斯、喬・拜
登，有幾次甚至輸給了彼特・布塔朱吉（Pete Buttigieg）跟麥克・
彭博（Mike Bloomberg）。特別是她之前還這麼受歡迎[44]。本章蒐
集到的研究對這個令人迷惑的結果做出了解釋。

因為問題在於，對於合群表現的看法可能經常反覆變動，

41 我這麼說是因為，華倫不只宣示要做得更好，更承諾要讓美國原住民社群的
需求成為將來的優先目標。例如可參考：Thomas Kaplan, "Elizabeth Warren
Apologizes at Native American Forum: 'I Have Listened, and I Have Learned,'"
The New York Times, 2019/08/19, https://www.nytimes.com/2019/08/19/us/
politics/elizabeth-warren-native-american.html

42 https://twitter.com/sandylocks/status/1234924330040954880（內容截取於二〇
二〇年三月四日）

43 這是從名義上來說──因為我作為長期居留美國的澳洲公民，在寫下這句話
的此刻，是不能投票的。

故而它們在女性政治人物的吸引力上構成一個危險的面向——
倘若如我們所見，合群確實是必要面向的話。身處此位置的女
人面臨一個強而有力，進退兩難的處境：你可以期許自己格外
合群，然後去冒險——當人們無可避免地因為你的過去、看法
或政見裡的某些方面感到失望時，你會從原本的成功轉為一敗
塗地；或者你不為自己打造一個特別合群的形象，進而冒上更
大的險，也就是你的選戰將無疾而終，如同克羅布查和陸天娜
的下場[45]。

　　當然，華倫在競選總統期間也面臨到直截了當的厭女情

注釋

44 例如可參考羅珊·蓋伊，她在推特上寫下：「我被這場選戰搞得很迷惘。我
期待桑德斯的表現會很好，但也同樣期待華倫會表現很好，她的結果著實令
人困惑。拜登就這樣一路順風地前進，實在讓人好失望，假如他真的被提
名了，呃，他最好提名碧昂絲當他的副總統。」見：https://twitter.com/rgay/
status/1235081083038752768（內容截取於二〇二〇年三月四日）

45 基於幾個理由，賀錦麗（Kamala Harris）的狀況複雜一些。一方面，在她退
出選戰前，她的支持率比克羅布查和陸天娜高出許多，但明顯比華倫低；另
一方面，她在擔任檢察官時的紀錄確實令人憂心，而我必須坦白說，我對此
感到相當矛盾。這個角色，以及她於任內針對跨性別服刑人的決定，例如不
讓他們接受性別置換手術，是否顯示她確實缺乏合群性格與同情心？在我看
來，比起我們應該如何看待克羅布查對待員工的方式，各種理性意見在賀錦
麗的這個議題上甚至是更為分歧的。賀錦麗為制度性種族歧視、恐跨情結，
與其他這類的結構性問題出了一份力，對我而言，這個議題更為重要。最後，
另一個不同的問題是，就此段討論的有限目的來說，上述這些白人女性之間
的比較享有某種知識優勢，因為作為一個想要角逐總統大位的黑人女性，賀
錦麗無疑面對了形式獨特的偏見。

結與相關的性別偏見。她的義憤填膺令某些人憤怒、甚至不安（「刻薄又凶巴巴的華倫可不好看」保守派作家珍妮佛・魯賓〔Jennifer Rubin〕在推特上這麼寫道[46]）。當華倫的專業背景，是由一個女人所扛起的，有人感到深惡痛絕[47]。還有一些人，他們可能夠喜歡華倫，會把她當作自己的**第二選擇**，但還是更偏愛男候選人，至少當他們在投票所裡的關鍵時刻會這麼選擇。有些時候，這可能是前述性別偏見的展現（當然，這並不是在否認某些人基於自身價值觀的緣故，確實有其正當的理由更想投拜登或桑德斯[48]）。這類偏見經常難以察覺，且會在事後被

感謝瑞吉諾・端恩・貝茲（Reginald Dwayne Betts）協助我思考這些議題，並鼓勵我重新檢視我一開始對賀錦麗的檢察官生涯紀錄所抱持的某些（但非全部）擔憂。

46 https://twitter.com/JRubinBlogger/status/123031799118054 6049（內容擷取於二〇二〇年三月四日）

47 蘇珊・戴瑪斯（Susan J. Demas）對這類批評做了優秀的摘要，見：Susan J. Demas, "Nobody Likes a Smarty Pants: Why Warren and Obama Irk Pundits So Much," *Wisconsin Examiner,* 2020/02/20, https://wisconsinexaminer.com/2020/02/20/nobody-likes-a-smarty-pants-why-warren-and-obama-irk-pundits-so-much/。

48 事實上，初選開始前不久，華倫還是民主黨選民前兩名的選擇。見：Philip Bump, "A New National Poll Answers a Critical Question: Who Is the Second Choice of Democratic Voters?" *The Washington Post,* 2020/01/28, https://www.washingtonpost.com/politics/2020/01/28/new-national-poll-answers-critical-question-who-is-second-choice-democratic-voters/。

合理化——包括利用女人選不上這種常見的說詞。（針對這點，有一個巧妙的回應被做成了T恤上的吸睛標語：「如果你他╳的投給她，她就選得上。」令人愉快的是，這款上衣也有沒刪掉髒話的版本[49]。）請記得，如本章內容所示，實證研究已發現男人和女人同樣持有這類偏見，還年輕的人亦同，例如千禧年世代[50]。

　　不過，形式更隱微的厭女情結有可能也損害了華倫選上的機會[51]。當華倫被敦促著回答自己將如何執行全民健保方案（Medicare for All）的細節——追問力道遠比她的進步派對手桑德斯所遇到的更大——她最終宣布，她將於入主白宮的第三年期間通過全面性的健康照護法案，實施單一付費者制度，在那之前，則會以擴展平價醫療法（Affordable Care Act）的給付範圍來處理[52]。不論我們對此方案抱持什麼看法（對我而言，當談到重要的進步價值觀究竟要如何實踐時，我傾向在相關知識方

注釋

49 可在此網站上買到這件上衣：https://nextlevely.com/product/shes-electable-if-you-fucking-vote-for-her-elizabeth-warren-shirt/（內容擷取於二〇二〇年三月四日）。

50 見本章註釋3。

51 我在此引用了我的文章："Warren Succeeded Because Voters Saw Her as Caring. That's Also Why She Failed," *The Washington Post,* 2020/03/06, https://www.washingtonpost.com/outlook/warren-succeeded-because-voters-saw-her-as-caring-thats-also-why-she-failed/2020/03/06/8064b7c2-5f0f-11ea-b014-4fafa866bb81_story.html。

52 見：Alex Thompson and Alice Miranda Ollstein, "Warren Details How She'd

面持以適當程度的謙遜），華倫因為被認定立場出爾反爾而受
到全面的譴責，在我看來，其嚴厲的程度並不合比例。她在照
護這條政策上被認定失敗，造成她巨大的損失，看起來不太可
能是個意外；人們會不自覺地向女性領導人索求盡善盡美的關
懷，但卻原諒她們的男性同僚有類似或更嚴重的缺失[53]。

　　同樣的，華倫很可能因為她在選戰的生死存亡之際，決定
接受超級政治行動委員會（super-PAC）的捐款，而大幅失去了
某些進步派的支持。不管我們是否認同這項決定，但就一名潛
在的華倫支持者來看，此事竟然會成為破局關鍵，卻絕對不是
一件那麼顯而易見的事。然而，又一次的，在堅定不移和純潔
無瑕兩件事上，女人受制於性別化的雙重標準，一旦她們在這
方面有過失被證實了，這些過失就會被無情地利用[54]。而當然
了，她們值得信賴的程度也經常在沒有正當理由的情況下遭到
懷疑[55]。

Transition Country to 'Medicare for All,'" *Politico*, 2019/11/15, https://www.po-
litico.com/news/2019/11/15/warren-medicare-for-all-071152。

53 我在我的文章中提出了證據，說明桑德斯在面對一位佛蒙特州身心障礙選民
時，對他的健康狀況缺乏同理心，見：" Unfeeling the Bern: Or, He Is the One
Who Protests," https://www.academia.edu/30041350/Unfeeling_the_Bern_or_
He_is_the_One_Who_Protests_--_Draft_of_June_2.。我在另一篇文章中則概
括討論我對桑德斯的政治立場抱持哪些疑慮，見："The Art of Losing: Bernie
Sanders' White Male Problem," https://www.academia.edu/30040727/The_Art_
of_Losing_Bernie_Sanders_White_Male_Problem_Draft_of_May_24_2016_.

　　我們對女人有太多期待了。而當一個我們喜歡或尊敬的女人使我們失望時，就算那件事十分微小或值得原諒，她還是很容易遭到懲罰——懲罰她的人也經常覺得自己占據道德高地，他們的反應僅僅是她應得的，而非他們透過道德主義來協助執行厭女情結。與此同時，她的男對手卻不會被要求得如此盡善盡美。當桑德斯因為看到二○二○年的投票結果可能對他有利，進而反轉了自己二○一六年時的立場、認為獲得相對多數票的候選人應該自動成為民主黨提名候選人時，基本上，他並未因此受到懲罰[56]。拜登也沒有因為他模糊不清的健保選項計畫（public-option health plan）或是他在競選期間所說的那些過度美化的言詞而遭遇太多批評，更別提他的剽竊歷史了[57]。

注釋

54 一則具代表性的推特發文來自於用戶 Aren R. LeBrun @proustmalone，其中寫道：「說幾遍都不夠，伊莉莎白·華倫，這個右派的企業法律顧問，曾經一度捏造她的種族背景，好讓自己成為哈佛大學的第一位『非白人女教授』，現在要在選戰裡接受來自超級政治行動委員會的政治獻金了，儘管她的網站上說她將會『拒絕接受任何來自超級政治行動委員會的支持捐款』。」（見 https://twitter.com/proustmalone/status/1235215120160219139，內容擷取於二○二○年三月四日）

55 我在《不只是厭女》的第八章中充分地討論了希拉蕊·柯林頓和茱莉亞·吉拉德兩人如何被看作是特別不值得信賴的政治人物（而我相信大部分的看法是錯的）。

56 Hope Yen, "AP Fact Check: Sanders' Shift on Delegates Needed to Win," *AP News,* 2020/03/01, https://apnews.com/a5f8f2335cf1b617dbb6626845b1c4a8

57 針對第一點，可以參考：Libby Watson, "Joe Biden's Individual Mandate Madness," *The New Republic,* 2019/10/23, https://newrepublic.com/article/155477/joe-

　　但也許，在華倫投入競選的期間，使她失去支持的最關鍵時刻是她和桑德斯之間罕見的衝突。此事發生在兩人二〇一八年一場會面的細節外流之後，會面當下，華倫告訴桑德斯她計畫參選總統。華倫身邊的知情人士表示，且華倫隨後也證實，桑德斯說他不認為一個女人可以擊敗唐納・川普、進而勝選。但與此同時，桑德斯強力否認自己曾這麼說；相反的，他堅持他說的是，性主義會被川普當成武器來對付女性候選人[58]。

　　不論當時究竟發生了什麼事──而且我們當時也並不清楚，兩位候選人各自的版本最終會互相矛盾──比起桑德斯，華倫在這場衝突中的角色可能對她造成了遠遠更大的傷害[59]。當女人挑戰一位飽受信賴男性的知識與道德權威時，在其他條

bidens-individual-mandate-madness；針對第二點，見：Matt Flegenheimer, "Biden's First Run for President Was a Calamity. Some Missteps Still Resonate," *The New York Times,* 2019/06/04, https://www.nytimes.com/2019/06/03/us/politics/biden-1988-presidential-campaign.html。

58 MJ Lee, "Bernie Sanders Told Elizabeth Warren in Private 2018 Meeting That a Woman Can't Win, Sources Say," *CNN*, 2020/01/13, https://www.cnn.com/2020/01/13/politics/bernie-sanders-elizabeth-warren-meeting/index.html

59 需要留意的是，指出性主義有可能被川普當作武器在大選中用來打擊女性候選人，在這類對話的脈絡中提及此事，其實是強烈暗示了女人確實很難擊敗川普。（不然為何要提起？尤其對華倫來說，這幾乎不是新鮮事。）不過，也有一些理性的不同意見，討論桑德斯的說法是否在暗示選舉這件事本身就是帶有性主義思維的，又或者，這只是他一個不委婉的說話方式，針對女人在競選總統時會遇到哪些難以克服的障礙提出一項說得彷彿真有其事的假設（儘管如我們所見，這項假設最終並沒有找到正當理由支持）。

件都相同的情況下，她有可能會成為看來不正確或不道德的一方。而在這起案例裡，雪上加霜的是，她也被看成了**愛發牢騷**的人：因為人們認定了華倫是在指控桑德斯有性主義[ii]，儘管她自己從來沒有做出這份指控。這件事，再加上人們覺得華倫沒有「友好對待」桑德斯，認為她背叛了進步派的理念，很有可能使華倫損失慘重。儘管事實大體而言，這是一場半斤八兩的爭執，雙方都主張另一方沒有說出，或可能就只是忘了說出完整的情況；但是當他說她在說謊時，人們傾向於相信他，而當她說是**他**說謊時，她卻被看成是在殘忍地攻擊他。這起事件過後，一張華倫被畫成一條蛇的迷因在推特上流傳，這份象徵的用意很清楚：當男人和女人起衝突時，她是惡毒且狡詐的那方。

這一切都反映了普遍存在的──是的，沒錯──厭女情結觀點，也就是女人不像男性對手一樣有資格犯錯，特別在所謂的合群價值上更是如此。她們沒有資格接受金錢贈予，沒有資格挑戰男性同儕提出的主張。儘管她們可能有資格在某些情況

注釋

ii 譯註：作者在此指的是，桑德斯是否沿用了基於性主義而產生的性別偏見思維。

60 我在此引用了伊茲拉・克萊恩（Ezra Klein）與我的訪談內容，見：Ezra Klein, "Kate Manne on Why Female Candidates Get Ruled 'Unelectable' So Quickly," *Vox*, 2019/04/23, https://www.vox.com/policy-and-politics/2019/4/23/18512016/ elizabeth-warren-electability-amy-klobuchar-2020-primary-female-candidates。

61 在「賽馬式」（horse race）民調中，拜登獲得了百分之二十九的選票，桑德

下享有權力，但她們沒有資格主動去索求，也沒有資格從對立的男人身上奪取權力。在我們面對這些事實之前，我們不會有女總統。

然而，這並不是要回頭對「華倫選不上」這個說法表達支持，在民主黨初選投票結束前，未來會如何都還難說。同時，這個選不選得上的框架有幾個重大的缺失。

一來，這是一道自我應驗的預言：愈多選民被告知某位候選人贏不了，他就愈不可能獲勝。畢竟，當選可能性並不是靜態的社會事實，而是一個過程由我們持續不斷、集體建構出來的社會事實[60]。二〇一九年六月的一項民調顯示，當選民被問到假如當天就是投票日，他們會投給誰時，喬·拜登取得領先，伯尼·桑德斯緊追其後。但當他們被詢問假如自己有魔杖，會想要讓誰當總統，伊莉莎白·華倫則略勝一籌[61]。

因此，儘管華倫是某些人偏好的民主黨候選人，對於當選可能性的考量卻可能讓他們過早放棄了她，女選民尤其會這麼做。來自選舉預測網站538的奈特·席維爾（Nate Silver）指出，

斯以百分之十七的選票緊跟其後，華倫則取得百分之十六的支持。但當受訪者被問到「魔杖」問題時，百分之二十一的人偏好華倫，另有分別百分之十九的人偏好拜登或桑德斯。見：Greenwood, "Poll: Democrats Prefer Warren When Not Considering 'Electability,'" *The Hill*, 2019/06/19, https://thehill.com/homenews/campaign/449315-poll-dems-prefer-warren-when-not-considering-electability。

「許多女人可能會因為擔心其他人不會投給女人,而不把票投給女候選人,但假如每個人都乾脆地把票投給他們真正想要的總統候選人,這個女人就會贏了[62]!」

當選可能性的敘事也被另一些人用來便宜行事地合理化自己偏頗、不公平的偏好,而它更掩蓋了另一個事實:儘管原因不同,但其他候選人也有可能遇到相同或更多的阻礙,讓他們選不上。

在這場選戰裡,隨著如此大有可為的女候選人(以及非白人男候選人[63])參選,選不選得上的疑慮以前所未有的力道浮上水面,疑慮的程度透露出一些令人十足焦慮的訊息。在「我想投給她,但她就不⋯⋯」的句子裡,似乎總是有某個詞可以被填進去,不論這個句子接下來表達的擔憂是針對她的能力、她受人喜愛的程度,還是──如眼下的案例──她的當選可能性,它都經常會被當成託辭,用以導出一個早就被決定的結論:還是投給另一個男候選人吧。在某些案例裡,這反映了個人自身未被察覺的性別偏見,另一些案例則牽涉了對想像中其他人所持有的偏見「磕頭」(kowtow)的情況[64]。不論哪一種情

62 席維爾這句話被蜜雪兒・卡托(Michelle Cottle)引用於報導中,卡托在報導中也討論了前則註釋裡提到的民調結果。見:Michelle Cottle, "Elizabeth Warren Had a Good Run. Maybe Next Time, Ladies," *The New York Times*, 2020/03/05, https://www.nytimes.com/2020/03/04/opinion/democrats-super-tuesday-warren.html。

63 原先是民主黨史上最多元的角逐名單,到了超級星期二(許多州在本周二舉

況，這都是保守主義的明顯配方，也因如此，遂構成了一個集體的行動問題：假如我們全都在這類情況下過早地放棄她們，就因為她們的性別是女人，那麼，她們就永遠不會取得進展。更進一步來說，她們實際上仍將受制於厭女情結：這就是身為男人世界中的女人所會面臨的一種阻礙，某些人懷抱的動機無論有多麼良善，都會扼殺她們的前途。

其中最致命的問題可能是，當選可能性的敘事把在二〇二〇年民主黨初選中票投女人的這件事情塑造成一個自私的選擇——考量到川普重返白宮會帶來怎樣的根本危機，這麼做會是一個政治累贅。於是乎，這樣的敘事玩弄著某些最有可能受華倫的政治立場所吸引的人的良心：也就是那些重視合群表現，並因此可能會願意為了所謂的大局而犧牲自身投票偏好的人。

但是，一部分的大局無疑應該是如此：也就是，在如此這般的脈絡下，我們有資格把票投給我們認為最適合這個職位的人。就我的看法，不會是一名最近在為了自己與種族隔離主義者共事辯護，然後色瞇瞇地嗅聞年輕拉丁裔女議員頭髮的男人[iii]；也不是另一名在競選期間心臟病發，但隨後卻拒

行初選）時，被篩選到只剩下三位七十幾歲的白人男性，加上還勉強撐著的華倫，這個現象反映出了一些問題。

64 針對「性主義代理人」（sexism by proxy）這個概念，可以參考莫拉·多尼根的精采討論，見：Moira Donegan's "Elizabeth Warren's Radical Idea," *The Atlantic,* 2019/06/26, https://www.theatlantic.com/ideas/archive/2019/08/sexism-proxy-still-sexism/596752/。

絕公開個人健康紀錄的男人[iv][65]。最適合這個職位的，是一位
機敏、真摯有同理心，且看來對每件事都有計畫的女人。

iii　譯註：指拜登。拜登曾於二〇一九年的一場募款餐會上指出，他在個人政治
　　生涯中，經常可以和持有不同立場的人共事並合作，其中包括兩位已逝的前
　　民主黨參議員，分別是密西西比州參議員伊斯蘭（James Eastland）和塔瑪吉
　　（Herman Talmadge）。然而拜登隨後遭到批評，因為這兩人當年都曾經反對
　　民權法案，是種族隔離主義的支持者。儘管民主黨議員要求拜登道歉，但拜
　　登仍為自己辯護。此外，二〇一九年時，前內華達州議會議員佛羅瑞斯（Lucy
　　Flores）投書媒體指出，某次拜登為她的選戰站台造勢時，一度離她非常近
　　並嗅聞她的頭髮，讓她感到不適。

iv　譯註：作者在此指的是桑德斯，桑德斯於二〇一九年十月曾因心臟病發而住
　　院。

65　見：Amanda Arnold, "All the Women Who Have Spoken Out Against Joe
　　Biden," *The Cut,* 2019/04/05, https://www.thecut.com/2020/04/joe-biden-
　　accuser-accusations-allegations.html；與Emma Tucker, "Sanders Backtracks
　　on Promise to Release Medical Records: 'I'm in Good Health,'" *The Daily Beast,*
　　2020/02/09, https://www.thedailybeast.com/bernie-sanders-backtracks-prom-
　　ise-to-release-medical-records-says-im-in-good-health。

CHAPTER
(10)

不氣餒的女人──女孩的資格感
Undespairing – On the Entitlement of Girls

在一種氣餒絕望的心情之下，我完成了我的第一本書《不只是厭女》。「我放棄了，」我當時寫下，「我本來希望我可以給出一個更有希望的訊息，」但，與此相反，我當時在結論裡做了一次事後檢討，嚴肅地概述了我為何持以悲觀態度，不認為我們有辦法可以讓人們認真看待厭女情結這個問題，或甚至只是把它好好看成一個問題。

儘管我還是不抱什麼希望，但我現在不再如此絕望了。這一部分是因為，我認為上一次我犯了一個學究式的錯誤：某些人的態度是頑固不願妥協，但**大多數**人的態度是不願意清醒而深刻地思考女孩和女人所面對的問題，我將這兩者混為一談。在這段期間，我意外卻愉快地──甚至可謂震驚地──收到了許多讀者的回應，他們已經準備好、甚至是迫不及待地想要與我一同思考這些問題，並以對抗它們為目標。的確，本書悲哀又過於清楚地揭穿了仍有許多人在花費巨大的精力試圖否認與

低估厭女情結的存在。但卻也有許多能量——包括已經存在與正在累積的——努力抵抗它。

另一個讓我不再這麼絕望的原因比較私人。當我一邊完成了這本書的大部分內容時，我的腹中也正孕育著我的第一個孩子，而我逐漸覺得，我過去的絕望感是某種奢侈，一種如今我無法再縱容自己耽溺其中的奢侈。對於該如何在女性主義方面達到我們非常需要的社會進步，而不招致毀滅性的、毒性的反撲，我仍舊感到悲觀[1]，但我不再覺得放棄是一個可行的選項。我愈來愈覺得，不論結果如何，都需要繼續奮鬥。於我而言，希望是一份相信未來會更光明的信仰，而我始終沒有貯存太多希望。但是，為了一個更好的世界而去奮鬥——且（同樣重要的是）抵抗倒退——並不是一份信仰，而是一個我願意加入的政治承諾[2]。

當我與丈夫得知我們即將迎來一個女兒時，這樣的心情又

注釋

1 例如，在Me Too運動後，研究顯示，職場上的性別態度往一個對許多人而言更加不利的方向改變。二〇一九年年初，研究者發現，「百分之十九的男人說他們不願意雇用漂亮女人，百分之二十的人說不願意雇用女人從事必須和男人有密切人際接觸的工作（例如需要旅行的工作），百分二十七的人則說會避免和女同事有一對一的會面。」和二〇一七年時Me Too運動最初的爆料發生後受訪者所預期的結果相比，反撲是更為強大的，而且在這段期間內，這些數字在各種情況中都往上增加，只有一種情境例外。見：Tim Bower, "The #MeToo Backlash," *Harvard Business Review*, September–October 2019, https://hbr.org/2019/09/the-metoo-backlash.

更加熱烈。我們很開心——也很害怕。我們自然而然地渴望孩子可以獲得某些東西，也嚴肅地認知到厭女情結的現實以及經常引發厭女情結的男性資格感；這些渴望與嚴肅的認知，彼此之間很難調和。一如我們在這整部作品裡所看到的，女孩和女人太常因為沒有給予男人他們被默認有資格獲得的事物而遭到懲罰——而這不只源自於男人對自身應得之物有著過度膨脹的想像，還加上了社會結構力量的運作，這些社會結構致力於賦予、促進並維持男性的特權。不言而喻，作為父母，我們希望給予女兒更好的。

與此同時，我必須承認，即將有個女兒的這件事（或更精確地說，一個暫時會是女孩的孩子[3]）讓我稍稍放寬了心。要將一個男孩養育成有自信、快樂，但又能適當覺察到自身特權的人，看起來是一項格外令人畏懼的道德挑戰。很明顯的，在長大的過程中，**沒有**哪個孩子的童年應該要被籠罩於一種自己

2　在此，一種理解其中差異的方法是：信仰乃致力於正確地反映事件，而渴望、承諾和行動則致力於主動地**改變**世界（或再一次，避免世界倒退）。我在此援引了最初由知名哲學家伊莉莎白・安思康姆（Elizabeth Anscombe）在其經典著作《意圖》（*Intention*）（Oxford: Basil Blackwell, 1957）中所提出的區別。此外，長期的政治掙扎是否能夠被理解，並不取決於個人對未來是否抱持希望和樂觀，針對這點，可參考凱瑟琳・諾拉克令人信服的論點。見：Kathryn J. Norlock, "Perpetual Struggle," Hypatia 34:1 (2019), p. 6–19.

3　這指的是，我們意識到我們的孩子有可能是跨性別男孩或非二元性別者，並主動歡迎這項可能性。

可能是壞人的認知下,那沒有益處、不合倫理,說得極端一點甚至是虐待。因此,當談到要如何在此取得適當平衡,我與我丈夫都期盼能從其他擁有必要智慧和經驗的人身上學習[4]。還有無數的育兒問題亦同,其中大部分問題都是不分性別的。在接下來的內容裡,我完全不想要表現得像是某種專家,與此相反,在這個人生階段,我簡直是不能再新的新手。

不過,在撰寫本書的過程中,我確實發現自己有些想法,希望我的女兒可以感覺到她有資格獲得與享有哪些事物。這些商品是所有人都應該有資格享用的,不論他們的性別為何,但女孩和女人往往在社會化的過程中,不僅感到自身不如男孩和男人重要或優秀,也自覺比較沒有資格獲得某些形式的基本人道對待和基本禮儀。根據我在本書所寫的,資格感,最常指涉的是某些人不正當地認定自己應該享有什麼,或別人應該給予他們什麼,但儘管如此,資格感本身並不是一個髒字,資格感可以是名副其實、有憑有據,並且合理公正的。

而在此處,我認為,基於至少兩個原因,準父母的視角可

注釋　4　然而,值得記下的是,自由派圈子中針對養育男孩一事有著一個常見的觀點,那就是和女孩相比,男孩需要更多的協助,好讓他們可以觸及與表達自身情緒,但這份觀點似乎缺少堅實的實證基礎。在一項大型的綜合分析中,研究者發現,男孩和女孩在情緒表達上的差異一般說來很微小、隱晦,並與脈絡高度相關。見:Tara M. Chaplin and Amelia Aldao, "Gender Differences in Emotion Expression in Children: A Meta-Analytic Review," *Psychological Bulletin* 139: 4 (2013), p. 735–65.

以在概念上有所幫助。其一是，當我們談論到女人真正值得獲得或被給予什麼時，我們太容易掉進責怪受害者的陷阱裡。在我們所處的這個不正義的社會裡，我鮮少因為一個女人不知道自己在道德上有哪些資格，或因為她閉口不敢主張這些資格，而去責怪她。（反省式地，並往往帶有價值判斷意味地）陳述女人應該要以某種方式維護自己，以及用展望未來的眼光去盼望我的女兒與其同伴得以被賦予權力這麼做，相對之下，這兩件事情並不相同。當然，這不表示她永遠能有機會且安全地主張自己有權力獲得什麼：因為這正是厭女情結所監管和禁止的事項之一。然而，我希望她至少可以清楚知道自己有哪些資格，並準備好在情況允許時去維護這些資格。當情況不允許時，我希望她可以頭腦清明地感到憤怒，並為了自己、也為了那些享有較少特權的人，奮力爭取結構上的改革。

因此，有益的作法是，讓我們在此著眼於未來，把焦點放在道德**發展**之上。我認為，去強調這些努力是**道德**發展的面向之一，也會有所助益；瞭解一個人有資格獲得什麼，勢必要──或至少應該要──伴隨著學習自己應該給予他人什麼事物。尤其重要的是，我們的女兒能夠覺察到她作為一名白人女孩，有著教育程度高、相對富有、中產、順性別、異性戀，並基本上身心健全的雙親，所享受的特權。這不只涉及到一個著實關鍵的任務，也就是教導她理解並擁抱人與人之間的不同、多樣性和各種脆弱性，更包括了教導她去承擔某種特殊的義

務，亦即在她自己不會遭受到邊緣化和壓迫的同時，去保護並支持那些受制於這類待遇的人們。舉一個明顯的例子，她將不只有義務不去容忍社會裡對黑人和褐色身體的法律與非法律監管，更不該參與其中；同樣的，她有義務不像過去許多白人女性一樣，剝削式地「俯身取用」非白人女性的情緒和物質勞動。此外，她對正當資格感的認定，必定總是調和了另一種認知，亦即她作為一個生來就在多重面向上享有特權的人，沒有資格做什麼、說什麼，抑或仰賴什麼。

那麼，我想要我女兒知道，她有資格獲得哪些事物呢？我想要她知道，她有資格感受疼痛，不論是生理或情緒上的疼痛，而接下來她也有資格呼叫或求助，並受到關懷、安撫、照護；我想要她知道，她的生理和情緒需求有資格被相信，而且她就和任何一個人一樣值得受到照顧，不論是在醫療還是其他面向上都是。

我想要她知道，她有資格享有身體自主權，當某個人對她表達欲望時，她可以選擇要不要被觸碰、什麼時候被觸碰、如何被觸碰（是的，對方必須尋求她的同意，而不只是假設她同意）。我想要她知道，不論他人懷有多少善意，擁抱和親吻永遠都是可選擇的；當他人可能侵占她的身體時，我想要她不會因為拒絕任何人而感到內疚或羞恥。當時候到了，我想要她知道，她有資格完整地掌控自身的生育能力，要不要生育子女一

事是她自己的決定，不是其他任何人的。

　　我想要她知道，她被假定的性別，就只是我們的一個假設，她完全有資格告訴我們，我們錯了；我想要我們的孩子知道，想當男孩或非二元性別者不只是可行的選項，更會在我們家受到正面的歡迎和支持，而我們會一次又一次地試著讓世界變成一個更好的所在，讓所有跨性別和非二元性別的孩子與成人都得以健壯生長。

　　我想要我的女兒知道，女人與非二元性別者就和男人一樣，有資格獲得來自他人的支持，履行成人的責任。我很欣慰的是，她的成長過程裡將會在家中看到她的父親就和母親一樣常（甚至更常）做飯、洗碗，或洗衣。研究顯示，當父親平等分擔家務工作時，學齡女孩會更有野心，舉例而言，她們會說自己想成為律師或醫師，而不是遵循某種特定的陰柔屬性路徑，成為教師、護理師，或在家育兒[5]。倘若母親在家中負責

較多的家務工作，那麼，就算雙親都明確地擁護性別平等的主張，也不會改變上述的傾向。很顯然，坐而言不如起而行。不管這種傾向會不會轉變成長期的人生目標與職業選擇，它都顯示，在勞動的性別分工上，孩子們吸收到的資訊比人們以為得更多。

我想要我的女兒知道，她有資格用各種方式使用並享受自己的身體：運動、音樂、舞蹈、自我刺激（stim），以及表達喜悅、悲傷、恐懼或全然的傻氣。我想要她知道，她有資格痛快地吃、占據空間、大聲說話，並能夠不因為自己的身體感到扭捏，後者是我一心嚮往卻不可得的。甚至，在懷孕期間，我都已經可以想像，不管她的身體是什麼形貌、大小、是否有任何身心障礙、有哪些特徵等等，我都會很樂意殺死任何讓她因為自身身體感到羞恥的人。（我要說明，我清楚知道自己並沒有資格這麼做。）

我想要我的女兒知道，人類的性表現有許多不同的形式，她有資格當一個異性戀、酷兒、雙性戀、無性戀，或其他。當她長大，我想要她知道，她有資格徹底地享受自己的性，無論是以什麼形式表現，而無須感到絲毫羞恥或污名；我想要她知道，她同樣有資格對性說不，不必因此感到絲毫羞恥或污名。我也想要她知道——這件事情很難下筆——不管是在性還是其他方面上，任何她可能遭遇到的暴力虐待、騷擾或侵犯，都是道德上令人唾棄之事。我還沒想好要怎麼要告訴她又要告訴她

多少，關於男性在性上的資格感和暴力的現實，在過去這幾年間，此事占據了我的意識，包括在我懷著她時、在撰寫這本你正閱讀著的作品時，它都在。在這件事情上，我無話可說[6]。

　　我想要我的女兒知道，她有資格、有時也有義務表達她的想法，並指出不正義，就算這麼做會讓周遭某些人感到不自在；我想要她知道，她有資格說話，就**這麼簡單**。研究發現，男孩在課堂上仍舊遠比女孩更常被叫到，這個現象在科學、科技、工程與數學（STEM）領域中尤其根深柢固[7]。我想要她知道，就算這個情況通常是無心之過，它也仍舊是極度不正義的，而我希望她瞭解，假如發生了這樣的情況，錯誤並不在她，而在體制。我想要她知道，她有資格精通事物並解釋給別人聽，不必受到後續的反撲或專橫的男人說教；不言自明，我也想要她成為一個優秀的傾聽者，意識並留意到那些比她更專業的人的知識。

6　當然，男孩和男人也會遇到性暴力、侵害和騷擾，儘管比例一般來說低於女孩和女人（且我猜測，也低於非二元性別者，非二元性別者可能和女性一樣弱勢，甚至更甚）。但不論受害者性別為何，犯下性暴力的行為人絕大多數都是男性。例如可見：Liz Plank, "Most Perpetrators of Sexual Violence Are Men, So Why Do We Call It a Women's Issue?" *Divided States of Women*, 2017/11/02, https://www.dividedstatesofwomen.com/2017/11/2/16597768/sexual-assault-men-himthough，有相關討論。

7　見：David Sadker and Karen R. Zittleman, *Still Failing at Fairness: How Gender Bias Cheats Girls and Boys in School and What We Can Do About It* (New York: Scribner, 2009).

　　我想要她知道，她沒有責任要為了迎合他人感受而量身訂做關於自己身體或心智的事實，包括對我們——她的父母，都是一樣。是的，我認為煤氣燈操縱之所以成為如此一種四處潛伏的現象，甚至也有可能發生在充滿愛、立意良善，且顯然運作良好的家庭之中，其中一個原因就是父母並沒有給予子女空間，讓他們得以完整地體驗和表達自身感受。像是「你不能這樣覺得」和「你不該這麼說」的句子可以輕易地用來讓兒童感到瘋狂或內疚，最終，讓他們埋藏自己的真實情緒。我想要我的女兒知道，她有資格憤怒、悲傷、焦慮，或僅僅單純地感到不確定。

　　我想要我的女兒知道，她有資格享有權力，並偶爾與他人競爭，包括和享有特權的男孩和男人競爭；我想要她知道，假如她最終獲勝，或以其他方式獲得了比他們高的地位，她也就有資格占據一個處於他們之上的權力或權威位置。我想要她成為一個仁慈且無懼的領導人，當然，我也想要她成為一個懷抱感恩之心的落敗者；我想要她合群無私。與此同時，我想要她覺得自己有資格犯錯，道德錯誤也不例外。不同於許多女生，我想要她知道，就算在她膽怯時，她也值得被愛、被原諒；當她無可避免地犯錯時，我想要她準備好，能夠充分並不感拘束地對他人道歉，承認自身的錯誤。

　　我也想要我的女兒知道，她在這些方面所享有的資格，和某些她最重要的道德義務有著至關重要的相關性；這是我們每

一個人不分性別都共享的義務，去促成一個，在此其中的結構不正義能得到積極更正的世界。我們必須共同為世界奮鬥，讓女孩和女人可以在我們的社會、法律和醫療制度裡受到珍視、關懷，並且被相信；我們必須共同為世界奮鬥，讓女孩和女人的身體不會常規性地受到控制、性化、騷擾、侵犯與傷害，甚至被徹底摧毀；我們必須共同為世界奮鬥，讓每一個女孩和女人都得以安全並自由地做自己，而不是讓她們被交付任務，在大多數的時候扮演作為付出者的人，給予享受特權的男孩和男人們默認自己有資格獲得的性、關懷，與愛。當然，為了要在我們的道德社群裡達成每位成員的正義，這些只是小部分迫切需要做出的結構性變革，但儘管如此，它們也是基進的。事實上，在我寫作的此刻，它們是難以想像的。

因此，當我寫下這些話語時，我無法想像自己可以成功地教導女兒這每一件事。我們的文化中有這麼多的反向訊息，我有這麼多的事情要教導她，但我自己卻從未學習過它們——沒有適當、充分地學習過。我還是很難想像一個世界，在那其中，女孩和女人可以確實主張自己有資格獲得什麼，更別提去想像她們確實能夠在這個世界裡獲得這些事物。這是一場漫長而可能永無止盡的戰役，但是為了她，我能夠說：我加入。

謝辭
Acknowledgments

　　儘管實際寫作時間不長，但本書花了我將近六年準備；太多人給了我幫助，而我怎麼感謝他們都不夠。但首先，一個不完整且不適當的開場是：我非常感謝我在皇冠出版社（Crown）的編輯亞曼達・庫克（Amanda Cook），她提供了精采的洞見與編輯意見，並在本書進行的過程中給予我始終如一的支持和信任。我也極為感激我在英國企鵝出版社（Penguin）的編輯卡西安娜・依歐尼塔（Casiana Ionita），她敏銳的評論讓這本書大有進步，且同樣的，她所表現出來的支持讓每一個作者的夢想成真。此外，我第一本書的編輯，任職於牛津大學出版社（Oxford University Press）的彼得・歐林（Peter Ohlin）以驚人的耐心、仁慈和洞見督促我寫出《不只是厭女》，儘管這一次我們並無機會共事，但假如沒有他，我根本不可能會構思出本書。

　　我要強力感謝我的經紀人露西・克里蘭（Lucy Cleland），在我寫作本書的過程中，她是另一個令人讚嘆的靈感與支持來源。我也對史黛芬妮・史戴克（Stephanie Steiker）滿懷感激，她在書的發想階段給了我關鍵幫助。

　　我要謝謝我在各地的聽眾，包括福特漢姆大學、密西根大

學、北卡羅萊納大學教堂山分校、麻省理工學院、印第安納大學布魯明頓分校、羅徹斯特理工學院、阿拉巴馬大學伯明翰分校、布魯克林公立圖書館、伍斯特學院、拿索社區大學、普林斯頓大學、紐約市立大學、紐約州立大學水牛城分校、阿默斯特學院、康乃狄克大學、衛斯理學院、康乃爾大學人文學會、南伊利諾大學愛德華城分校、普吉特灣大學、格林內爾學院，與南加州大學，他們針對本書囊括的各項素材提供了慷慨並敏銳的意見。我也極為感激我在康乃爾大學哲學學院的同儕與研究所學生，他們創造了一個美好的學術氛圍，讓我得以在其中進行我所做之事。

在比較私人的層面上，我必須大大感謝我的父母，安和羅伯，及我的妹妹露西，他們是一個人所可以想像到的最美好的家人，他們為我打造了一個「安全基地」，讓我可以從那裡出發，窮盡一生探索各種具有爭議性、有時甚至會製造分裂的主題。我因為他們給予我的個別支持以及他們的真實樣貌而深深感激他們。

最後，假如沒有我的丈夫丹尼爾，我完全不可能做到這件事。他是我的基石、我的安全港，他在每一天給予我支持，不論是在學識上、物質上還是情緒上，且我總是可以指望他。他是我的第一個讀者、我最好的朋友，如今也是我的育兒夥伴。我但願有一天，我能夠稍稍配得上他。

厭女的資格
父權體制如何形塑出
理所當然的不正義？

作　　者	凱特‧曼恩（Kate Manne）	
譯　　者	巫靜文	
審　　訂	陸品妃	
責任編輯	賴逸娟	
副總編輯	何維民	
國際版權	吳玲緯	
行　　銷	何維民　陳欣岑　吳宇軒　林欣平	
業　　務	李再星　陳紫晴　陳美燕　葉晉源	
副總編輯	何維民	
編輯總監	劉麗真	
總 經 理	陳逸瑛	
發 行 人	涂玉雲	

厭女的資格：父權體制如何形塑出
理所當然的不正義？／凱特‧曼恩著；
巫靜文譯 .－初版 .－臺北市：麥田出版：
家庭傳媒城邦分公司發行, 民110.05
　　面；　公分 .－（不歸類；189）
譯自：Entitled: How Male Privilege Hurts
Women
ISBN 978-986-344-961-4（平裝）
1.性別歧視 2.性別差異
544.52　　　　　　　　　110006328

印　　刷	中原造像股份有限公司
封面設計	莊謹銘
內文排版	黃暐鵬
初版一刷	2021年 5 月27日
初版二刷	2021年11月

定　　價　新台幣420元
ＩＳＢＮ　978-986-344-961-4
Printed in Taiwan
著作權所有‧翻印必究
本書如有缺頁、破損、裝訂錯誤，
請寄回更換

出　版

麥田出版
台北市中山區 104 民生東路二段 141號 5 樓
電話：(02) 2-2500-7696　傳真：(02) 2500-1966
麥田網址：https://www.facebook.com/RyeField.Cite/

發　行

英屬蓋曼群島商家庭傳媒股份有限公司城邦分公司
地址：10483 台北市民生東路二段 141號 11樓
網址：http://www.cite.com.tw
客服專線：(02)2500-7718; 2500-7719
24小時傳真專線：(02)2500-1990; 2500-1991
服務時間：週一至週五 09:30-12:00; 13:30-17:00
劃撥帳號：19863813　戶名：書虫股份有限公司
讀者服務信箱：service@readingclub.com.tw
麥田網址：https://www.facebook.com/RyeField.Cite

香港發行所

城邦（香港）出版集團有限公司
地址：香港灣仔駱克道193號東超商業中心1樓
電話：+852-2508-6231　傳真：+852-2578-9337
電郵：hkcite@biznetvigator.com

馬新發行所

城邦（馬新）出版集團【Cite(M) Sdn. Bhd. (458372U)】
地址：41, Jalan Radin Anum, Bandar Baru Sri Petaling,
57000 Kuala Lumpur, Malaysia.
電話：+603-9057-8822　傳真：+603-9057-6622
電郵：cite@cite.com.my